R

Herausgeber

Bureau de Helling
GEF – Green European Foundation
Grüne Bildungswerkstatt
Heinrich-Böll-Stiftung

RECHTS-POPULISMUS IN EUROPA

Vorwort

Das vorliegende Buch behandelt ein europaweites Phänomen und ist gleichzeitig Ergebnis eines europäischen Gemeinschaftsprojekts. Die Initiative ging von der holländischen grünen Stiftung Bureau de Helling aus. Dick Pels, Erica Meijers, Anne de Boer und ihre Kolleginnen und Kollegen schlugen vor, im Rahmen der Green European Foundation (GEF) in vergleichender Weise neue rechtspopulistische Bewegungen in Europa zu untersuchen. Als Ergebnis erschien im Jahr 2011 im planetVERLAG „Populism in Europe". Herausgeber der vorliegenden deutschen Ausgabe sind die Heinrich-Böll-Stiftung, die Green European Foundation, das Bureau de Helling und die Grüne Bildungswerkstatt, Trägerin des planetVERLAGs, die sich bereit erklärte, Druck und Vertrieb zu übernehmen. „Rechtspopulismus in Europa" ist also das Produkt der Zusammenarbeit verschiedener grün-naher europäischer Stiftungen, geleitet von dem Interesse, autoritären und nationalistischen Tendenzen wirksam begegnen zu können.

Es überrascht nicht, dass von Anfang an die Niederlande und Österreich federführend an diesem Projekt beteiligt waren, sind doch rechtspopulistische Parteien in beiden Ländern starke politische Kräfte. Österreich hat mit Jörg Haider und seiner Freiheitlichen Partei Österreichs (FPÖ) eine gewisse europäische Vorreiterrolle in Bezug auf neue rechte Bewegungen eingenommen. Die FPÖ zählte neben der Front National in Frankreich und dem italienischen MSI zu den ersten sich am rechten Rand des europäischen Parteienspektrums formierenden Kräften. Der Aufstieg des spezifisch holländischen Rechtspopulismus von Pim Fortuyn, gefolgt von Geert Wilders, erfolgte später, war aber gerade in den als liberal bekannten Niederlanden ein besonderer Schock. Deutschland ist bis heute von erfolgreichen rechtspopulistischen Parteien verschont geblieben. Hier äußert sich das diffuse Unbehagen an der etablierten Politik in anderen Formen. Dazu gehören offen rechtsextreme Parteien, die bis jetzt jedoch nur zeitweilig regional erfolgreich waren, aber auch publizistische Ereignisse wie die Debatte rund um das 2010 erschienene Buch von Thilo Sarrazin „Deutschland schafft sich ab". Auch linkspopulistische Tendenzen der Partei Die Linke manifestieren sich dort, wo in anderen Ländern rechtspopulistische Bewegungen aktiv sind. Das gilt z.B. für die Europapolitik, in der Die Linke den Anti-EU-Part übernimmt, der anderswo von rechtspopulistischen Kräften besetzt wird.

Die unterschiedlichen Formen von Populismus stellen grüne und progressive Bewegungen und Parteien nicht nur vor die Herausforderung, seine ideologischen Versatzstücke und politischen Operationsweisen genauer zu untersuchen, um erfolgreich gegen ihn angehen zu können. Gleichzeitig gilt es, die eigenen Positionen zu überdenken und Argumente zu den Themen zu schärfen, die von populistischen Parteien aufgegriffen werden. Zu diesen Fragen gibt es im Buch verschiedene Zugänge und keinen Versuch allgemeingültiger Antworten, wie auch Erica Meijers in ihrer Einleitung zu diesem Band darstellt.

Die Autorinnen und Autoren setzen statt dem rechtspopulistischen „Entweder wir oder sie" und dem „Wir gegen die anderen" auf einen Zugang, der darauf abzielt, mit Widersprüchen umgehen zu lernen, Differenzen auszuhalten und gesellschaftlichen und politischen Pluralismus zu verteidigen. Statt eine kollektive Festungsmentalität heraufzubeschwören, die eigene Kultur („christlich-abendländische Zivilisation") zu überhöhen und einer Hierarchisierung von Religionen das Wort zu reden, gehe es darum, das gleiche Recht aller auf Vielfalt durchzusetzen. Während die Bedeutung sozialer Unsicherheit als Nährboden für Rechtspopulismus und einer dezidierten Politik der Gleichheit als Teil einer erfolgreichen Gegenstrategie unterschiedlich stark gewichtet wird, liegt dem vorliegenden Buch das gemeinsame Bekenntnis zu Diversität, Toleranz und demokratischem Dialog zugrunde.

Mittlerweile gibt es eine Vielzahl über Europa verstreuter rechtspopulistischer Parteien, die ihre Gemeinsamkeit in einer antieuropäischen Position gefunden haben. Der neue Rechtspopulismus sucht den Erfolg gerade darin, dass er das Misstrauen gegen die europäischen Institutionen, das nationale Ressentiment und die Furcht vor Fremdbestimmung schürt. Er ist zu einem Faktor in der Debatte um die Zukunft Europas geworden, mit dem wir uns offensiv auseinandersetzen müssen.

Es ist daher an der Zeit, die mit diesem Buch angestoßene Debatte auf europäischer Ebene fortzuführen. Deshalb finden begleitend zum Buch zahlreiche Veranstaltungen in ganz Europa statt. Wir brauchen Debatten über unsere gemeinsame Vision eines inklusiven, Verschiedenheit respektierenden Gesellschaftsmodells ebenso wie Debatten über die Zukunft Europas – ein Europa, das Menschenrechte und Solidarität verbürgt und Einheit in der Vielfalt organisiert.

Wir möchten uns schlussendlich bei den Menschen bedanken, die diesen Band möglich gemacht haben. Zuerst gilt unser Dank Lonneke Bentinck für die Unterstützung bei der Suche nach Autorinnen und Autoren. Weiter den Kolleginnen und Kollegen in der Forschungsabteilung der niederländischen Grünen und den Mitgliedern der GEF, die in mehreren Sitzungen mit ihren Kommentaren und Vorschlägen zur Konzeption dieses Bandes beigetragen haben. Sepideh Haghiri hat den englischen Text lektoriert, eine umso wichtigere Arbeit, da viele Autorinnen und Autoren nicht in ihren Muttersprachen geschrieben haben. Bernd Rheinberg hat mit großer Sorgfalt die deutschsprachige Übersetzung bearbeitet. Ein großes Dankeschön auch an Leonore Gewessler, Geschäftsführerin der GEF, die jederzeit alle nur mögliche Hilfe geleistet hat. Und schließlich gäbe es dieses Buch nicht ohne Erica Meijers, die Chefredakteurin der Originalausgabe "Populism in Europe" – *dank je wel*!

/

Ralf Fücks, Vorstand der Heinrich-Böll-Stiftung
Heidi Hautala, Ko-Präsidentin Green European Foundation
Andreas Novy, Obmann Grüne Bildungswerkstatt
Berlin - Helsinki - Wien, August 2012

Einführung

Von Erica Meijers

In ganz Europa sehen sich grüne und linksgerichtete Parteien mit erstarkenden politischen Bewegungen konfrontiert, die für sich beanspruchen, im Namen „des Volkes" zu sprechen. Diese Bewegungen sagen der Mainstream-Politik, die sie als elitär betrachten, den Kampf an. Ihr erklärtes Ziel ist es, die Identität der „christlich-westlichen Zivilisation" zu schützen, indem sie die Grenzen schließen wollen und kulturelle, ethnische und religiöse Minderheiten angreifen. Sie behaupten, es gäbe eine unüberwindliche Kluft zwischen der „bösen" Elite, dem „guten" Volk und den „Anderen" (in der Regel Minderheiten).

Indem sie das tun, werden aber gerade die grundlegendsten europäischen Werte in Frage gestellt, da die Führer dieser Bewegungen die Ideen der Vielfalt, der Offenheit, der kritischen (Selbst-)Reflexion und der Toleranz missachten.

Aus diesem Grund rührt ihr Diskurs an das Wesen der Demokratie und kann nicht ohne entschiedenen Widerspruch bleiben. In dieser Essaysammlung stellen sich Politiker/innen, Wissenschaftler/innen und Journalist/innen aus unterschiedlichen Teilen Europas der Herausforderung, zu analysieren, was heute in unseren Gesellschaften vorgeht. Die Autor/innen versuchen, Fragen zu formulieren, die besonders grüne Parteien im Kampf gegen diese „Phantasten der Vereinfachung", so Daniel Cohn-Bendit und Edouard Gaudot im ersten Beitrag dieses Bandes, beantworten müssen.

Gewöhnlich bezeichnen wir diese politischen Bewegungen als „populistisch" (das lateinische Wort „populus" meint das „gemeine Volk"), obwohl der Begriff nicht eindeutig definiert ist. Es gibt unterschiedliche Sichtweisen des Populismus: Man kann in ihm einen emotionalen, vereinfachenden und manipulativen Politikstil sehen, auf den sowohl linke wie auch rechte Parteien zurückgreifen können; man kann dieses Phänomen aber auch als eine neue, postmoderne Ideologie verstehen oder als Nationalismus in neuer Gestalt.

Der Begriff „Populismus" hat zweierlei Wurzeln: Einerseits geht er auf die Protestbewegung der amerikanischen Farmer Ende des neunzehnten Jahrhunderts zurück, andererseits auf die russischen Narodniki zur gleichen Zeit. Beides waren ländliche Bewegungen, die das harte Leben der Bauern verbessern wollten. Später und in ganz anderem Zusammenhang wurde der Begriff für Regime in Ländern der Dritten Welt gebraucht – speziell im Hinblick auf Lateinamerika in den 1960ern und 1970ern –, die von charismatischen Führern regiert wurden.

Wie wir gesehen haben, macht der Begriff eine erneute Veränderung durch. In diesem Buch geht es darum, was Populismus heute bedeutet und wie man sich mit ihm auseinandersetzen muss. Die oben gegebene Darstellung dient dabei als Ausgangspunkt.

Für die Niederlande, ein Land, das sich selbst gern als liberal und tolerant verstand, waren die Erfolge einer neuen Generation von Populisten ein erheblicher Schock. Das ist vermutlich auch der Hauptgrund, warum dieses Projekt von den holländischen Mitgliedern der Green European Foundation (GEF) angestoßen wurde und relativ viele der Autorinnen und Autoren aus den Niederlanden kommen – obwohl sie ganz gewiss nicht allein aus niederländischer Sicht schreiben.

Ein neues Phänomen

Daniel Cohn-Bendit und Edouard Gaudot, deren Stoßseufzer diesen Band eröffnet, betonen die Ähnlichkeiten zwischen dem heutigen

Populismus und der extremen Rechten der „alten Schule" – als da sind: Beide bedienen sich Mechanismen der Aus- und Abgrenzung, um Gehör zu finden; beide schöpfen aus derselben Quelle, einem demagogischen, protektionistischen und fremdenfeindlichen Nationalismus. Für die Autoren liegt es auf der Hand, dass es die Linke seit dem Ende der kommunistischen und sozialistischen Utopien 1989 nicht zuwege gebracht hat, glaubwürdige Alternativen anzubieten. Es besteht dringender Bedarf nach einem neuen sozio-politischen Projekt, das erst noch erfunden werden muss.

Zunächst aber müssen Wesen und Eigenarten des heutigen Populismus untersucht werden. Hier setzt unsere Erörterung ein. Obwohl Dick Pels in seinem Beitrag einräumt, ein neues „zivilisa-torisches Ideal" werde gebraucht, liegt sein Akzent doch mehr auf der Kluft zwischen der „alten" extremen Rechten und dem neuen Rechtspopulismus. Die Mehrzahl der Autorinnen und Autoren folgen ihm hier in ihrer Analyse der neuen Züge des Populismus, den Pels gar als „Neopopulismus" bezeichnet.

Die neuen Populisten wollen beispielsweise die Demokratie nicht abschaffen, ganz im Gegenteil. Ihr wachsender Einfluss hat demokratische Wurzeln und entsprechend treten sie für mehr direkte Demokratie in unseren gegenwärtigen politischen Systemen ein. Zudem kann man eine Verschiebung weg von rassischen und hin zu kulturellen Begründungen feststellen und gleichermaßen vom Kollektivismus hin zum Individualismus – eine Verschiebung, die mehr sein könnte als ein bloßer Strategiewechsel.

Einige andere Autor/innen greifen die Thesen von Chantal Mouffe auf, die feststellt, dass nach 1989 die Vertreibung des Politischen aus der Politik den Rechtspopulisten die Möglichkeit eröffnete, die politische Landschaft neu zu gestalten. Sie führt den Begriff „postpolitisch" ein, der eine politische Sphäre ohne politische und ideologische Konflikte bezeichnet. Man kann das wie folgt beschreiben: In den 1990ern änderte sich der Gegensatz zwischen links und rechts, der bis dahin die Politik beherrscht hatte, und sozialdemokratische Parteien gaben ihre ideologische Grundhaltung zugunsten eines pragmatischen, (neo-)liberalen Ansatzes auf. Politik

wurde mehr und mehr eine Sache für Verwaltungsfachleute, eine
Technokratie, eine Frage wie man oben getroffene Entscheidungen
der Öffentlichkeit verkauft. Politische Probleme rührten nicht mehr
von sozio-ökonomischen Gegensätzen zwischen links und rechts
her, sondern von einem kulturellen Gegensatz zwischen einer
kosmopolitischen, multikulturellen „Elite" und einem eher konservativen, nationalistischen „Volk".

Analog zu diesem neuen kulturellen Gegensatz ist eine neue
politische Trennlinie zwischen libertären und autoritären Wählern
entstanden. Während grüne Parteien sich mit postmateriellen
Fragen wie Umwelt, Gerechtigkeit, individueller Freiheit, indivi-
dualisierten Lebensstilen und Minderheitenrechten auseinandersetzen, haben populistische Politiker damit begonnen, den „Willen
des Volkes" neu zu formulieren, indem sie sich als die Stimme der
Menschen darstellen, deren Probleme von der libertären Elite
übersehen oder vernachlässigt werden. Sie verweisen dabei auf
den Verfall traditioneller Normen und Werte, die Auflösung gesellschaftlicher Strukturen und der Familie, den Verlust der nationalen
Identität und der Souveränität und fordern, der Staat müsse repres-
siver und autoritärer handeln. Sie setzen dazu nicht auf übliche
politische Ansätze wie Überzeugungsarbeit und Argumentation,
sondern auf Provokation und die Schaffung von Stereotypen, etwas,
das in unserer Medienkultur leicht Erfolg hat.

Der neue Populismus kann deshalb nicht einfach mit der alten,
rassistischen Rechten gleichgesetzt werden. Die Unterschiede
sind erheblich. Das bedeutet jedoch nicht, dass der neue kulturelle
Ansatz harmloser ist, denn die Populisten bedienen sich weiter
der alten „Mechanismen der Exklusion und des fremdenfeindlichen Nationalismus". Deshalb befasst sich dieser Band mit dem
Rechtspopulismus in all seinen Erscheinungsformen. Dieser
Unterschiedlichkeit sind auch die Differenzen im Vokabular unserer
Autorinnen und Autoren geschuldet: Einige sprechen zum Beispiel
von der „extremen" oder „äußersten Rechten", andere ziehen die
Begriffe „radikale" oder „nativistische Rechte" vor.

Der Fokus auf rechte Politik bedeutet jedoch nicht, es gebe

keinen linken Populismus. Man kann sogar fragen, ob sich der neue Populismus überhaupt mit den Zuordnungen „links" und „rechts" fassen lässt, da er seine Inhalte aus linken wie rechten Traditionen bezieht. Einige der Autorinnen und Autoren weisen deshalb auch darauf hin, dass der Populismus linke wie grüne Parteien mit ihren eigenen populistischen Tendenzen konfrontiert und zugleich die heikle Frage aufwirft, wie man mit ihnen umgehen sollte.

Der Populismus wirft viele entscheidende Fragen unserer Gesellschaften auf, etwa dazu, ob Demokratie funktioniert und was nationale Identität bedeutet – insbesondere im Hinblick auf den Versuch, ein einiges Europa zu schaffen. Es geht zudem darum, wie wir mit Einwanderung und ihren Folgen umgehen und wie ein dauerhaftes Gleichgewicht zwischen Freiheit und Sicherheit geschaffen werden kann.

Vor dem Hintergrund dieser neuen Form des Populismus, die den Schwerpunkt des Beitrags von Dick Pels bilden, auf die jedoch auch die meisten anderen Beiträge eingehen, wird die Leserin und der Leser Artikel zu den meisten der oben genannten Fragen finden. Sarah de Lange, Wouter van der Brug und Inger Baller liefern uns Zahlen über die Verbreitung des Populismus in Europa, über die Entwicklung eines neuen Typus von Wähler sowie neue Formen politischer Praxis.

Øyvind Strømmen befasst sich mit der Frage, ob wir uns auf eine europaweite populistische Bewegung einstellen müssen. Er vergleicht auch die Lage in West-, Mittel- und Osteuropa und zeigt, wie der Nationalismus der neuen Populisten die internationale Zusammenarbeit auf europäischer Ebene behindert. Zugleich berufen sich Populisten auf moderne europäische kulturelle Werte, insbesondere die Freiheit, und nehmen so Einfluss auf die politische Rhetorik fast aller Parteien in Europa.

Wo die Populisten Werte hochhalten wie Demokratisierung und Frauenrechte (manche sogar die Rechte von Homosexuellen), die man gemeinhin mit einer linken und humanistischen Tradition verband, konkurrieren sie besonders stark mit linken und grünen Parteien. Olga Pietruchova untersucht in ihrem Beitrag, welche

Rolle die Verteidigung von Frauenrechten tatsächlich innerhalb der populistischen Argumentation spielt, und stößt dabei auf große Unterschiede zwischen Westeuropa auf der einen und den mittel- und osteuropäischen Ländern auf der anderen Seite. In beiden Regionen verwandeln sich aber Frauen- und andere liberale Rechte in nationalistische Werte, die exklusiv an den Nationalstaat und die „einfachen, hart arbeitenden Leute" gebunden werden.

Soňa Szomolányi untersucht den Populismus vor dem Hintergrund von zwanzig Jahren freier Wahlen in vier mitteleuropäischen Ländern: Polen, der Tschechischen Republik, der Slowakei und Ungarn. Sind diese „neuen" Demokratien anfälliger für den Populismus als die Westeuropas?

Merijn Oudenampsen analysiert, wie Populisten den Willen „des Volkes" formen, anstatt ihn wirklich zu repräsentieren. Seiner Ansicht nach sollten progressive Parteien sich stärker darüber im Klaren sein, welche Rolle bestimmte Eckpunkte in der politischen Debatte spielen. Die politische Linke sollte versuchen, Konflikte in den Gesamtzusammenhang sozio-ökonomischer Fragen einzuordnen und so links und rechts wieder zu den entscheidenden politischen Polen machen.

Robert Misik und Marco Jacquemet befassen sich mit einem zentralen Problem: dem symbiotischen Verhältnis von Populismus und Medien. Jacquemet deutet die Erfolgsgeschichte von Berlusconi in Italien als Sieg des Imaginären über das Rationale. Seine Analyse hinterlässt den Eindruck, der französische Slogan „l'imagination au pouvoir" sei wieder auferstanden, nur unter völlig veränderten Umständen und mit anderem Ergebnis. Das sollte die Repräsentanten der 68er und ihre Nachfolger in der grünen Bewegung darüber nachdenken lassen, worum es bei dieser Revolution eigentlich ging.

Die Problematik sozialer Absicherung und wirtschaftlicher Unsicherheit werden in den Beiträgen von Barbara Hoheneder und Dirk Holemans behandelt. Hoheneder beschreibt die neoliberale Vorgeschichte des Populismus, während Holemans sich mit der grünen Alternative befasst und Umrisse einer neuen Balance zwischen Freiheit und Sicherheit skizziert. Seiner Ansicht nach kann der Populismus nur dann überwunden werden, wenn grüne Politik eine emotionale Geschichte erzählt, eine identitätsstiftende Erzählung, die den Bürgerinnen und Bürgern Sinn und Bedeutung vermittelt.

Offene Fragen

Merijn Oudenampsen zufolge verhalten sich progressive Parteien dem Populismus gegenüber keineswegs einheitlich. Manche Parteien wählen die Gegnerschaft, andere ziehen eine Annäherung vor. Für den Autor sind beide Haltungen problematisch. Der Konfrontationskurs neigt dazu, die populistischen Vorstellungen einfach niederzumachen, ohne sich weiter mit ihnen abzugeben, während bei Annäherungsversuchen unkritisch die Behauptung akzeptiert wird, die Populisten sprächen im Namen des Volkes. Der Autor empfiehlt grünen und anderen linken Bewegungen, nicht nur zu untersuchen, wie Populisten die politische Diskussionen bestimmen, sondern auch wie sie die politischen Programme der Mainstream-Parteien beeinflussen.

Damit ist Oudenampsen nicht allein. Dick Pels, Øyvind Strømmen und Marco Jacquement weisen ebenfalls darauf hin, wie wichtig im politischen Diskurs das „Agenda-Setting" ist. Dies ist eine der wesentlichen Fragen, die dieses Buch gerade für Grüne formuliert: Wie können sie in der politischen Debatte deutlich an Profil gewinnen? Sollen sie stärker populistische Ansätze verfolgen, mehr Emotion zeigen, persönlicher werden? Oder sollen sie an der herkömmlichen politischen Praxis festhalten, andere durch Argumente zu überzeugen? Da Form und Inhalt stets miteinander verflochten sind, hat diese Frage eine enge Verwandtschaft mit dem Vorschlag von Dirk Holemans, eine grüne Erzählung, eine Vision einer erstrebenswerten zukünftigen Welt zu entwickeln. Um die Phantasie anderer in Gang zu setzen, bedarf es unserer eigenen Vorstellungskraft.

Einige Beiträge lassen die grünen Parteien in einer Zwickmühle zurück, etwa der Beitrag von Sarah L. de Lange, Wouter van der Brug und Inger Baller. Sowohl populistische wie auch grüne Parteien verzeichnen in den meisten europäischen Ländern Stimmengewinne. Nach Untersuchung der Ähnlichkeiten wie der Unterschiede kommen die Autor/innen zu dem Schluss, dass populistische und grüne Wähler/innen sehr wenig bis gar nichts gemein haben, da die einen libertären, die anderen autoritären Positionen anhängen. Damit bleibt für grüne Wahlstrateg/innen die Frage offen, ob grüne Parteien den Versuch machen sollten, das populistische Lager zu gewinnen. Sollte man darauf verzichten, bliebe dennoch die Herausforderung, bessere Strategien zu entwickeln. Anders gesagt: Wie sehen die Grünen ihr Verhältnis zu den „Waisen der Globalisierung", wie der britische Historiker Robert O. Paxton die Angehörigen der neuen Unterklasse nennt, zu denjenigen also, die von der Globalisierung nicht profitieren und die die Sprache der Politik nicht mehr verstehen?

Wie bei einem Projekt dieser Art wohl unvermeidlich, sind in diesem Buch widersprüchliche Positionen zu finden. Wir hoffen, dass dies dazu dient, die Diskussion zu schärfen. Handelt es sich beim Populismus um das (vielleicht falsche) Versprechen von mehr Gemeinschaft und Zugehörigkeit, wie es Barbara Hoheneder darstellt? Oder handelt es sich im Gegenteil um exzessiven Individualismus, wie Dick Pels glaubt? Besteht die Aufgabe folglich darin, eine neue Vision des Individualismus zu entwickeln, da Pels die Bedeutung der Individualität nicht über Bord werfen will? Oder müssen wir, um mit Dirk Holemans zu sprechen, Wege finden, bessere soziale Absicherung zu schaffen und den Menschen eine gemeinschaftliche Perspektive anzubieten? Gehört die Antwort auf den Populismus in den Bereich der Kultur (Pels), oder sollte die oberste Priorität eine sozio-ökonomische Perspektive sein (Oudenampsen, Holemans)? Es bleibt abzuwarten, ob diese Vorschläge einander wirklich widersprechen oder einander nicht in gewisser Weise ergänzen.

Ein anderes Thema dieses Buches, das weiter erforscht und diskutiert werden muss, ist die Frage nach der Volkssouveränität als

Basis der Demokratie. Die Populisten benutzen den Begriff „Volk" in absoluter und ausschließender Manier. Wie kann man eine wahrhaft europäische pluralistische Demokratie entwickeln, wenn der Gedanke der nationalen Souveränität dazu benutzt wird, Menschen aus unseren Gesellschaften auszuschließen? Die Populisten zwingen uns, über das grundlegende Wesen der Demokratie nachzudenken. Da sie die Demokratie nationalisieren, sehen wir uns mit der Frage konfrontiert, was Demokratisierung aus einem internationalen oder wenigstens europäischen Blickwinkel bedeutet. Wie kann man demokratische Strukturen etablieren, die internationale und lokale Gemeinschaften miteinander verbinden? Wie kann man die neuen „sozialen Medien" nutzen, um demokratische Strukturen zu fördern, die die nationalen Grenzen überschreiten?

Dieser Band kann nicht auf alle Fragen eine Antwort geben. Wenn das Buch eins deutlich macht, dann ist es die Tatsache, dass der Populismus in ganz Europa eine große Herausforderung darstellt und uns zwingt, unsere politischen Konzepte und Erzählungen zu überprüfen. Wenn wir unsere eigenen Traditionen ernst nehmen, müssen wir uns dieser Herausforderung stellen. Wenn wir für die Zukunft Europas eine tragende Rolle spielen wollen, müssen wir eine reale Alternative zum Populismus liefern. Da die anstehenden Probleme über die jeweiligen nationalen Zusammenhänge hinausgehen, ist es unerlässlich, sich mit dem Populismus in unserer pluralistischen und widerspenstigen europäischen Wirklichkeit auseinanderzusetzen. Mehr vielleicht als alles andere versucht dieses Buch, eine praktische Übung darin zu sein, unsere nationalen, politischen und intellektuellen Grenzen zu überschreiten. Allein dieser Versuch ist schon eine Antwort auf den Populismus.

/

Erica Meijers
Amsterdam, Juni 2011

Die Versuchung der schrecklichen Vereinfachung

■ **Warum der Populismus eine Gefahr für Europa ist**
Von Daniel Cohn-Bendit und Edouard Gaudot

Ein übler Wind weht in Europa. Die Luft ist schwer, und in den letzten Jahren sind schwarze Gewitterwolken über dem Kontinent aufgezogen. Diese düstere und bedrückende Atmosphäre unterstreicht die Tatsache, dass Europa nicht nur unter dem Klimawandel leidet; auch ein moralischer und politischer Wandel findet statt. Die Wahlergebnisse in Finnland im April 2011 verlängerten die Litanei schlechter Nachrichten für die europäische Demokratie. Der Niedergang begann im Februar 2000 mit der Regierungsbeteiligung von Jörg Haider, dem schneidigen populistischen Führer der generalüberholten, schnell wachsenden extremen Rechtspartei Österreichs. Zwei Jahre danach eröffnete Frankreich eine neue Front, als überraschend Jean-Marie Le Pen, der Anführer der extremen Rechten, die Stichwahl zum Präsidentenamt erreichte – und die Sozialistische Partei außen vor blieb. Seitdem hat es in Europa beunruhigende Anzeichen einer allmählichen Verschiebung hin zur extremen Rechten gegeben: In Ungarn, den Niederlanden, Dänemark, Schweden und Finnland sind die politischen Landschaften durch den stürmischen, aufsehenerregenden Aufstieg stark nationalistischer und offen fremdenfeindlicher und sogar rassistischer Parteien erschüttert worden. Anderswo, in der Schweiz, in Österreich, Frankreich und Italien, ist die Präsenz solcher Parteien im nationalen politischen Leben und ihr Einfluss auf öffentliche Debatten auf allen Ebenen der Gesellschaft spürbar. Zuweilen ist er sogar ins Herz der demokratischen Institutionen und der politischen Parteien eingedrungen.

Letzteres ist besonders besorgniserregend. Die traditionellen Parteien, deren Wählerbasis bröckelt, weil ihnen die Wählerinnen und Wähler entweder zu den neuen Parteien davonlaufen oder aber das Gesellschafts- und Produktionsmodell, das sie befürworten, zusammenbricht, zeigen gegenüber diesen neuen Bewegungen nur wenig Widerstand. Zwar grenzen sie sich ab, fallen aber zugleich auf Thesen zurück, in denen sich mulmiger Konformismus und fragwürdige Taktik vermischen. Diese Bewegungen „stellen die richtigen Fragen, nur die Antworten sind falsch", so vor zehn Jahren die unglücklichen Worte eines Führers der französischen Sozialisten im Hinblick auf den Front National.

Tatsächlich verdeutlicht die Verschiebung der Debatte über öffentliche Sicherheit in Frankreich diesen fragwürdigen Trend sehr gut. Immigration wurde hier lange Zeit wegen der schwachen Bevölkerungsentwicklung als ökonomische Frage angesehen und zugleich, wegen der säkularen Tradition Frankreichs als „Land des Asyls", als ein politischer Grundpfeiler. Allmählich ist daraus jedoch eine neue „soziale Frage" im hochpolitischen Sinn des Wortes geworden (politische Rechte, Sozialsystem, Integration, Rassismus). Trotz der öffentlichen Debatte, die Mitte der 1980er stattfand, hat das Thema „Integration von Einwanderern", die mittlerweile mehrheitlich aus dem außereuropäischen Ausland kommen, bis heute keine befriedigende und nachhaltige Lösung gefunden. Der legitime wachsende Unmut über die Vernachlässigung dieser Frage hat dabei keine Alternativen aufgezeigt, eher noch hat sich die Lage weiter verschärft, da sich die Struktur von Frankreichs Wirtschaft wandelte, speziell durch die Entindustrialisierung. Die grundlegenden Prinzipien des französischen Universalismus und der republikanischen Gleichheit verbieten jeden „ethnischen" Ansatz in der Statistik und bei sozialen Problemen (und entschiedener noch bei der Kriminalität). Dennoch sind sich Soziologen und die Polizei oft darüber einig, dass es bei Jugendlichen mit Migrationshintergrund, die von den sozialen Faktoren, die eng mit Kriminalität zusammenhängen, überproportional betroffen sind, eine erhöhte Kriminalitätsrate gibt. Die Analyse dieses Phänomens hat aber nie zu anderen Antworten geführt als der, sich um die öffentliche Sicherheit zu kümmern und auf Wirtschaftswachstum zu warten, damit die Beschäftigung steige – so wie man auf Regen wartet, damit das Gras wächst.

Die französische Elite war in den vergangenen zwanzig Jahren nicht in der Lage, eine wahre Politik der Neuverteilung zu konzipieren und durchzusetzen, und es gab auch nur wenige, unzureichende Versuche in diesem Bereich. Die Folge war, dass zuerst im öffentlichen Bewusstsein und dann auch in den politischen Debatten „Einwanderung" und „fehlende öffentliche Sicherheit" wie selbstverständlich zusammen gedacht wurden. Verstärkt wurde dies noch durch internationale Spannungen (islamischer Terrorismus, Nahostkonflikt) und ihre Folgen für Frankreich. Die Forderung nach mehr öffentlicher Sicherheit, an der sich seit den 1970ern wenig geändert hatte, wurde in den 1990ern schließlich so bestimmend, dass die beiden Kandidaten, die sich hier am aggressivsten positionierten, 2002 den ersten Durchgang der Präsidentschaftswahlen gewannen. 2006 zeigte eine Umfrage von TNS, dass eine Mehrheit der Franzosen (57 Prozent) fehlende öffentliche Sicherheit zunehmend als Problem ansahen – auch wenn 39 Prozent die Frage relativierten und angaben, was zugenommen habe, sei das subjektive Empfinden der Unsicherheit.

Der Kampf gegen Gewalt und mangelnde öffentliche Sicherheit hat auf der politischen Bühne Frankreichs seit den 1990ern eine bedeutende Rolle gespielt. Nachrichten und sensationsgierige Medienberichte sowie Statistiken über die Zunahme städtischer Gewalt und entsprechend aufsehenerregende Bilder tragen zu wachsendem Unbehagen und dem Gefühl der Bedrohung bei. Das alles geschieht in einer alternden Bevölkerung, einer Gesellschaft, die brutal mit einem „Generationenbruch" konfrontiert ist, mit deutlicher sozialer, städtischer und ethnischer Segregation und darüber hinaus mit der eigenen kolonialen Vergangenheit. Die empirische Verbindung von Kriminalität und Einwanderung ist vom Stammtisch erst ins Fernsehen übergewechselt und hat sich schließlich auch auf der höchsten Ebene durchgesetzt: Seit seiner berühmt-berüchtigten

„Rede von Grenoble" im Juli 2010 verbinden der Präsident der Republik und sein Innenminister beide Phänomene ausdrücklich. Zudem untergraben sie grundsätzliche bürgerliche Freiheiten, die die Basis der Europäischen Gemeinschaft bilden, indem sie behaupten, sie würden das Schengen-Abkommen über die Reisefreiheit in Europa nur „anpassen".

Der Rausch des eigenen Weges

Wie kranke Körper ziehen sich auch Gesellschaften in sich selbst zurück. Die gleiche lückenhafte und demagogische Argumentation hat dänischen Behörden als Vorwand dazu gedient, bestimmte Grenzkontrollen wieder einzuführen und so auf sehr zweifelhafte Art den Populisten der Dänischen Volkspartei entgegenzukommen, die glauben, der Anstieg der Kriminalität sei auf osteuropäische Banden zurückzuführen. Nordafrikaner hier, Türken da, Osteuropäer dort, der Reflex der Vereinfachung ist immer derselbe: Die Gefahr kommt von außen. Die Europäer amüsieren sich immer noch über Putins und Medwedjews Russland und dessen paranoide Klage, alles Übel, das das russische Volk befalle (Kriminalität, Alkoholismus, Korruption, sogar AIDS – wir wissen die Liste zu würdigen), komme aus dem Westen. Unsere liberalen Demokratien aber gehen denselben Weg – und sie haben nicht einmal die Ausrede der Diktatur.

Der Sündenbock ist ein anderer, das Verfahren dasselbe. Wie die extreme Rechte der alten Schule, nutzt auch die neue extreme Rechte das Instrumentarium und die Mechanismen der Ausschließung und der Abgrenzung, um sich Gehör zu verschaffen. Jedes „fremde Element", jeder, der anders ist, wird mit einem Parasiten oder Eindringling verglichen, vor dem man auf der Hut sein müsse. Gestern waren das die Juden, heute sind es im Regelfall die Moslems. Die Islamphobie ist der Kristallisationspunkt des extrem rechten Mainstreams geworden – und zwar in einem solchen Maß, dass sie auch bei einer bestimmten Fraktion von neokonservativen Intellektuellen und bei Politikern zu finden ist, die überwiegend der liberalen Linken angehören.

Der imaginäre und imaginierte Moslem, sonnengegerbt, bärtig und möglicherweise noch fanatischer, weil er arm ist, schafft es, die herrschenden Klassen gegen sich aufzubringen und zu mobilisieren.

Wie die extreme Rechte der alten Schule, nutzt auch die neue extreme Rechte Ausschließung und Abgrenzung, um sich Gehör zu verschaffen.

Deutlich sichtbar war dies bei den Verwerfungen, die die Debatten um den Schleier, die Burka und die Mohammed-Karikaturen innerhalb der traditionellen politischen Klasse verursachten. Dieser Moslem ist ihnen jetzt so unerwünscht wie zuvor den neuen Extremisten, auch wenn die letzteren zu den traditionellen Begründungen, die politisch scheinbar akzeptabler sind, noch neue Phrasen hinzufügen. Konsequenterweise wird der Islam auch nicht als Religion dargestellt, sondern als eine kämpferische und zwangsläufig zerstörerische Ideologie, die Pim Fortuyn oder Marine Le Pen bekämpfen, wodurch sie, wie sie behaupten, liberale Werte und säkulare Prinzipien verteidigen – ein cleverer Trick, der offensichtlich zu der immer größeren Verführungskraft der extremen Rechten beiträgt. Untergraben werden so grundlegende europäische Werte und Vorstellungen von Vielfalt, Weltoffenheit, Reflexion und Toleranz.

Natürlich wird Europa letzten Endes als Kontrastfigur zu all diesen fanatischen und bedrückenden Entwicklungen gesehen. Wir sollten uns daran erinnern, dass es die Opposition gegen den Aufbau des vereinten Europas war, die die Mehrzahl der populistischen Tendenzen auf dem europäischen Kontinent in den letzten fünfzehn Jahren erst hat gedeihen lassen – sei es die extreme Linke, die Brüssel bezichtigt, ein Nest des Neoliberalismus und der finanziellen Globalisierung zu sein und öffentliche Dienste und nationale Sozialsysteme zu zerschlagen, sei es die extreme Rechte, die sich gegen die „Euroglobalisierung von Maastricht" (J. M. Le Pens Front National, 21. April 2002), das „freimaurerische und sodomitische Europa" (R. Giertych, Liga der Polnischen Familien, November 2004) das „türkenfreundliche, verschwenderische und kostspielige Europa, das Kriminalität und Islamisierung fördert" (FPÖ,

Wahlkampfmaterial, März 2006) wehrt – sie alle reden verächtlich und herabsetzend über den Aufbau Europas und schöpfen aus derselben Quelle: einem demagogischen, protektionistischen und xenophoben Nationalismus.

Unfähig, die äußerst komplexe Welt von heute wirklich zu durchdenken, verleugnet man diese Komplexität und setzt stattdessen auf eine gängige, zerstörerische Vereinfachung, ja Einfalt. Wenn diese Bewegungen der extremen Rechte häufig als „populistisch" beschrieben werden, liegt das in der Tat daran, dass sie dieselben simplen Argumente auch nutzen, um eine Kluft zwischen Eliten und Volk zu bezeichnen. Man muss sich jedoch vorsehen, nicht in dieselbe Falle wie diese Bewegungen zu tappen. Entgegen der allgemeinen Annahme ist „das Volk" kein monolithischer Block. Jacques Rancière macht in seinen Schriften deutlich, dass es sich hierbei im Großen und Ganzen um ein Hirngespinst handelt. Man kann die intellektuelle Bedeutung des Begriffs und die romantischen Bezüge verstehen, aber die Vielfalt der Gesellschaft und der Menschen erfasst er nicht. Eben deshalb ist der Begriff des Populismus so komplex. „Der Appell an das Volk", durch den er sich auszeichnet, hat nicht dieselbe Wertigkeit, nicht dieselbe Bedeutung, wenn einmal Fremde abgewiesen werden, einmal mehr soziale Gerechtigkeit gefordert wird. Auch die Linke ist sich hierüber nicht immer im Klaren. Es gibt offensichtlich einen linken Populismus, in dem stattdessen Händler, Banker und Kapitalisten aller Art die Rolle des Sündenbocks spielen und deren gemeinsamer Nenner mit den Sündenböcken der Rechten ist, dass sie „Außenseiter" sind, Außenseiter im Hinblick auf die nationale Gemeinschaft, Außenseiter im Hinblick auf das Volk, Außenseiter in ihrer Rolle als Diener der Globalisierung und als im Ausland Lebende. Derselbe Reflex zeigt sich auch, wenn Europa gebrandmarkt wird – sei es als das trojanische Pferd angelsächsischer Globalisierung, deutschen Einflusses oder mitteleuropäischer Arbeitsmigranten.

Der linke Populismus verhilft uns zu einem besseren Verständnis der Macht der Vereinfachung, die bei allen populistischen Ansätzen am Werk ist: die Wunschphantasie von der

Einfachheit – Einfachheit der Sitten, der Kultur, der volkstümlichen Sehnsüchte im Vergleich zur dekadenten Verfeinerung der Elite. So destruktiv wie die populistische Vereinfachung selbst sind allerdings auch jene, die sich weigern, deren Mechanismen zu analysieren, die sich damit zufrieden geben, die für schuldig befundene Menge zu tadeln, die so leichtgläubig ist, dass sie auf die plumpsten Diskurse hereinfällt. Selbst die Grünen sind manchmal des Populismus beschuldigt worden, wenn es darum ging, grundsätzlich alle jene Vorschläge von vornherein abzuqualifizieren, die mit dem herrschenden politischen und ökonomischen System am stärksten in Widerspruch lagen. Deshalb nehmen die derzeitigen Formen des Populismus ein breites politisches Spektrum ein und sind vor allem Ausdruck widerstreitender Legitimationen. So wie das lautstarke Anprangern der Elite jedoch keine konstruktive Politik hervorbringt, so kann andererseits auch die heftige Zurückweisung des Populismus das Versagen der Elite nicht verbergen.

Wettbewerb der Visionen

Wenn man über rechten oder gar extrem rechten Populismus spricht, liefern aktuell Italien und Ungarn das Material für Fallstudien, sowohl hinsichtlich der Ideologie als auch der Methoden. Tatsächlich steht Berlusconi für eine Form der „Massenkultur" in äußerster Ausprägung, für einen „weichen" Faschismus, der die Menschen nur als Konsumenten, nicht als Bürger ansieht und der nicht weltoffen ist; er will, dass die Menschen in einer Art Traumfabrik arbeiten, in der Berlusconi sich seit Mitte der 1990er selbst präsentiert, ein Willy Wonka, ein perverser Bunga-Bunga-Amateur: Alle sollen jung und schön sein, alle sollen Spaß haben. Diese Phantasie, eine verkommene Form der Popkultur, hat einen Bezug zur berühmten Unterhaltungsgesellschaft, der „Gesellschaft des Spektakels". Was aber Guy Debord sich weder vorgestellt noch auch nur für möglich gehalten hatte, ist eingetreten: Die Isolation des Publikums übertrug sich nicht in eine heilsame Revolte, eine politische Revolution, sondern sie hat nur den Wunsch geweckt, selbst Darsteller in dieser Unterhaltungsgesellschaft zu sein. Jeder steht auf der Bühne, und die „entfremdeten Massen", die man sich im Herzen der Revolution gedacht hatte, treten heute überall in der Gesellschaft des Spektakels auf und haben dazu beigetragen, das System zu legitimieren und zu stabilisieren. Das Problem dabei ist, dass die Frustration, die es nach wie vor gibt und die sogar noch wächst, sich nur in der aggressiven Ablehnung eines Feindes Luft verschaffen kann, der als Hindernis ausgemacht wird auf dem Weg zur totalen Unterhaltung.

Aus diesem Grund wird auch niemals die Gesellschaft als Ganzes kritisiert. Wie wir schon gesagt haben, ist es der „Außenseiter", derjenige, der „unterstützt" wird, der seine Armut von anderswo eingeschleppt hat. Es ist jemand, der anders und deshalb zwangsläufig schuld ist, jemand, der anders denkt und betet. Das Problem dabei ist, dass ein solcher Prozess sehr viel heimtückischer abläuft, als es den Anschein hat. Wir tappen leicht in dieselbe Falle. Wir alle möchten aus der Situation Vorteil ziehen. Das ist die Logik des „milden Monsters" (um Raffaele Simone zu paraphrasieren), dem nicht leicht zu widerstehen ist und das langsam seiner eigenen Radikalisierung entgegentreibt. Es öffnet schließlich den Raum für gezielte Gewalt, die zuweilen von bestimmten Parteien toleriert und sogar ermutigt wird und für Zustände wie derzeit in Ungarn sorgt. Hier hat der Staatspopulismus derzeit seinen Höhepunkt erreicht, es kommt zu Gewalt gegen Roma, und grundlegende Freiheitsrechte werden umgeschrieben, wozu auch das berüchtigte Pressegesetz gehört, mit der Pflicht „objektive" und „ausgewogene" Informationen zu liefern.

Im Kampf gegen den Rechtspopulismus, der ohne die von der Konsumgesellschaft geförderten Wunschvorstellungen gar nicht gedeihen könnte, fehlt deshalb tatsächlich eine alternative Vision, eine alternative Kultur, ein Diskurs, der sich mit den gesellschaftlichen Enttäuschungen befasst. Klar ist, dass die Linke seit dem Ende der kommunistischen und sozialistischen Utopien es nie geschafft hat, eine gleichwertige Alternative anzubieten. Die kommunistische Utopie ist zusammengebrochen; sie wurde im

Totalitarismus beschädigt und endete im Schutt der Berliner Mauer und beim Sturmlauf auf die großen Einkaufszentren. Was die in Sozialdemokraten gewandelten Sozialisten betrifft, haben sie einen Teil davon bewahrt, etwas, das die Stärke ihrer Vorgänger und sogar der Kommunisten ausmachte, die technische und beinahe „wissenschaftliche" Seite ihrer Ideologie – dies jedoch auf Kosten des allgemeinen Verfalls ihrer Prinzipien und Methoden. Sie sind nicht mehr organisiert, sie sind Manager. Sie sind keine Techniker, sondern Technokraten. Sie sind nicht einmal auf der Suche nach dem besten gesellschaftlichen Kompromiss; mehr als alles andere scheinen sie Konformisten zu sein.

Entsprechend ist ein Großteil dessen, was im Mittelpunkt des politischen Denkens stehen sollte – die Beziehung zwischen Staat und Gesellschaft, das Finanzsystem, Europa, die Verbindung zwischen einer Politik der Umverteilung oder Anerkennung – inzwischen aus der sozialistischen Programmatik verschwunden, und jene, die noch vor kurzem unterschiedliche linke Wählerschaften ausmachten („Mittelklasse" „Intellektuelle", die „Arbeiterklasse") machen überhaupt keinen Versuch mehr, miteinander ins Gespräch zu kommen, sie misstrauen einander oder beschuldigen sich gegenseitig des Korporatismus. Unter solchen Umständen überrascht es nicht, dass es wenig Begeisterung gibt, die traditionelle Linke zu verteidigen, und man eher einem schalen Abklatsch der Wunschvorstellungen der beflügelten Rechten und ihren Versprechungen eines leichten sozialen Aufstiegs anhängt. Dies trifft umso mehr zu, als die Linke, obwohl sie um ihre derzeitigen Grenzen weiß, es nicht ertragen kann, sich mit ihrer eigenen Verantwortung auseinanderzusetzen. Die autoritäre Disposition der Sozialdemokraten schlägt oft in Arroganz gegen jene um, die im Großen und Ganzen ihre „natürlichen Partner" sind – ob sie nun mehr auf der linken Seite des politischen Spektrums stehen, oder ob es sich um Grüne handelt. Der Vorwurf des Populismus an die Adresse dieser Kräfte wird immer schnell erhoben – und für die Verbitterung, die in der Gesellschaft zu spüren ist, ist noch immer keine befriedigende Lösung gefunden.

Dies ist die Aufgabe, der sich die Grünen und darüber hinaus alle progressiven Kräfte stellen müssen, wenn sie wirklich eine Antwort auf die Bedrohung durch rechtspopulistische Tendenzen finden wollen. Es ist wichtig, jene Verbitterung und die mit ihr verbundene Energie aufzugreifen — nicht um sie gegen einen bestimmten Teil der Bevölkerung zu richten, sondern um sie in positive Bahnen zu lenken. Der erste Schritt ist ganz offensichtlich Empörung, wie der Erfolg von Stéphane Hessels Pamphlet zeigt, Empörung, die von vielen empfunden wird und die nur eine Richtung braucht. Es geht darum, es nicht einfach laufen zu lassen, sondern sich wieder mit Politik zu befassen und nicht aufzugeben; es geht darum, die Mängel des Systems zu bekämpfen, um wieder Kontrolle über das eigene Leben zu gewinnen. Die Masse muss sich deshalb nicht mehr gegen Andere zusammentun, sondern um ihrer selbst willen — und um ein neues Projekt zu unterstützen, das noch erfunden werden muss. Das erfordert offenkundig grundlegende Veränderungen und vielleicht auch, um Etienne Balibar zu zitieren, die Anerkennung einer Form des „positiven Populismus", der die Unterstützung vieler gewinnen kann. Das ist gewiss ein langfristiges und zweifellos kompliziertes Projekt. Doch ohne es bleibt nicht viel Grund zur Hoffnung.

LITERATUR

Balibar, Étienne (2010): Discours prononcé à Athens, 14. Juni 2010.
Debord, Guy (1996): Die Gesellschaft des Spektakels, Berlin 1996.
Rancière, Jacques (2001): Le populisme en question. *Liberation* vom 3. Januar 2001.
Rancière, Jacques (2011): Der Hass der Demokratie, Berlin 2011.
Simone, Raffaele (2008): Il mostro mite, Rom 2008.

Der neue nationale Individualismus

■ **Der Populismus behauptet sich**
Von Dick Pels

In den Niederlanden ist der Rechtspopulismus spät angekommen. In anderen europäischen Ländern haben erfolgreiche populistische Bewegungen viel früher Fuß gefasst, etwa der Front National (gegründet 1972), der Vlaams Blok (gegründet 1979 und 2004 in Vlaams Belang umgetauft) und die Lega Nord (gegründet 1991). Ein Jahr nach der Gründung von Forza Italia (1993) hat ihr Führer Silvio Berlusconi seine erste Amtszeit als italienischer Regierungschef angetreten. Bis heute ist er, nach dem Zweiten Weltkrieg, der Ministerpräsident Italiens mit der längsten Amtszeit.

In Österreich errang Jörg Haiders FPÖ in den Jahren 1994 und 1999 bedeutende Wahlerfolge und rief international Besorgnis hervor, als sie 2000 Teil der Regierung wurde. Pia Kjaersgaards Dansk Folkeparti wurde 1995 gegründet und unterstützte seit 2001 und bis vor kurzem eine konservativ-liberale Regierung. Acht Jahre nach dem durch Pim Fortuyn bewirkten Protest der Wähler im Jahr 2002 müssen wir uns eingestehen, dass der Rechtspopulismus auch in der politischen Landschaft der Niederlande zum dauerhaften Faktor geworden ist. Der Erfolg von Geert Wilders' Freiheitspartei (Partij Voor de Vrijheid, PVV), 2005 gegründet, übertrifft schon heute den von Fortuyns LPF (Lijst Pim Fortuyn). Sie erreichte 2006 sechs Sitze im Parlament, siegte bei den Wahlen zum Europaparlament und bei Gemeinderatswahlen und errang bei den Parlamentswahlen von 2010 einen großen Erfolg: vierundzwanzig Sitze. Heute hat sie als unverzichtbarer Partner der konservativ-liberalen Regierung Rutte eine mächtige Position inne.

Der Populismus hat die Niederlande nicht nur spät erreicht, er kam auch in unerwarteter, überraschender Gestalt: dem verspielten, aufsehenerregenden politischen Dandytum eines Pim Fortuyn. Sein mediengerechter Eintritt in die Politik war so dramatisch wie sein plötzliches Ende von der Hand eines linken Tierrechtsaktivisten. Die Ermordung Fortuyns am 6. Mai 2002 war von so großer dramatischer Eindringlichkeit, dass seine politische Botschaft zwangsläufig weite Verbreitung fand. Die paradoxe Mischung aus Antiislamismus, holländischem Nationalismus und der Verteidigung der Errungenschaften der libertären 1960er war für die Niederlande etwas Neues. Darüber hinaus kennzeichnete Fortuyn den endgültigen Durchbruch der Politik der Persönlichkeit und des politischen Starkults. Die Medien, insbesondere das Fernsehen, spielen in der Zauberformel des neuen Populismus eine Schlüsselrolle, wie man ein weiteres Mal an der Tea-Party-Bewegung in den USA sehen kann.

Ähnlich ist in den Niederlanden der politische Umbruch von 2002 ohne den theatralischen Narzissmus und die kühne Unverfrorenheit des Medienphänomens Fortuyn undenkbar, und es überrascht nicht, dass Fortuyn den Vergleich mit einem Medienzar wie Berlusconi dem mit seinem Vorgänger, dem faschistischen Diktator Mussolini, vorzog.

Nachzügler zu sein hat jedoch auch Vorteile: Es schärft unsere nachträgliche Einsicht. Das einzigartig libertäre holländische Medienspektakel verdeutlicht das Neue an dem schwer fassbaren Phänomen, das zurecht „Neopopulismus" genannt wird. Der holländische Fall kann daher zur dringend notwendigen Aufklärung über den Nachkriegspopulismus in Europa beitragen und zugleich einige Besonderheiten der holländischen Kultur deutlich machen. Das späte Aufkommen des Populismus in einem Land mit recht zwanglosen Umgangsformen wie den Niederlanden könnte zum Beispiel unter anderem von der fehlenden Tradition „großer" politischer Führerschaft und der Abwesenheit charismatischer Kommunikatoren vom Kaliber eines Le Pen, Haider, Berlusconi oder Dewinter herrühren. Dieser Mangel wurde auf einen Schlag durch die glänzenden Medienauftritte des politischen Stars Pim

Fortuyn wettgemacht (Pels 2003). Bei den Parlamentswahlen vom 15. Mai 2002 kam er posthum auf 26 der 150 Parlamentssitze, das heißt auf 1,6 Millionen der 9,5 Millionen abgegebenen Stimmen. Viele niederländische Bürgerinnen und Bürger erlebten deshalb das Jahr 2002 als wesentlichen Einschnitt zwischen „alter" und „neuer" Politik, als Beschleunigung der Geschichte.

Der Populismus wirft eine Reihe entscheidender politischer Fragen auf, über die sich die Grünen und Linken nur zu ihrem eigenen Schaden hinwegsetzen können.

Unter diesem Aspekt könnte man die Niederlande als Avantgarde einer „zweiten Generation" populistischer Bewegungen und Parteien in Europa ansehen, wie es die Politikwissenschaftlerin Sarah de Lange in einer Talkshow vorgeschlagen hat (Buitenhof, September 2010). Hinsichtlich der politischen Kultur, Ideologie und des Personals wurzeln ältere Parteien wie der Front National, Vlaams Belang, die Lega Nord und die FPÖ tendenziell stärker in der radikal nationalistischen, antisemitischen und fremdenfeindlichen Vergangenheit. Das trifft noch mehr auf neonazistische Parteien wir die britische National Front, die bulgarische Ataka oder die ungarische Jobbik zu. Hier deutet sich auch eine geografische Trennlinie zwischen ost- und westeuropäischen Parteien an. Während die Erstgenannten stärkere Bindungen an die faschistische Vergangenheit pflegen, verbreiten die Letztgenannten eine liberalere Atmosphäre (siehe das Kapitel von Strømmen). Jüngere Parteien, wie die dänische Folkeparti, die Wahren Finnen, die Schwedendemokraten, die flämische N-VA und die holländische LPF und PVV, zeigen ein „zivileres" und liberaldemokratischeres Gesicht, zumal sie sich in etlichen Fällen sogar aus Abspaltungen etablierter liberaler Parteien entwickelt haben. Der biologische Rassismus (besonders der Antisemitismus) und territoriale Nationalismus der älteren Bewegungen ist bei den neueren durch einen sanfteren kulturellen Nationalismus ersetzt. Dieser neue Nationalismus fordert die Verteidigung einer indigenen „Leitkultur" und nationalen Identität, die in einer angenommenen monolithischen jüdisch-christlichen Tradition wurzeln, gegen den Ansturm einer „eurabischen" Islamisierung. Wilders' PVV zum Beispiel achtet darauf, im

Europäischen Parlament Distanz zur Fraktion „Identität, Tradition und Souveränität" (IST) auf der „äußersten Rechten" zu wahren. Aus all diesen und weiteren Gründen ist der moderne Rechtspopulismus von seinen politischen Gegnern systematisch unterschätzt worden. Das ist insbesondere in den Niederlanden der Fall, wo die sogenannte „Kirche des linken Flügels", bestehend aus sozial- und christdemokratischen Politikern und Intellektuellen, die öffentliche Debatte lange Zeit beherrscht hat und wo nationalistische Ressentiments und Ängste vor „Fremdengefahr" ein unverletzliches Tabu waren, nicht allein, weil solche Ressentiments in diesem unsentimentalen, liberalen und pragmatischen Land ohnehin nicht besonders stark waren, sondern auch wegen des Traumas des Holocausts und der Besetzung der Niederlande durch Nazideutschland. Ursprünglich wurde Fortuyns Erfolg als Betriebsunfall angesehen, als eine vorübergehende Störung in einem generell wohlgeordneten demokratischen System, das bald zu seiner normalen, vorhersehbaren und sogar langweiligen Routine zurückkehren würde. Im Rückblick und aus einer umfassenderen geschichtlichen Perspektive erkennen wir aber heute, dass Holland selbst „normalisiert" wurde. Diese scheinbar gastfreundliche, kosmopolitische und tolerante Nation erwies sich als gleichermaßen anfällig für eine nationalistische und fremdenfeindliche Bewegung, die weit verbreitete Ängste angesichts der wirtschaftlichen und kulturellen Globalisierung erfolgreich in eine großen Herausforderung für das politische Establishment verwandelt hat.

Viele kritische Beobachter haben anfangs Populismus und Demokratie zu zwei sich einander ausschließenden Positionen erklärt. Man sah den charismatischen, personenbezogenen Politikstil der Populisten und ihre Vorliebe für direktere Formen der Demokratie als Täuschungsmanöver an, als eine potentiell totalitäre Bedrohung der etablierten parlamentarischen und parteipolitischen Ordnung. So wurden die neuen Bewegungen ziemlich vorschnell der extremen Rechten zugeordnet, der verklausulierten Bezeichnung für den politischen Rassismus der 1930er und 1940er Jahre. Der sozialdemokratische holländische Kritiker Bart Tromp etwa warnte vor einem sich ausbreitenden „plebiszitären Virus", der den Wesensgehalt der repräsentativen Demokratie untergrabe. Für ihn hatte sich die moderne mediale Politik zu einer frivolen Form des Showbusiness entwickelt, in der die Logik der Personalisierung eine zweifelhafte Verbeugung vor dem plebiszitären Führerkult darstelle. Ohne die Vermittlerrolle der politischen Parteien könne die repräsentative Demokratie im eigentlichen Sinne nicht existieren. Der populistische Personenkult sei prinzipiell antiparlamentarisch und antidemokratisch, und die Idee einer Demokratie ohne Parteien nichts weiter als eine nostalgische und gefährliche Illusion (Tromp 2001; 2002).

Andere Beobachter haben von einem „populistischen Intermezzo" gesprochen und den Populismus als „nützliches Korrektiv demokratischer Mängel" bezeichnet (Wansink 2004; Schoo 2008). Aber auch eine so wohlwollende Interpretation des Populismus, die ihn als politisches Reinigungsritual sieht, das eine gesunde Störung der Normalität hervorbringt und ein Ventil für weithin angesammelte Frustration anbietet, unterschätzt noch immer Größe und Tiefe der Herausforderung für unser parlamentarisches System und darüber hinaus für unsere demokratische Kultur und Gesellschaft. Der Populismus ist kein Intermezzo, keine vorübergehende Verirrung und kein notwendiges Korrektiv des politischen Alltagsgeschäfts. Er ist der politische Ausdruck einer tiefgreifenden Systemkrise, die sich seit langem vorbereitet hat und die uns zwingt, ernsthaft unsere liberalen Werte und demokratischen Prinzipien auf den Prüfstand zu stellen. Er sollte als massive Reaktion auf langfristige strukturelle Prozesse der Modernisierung untersucht werden, die die Länder Europas verändern. Die Herausforderungen des Populismus, verstanden als Reaktion einer breiten Wählerschaft auf Angst machende Aspekte der Individualisierung, die zunehmende Bedeutung von Meritokratie, Globalisierung, Immigration und die Entwicklung einer neuen Medienkultur, sind für die Nachhaltigkeit der demokratischen Gesellschaft sehr viel gewichtiger als ursprünglich angenommen.

Der Nährboden der sechziger Jahre

Die Geschichte wiederholt sich niemals eins zu eins. Der Neopopulismus ist in der Tat etwas Neues, keine Wiederholung von Altem und Vertrautem. Die ersten politischen Reaktionen auf ihn bestanden darin, ihn mit Strömungen der äußersten Rechten in den 1930ern gleichzusetzen: Faschismus und Nationalsozialismus. Man nannte Fortuyn einen „Polder-Mussolini". Diesen Vergleich wies er unverzüglich als gefährliche „Dämonisierung" zurück. In jüngerer Zeit haben einige Künstler/innen, Schriftsteller/innen und Politiker/innen die PVV mit dem NSB verglichen, dem holländischen Äquivalent zu Hitlers NSDAP, und ihren Führer einen Faschisten genannt (z.B. Riemen 2010). Die holländische Variante des Populismus zeichnet sich jedoch dadurch aus, dass ihre politische Kultur und ideologische Ausrichtung weit entfernt ist von den Ausläufern und Überresten des Faschismus und Nationalsozialismus in der Nachkriegszeit. Populismus war nach 1945 Tabu, da die Nationalsozialisten Populisten waren; sein Durchbruch im Jahr 2002 rührte daher, dass man eingestehen musste, dass die meisten Populisten keine Nationalsozialisten sind (Te Velde 2010).

Noch viel zu wenig erforscht ist, was die antiautoritäre Revolution der 1960er und 1970er Jahre, deren Auswirkungen auf Kultur und Gesellschaft in den Niederlanden wohl größer waren als irgendwo sonst in Europa, zum holländischen Populismus beigetragen hat. Die neue individualistische Bourgeoisie, die sich in diesem Zeitraum herausbildete, befreite sich nach und nach, was Formen des Zusammenlebens, der Religion und der Politik anging, von den altväterlichen Fesseln. Sie begann stattdessen, die neuen materiellen Errungenschaften ebenso zu genießen wie die anspruchslosen Abwechslungen, die eine sich entwickelnde Populärkultur bot. In dieser Hinsicht waren die 1960er und 1970er ein wichtiger kultureller Nährboden, auf dem sich später eine neue Form des populistischen Nationalismus entwickeln konnte. Entsprechend hat der liberale und antipatriarchale Populismus, der seitdem in den Niederlanden entstanden ist, tiefere geschichtliche

Wurzeln als nur das plötzliche Aufkommen des Fortuynismus 2002. Ein genauerer Blick auf die 1960er zeigt nicht nur, dass der Populismus sowohl ein linkes wie ein rechtes Phänomen ist, sondern auch, dass viele der Freiheiten, die in dem Jahrzehnt von Fortuyns Heranwachsen errungen wurden (wie die Frauenemanzipation und die Rechte der Homosexuellen) Teil eines neuen säkularen Konsens geworden sind, den die Populisten in ein neues Konzept nationaler Identität überführen konnten.

Die von Hendrik Koekoek geführte Bauernpartei (Boerenpartij), die bei den Parlamentswahlen 1967 überraschend sieben Sitze gewann und die trotz ihres Namens in den größeren Städten gute Ergebnisse erzielte, könnte als früher Vorläufer der fortuynistischen Bewegung gesehen werden, sowohl wegen ihrer Ideologie der individuellen Freiheit als auch hinsichtlich der Medienpräsenz ihres schillernden Führers. Auf der linken Seite gab es spiegelbildlich die Democraten '66, die neu gegründete Partei der fortschrittlichen Liberalen, die von dem medienbewussten Journalisten Hans van Mierlo geführt wurde und im selben Jahr mit ebenso vielen gewonnen Sitzen die politische Bühne betrat. Man kann diese beiden Parteien daher als zwei gegensätzliche politische Reaktionen auf die Prozesse der Individualisierung und der Säkularisierung ansehen, die sich in den 1960ern beschleunigten. Populistische Elemente der Linken lassen sich auch in der anarchistischen Provo-Bewegung, der Strömung der Neuen Linken innerhalb der Arbeitspartei und den kleineren radikalen Parteien auf dem linken Flügel finden, welche Ideen der Arbeiterselbstverwaltung, des Rätekommunismus und der direkten Volksherrschaft propagierten. Ähnliche Ansätze gab es in radikalen marxistischen und maoistischen Studentengruppen, von denen eine direkte Linie zur gegenwärtigen Sozialistischen Partei führt, dem Rivalen der Arbeitspartei auf dem linken Flügel, wo noch immer ein populistischer Stil des Protests gepflegt wird.

Auf diese Weise öffneten die 1960er ein Experimentierfeld für die entstehende Medien- und Unterhaltungskultur sowie für neue Formen politischer Führerschaft und Mobilisierung abseits der ausgetretenen Pfade der Parteiendemokratie. Die Individualisierung und die Dominanz der Medien in der Gesellschaft schreiten gemeinsam voran und können soziologisch als kommunizierende Röhren betrachtet werden: Neue Kommunikationstechniken überbrücken die wachsenden Abstände zwischen den Individuen und „halten" auf neue Art und Weise „die Gesellschaft zusammen". Gleichzeitig schaffen langfristige Prozesse wie Individualisierung und Globalisierung aber auch neue Risiken und Ängste, die sich auf die verschiedenen gesellschaftlichen Gruppen ungleich verteilen und so neue Grenzen zwischen wirtschaftlichen Gewinnern und Verlierern schaffen. Als zudem die massenhafte Immigration kein vorübergehendes, sondern ein beständiges Merkmal der holländischen Gesellschaft wurde, prallten die neuen Migrantenkulturen, besonders die vom orthodoxen Islam geprägten, immer häufiger mit den liberalen, formlosen und freidenkerischen Sitten zusammen, die sich seit den 1960ern durchgesetzt hatten. Auf diesen Zeitpunkt können wir die Anfänge eines neuen Nationalismus datieren, der die individualistischen Werte und den Lebensstil der alteingesessenen Mehrheit den „rückständigen" kollektivistischen Traditionen gegenüberstellt, die innerhalb der Einwanderergemeinschaften weitergegeben werden.

Der Zusammenbruchs des ideologischen Dreiecks

Wenn uns die reflexhafte Gleichsetzung mit dem historischen Faschismus in die Irre führt, wie anders lässt sich dann der neue Rechtspopulismus fassen? Um seine Eigenheiten nachzuzeichnen, bräuchten wir einen umfassenden Bezugsrahmen, der ideologische, mediensoziologische, politische und kulturelle Sichtweisen miteinander verbindet. Innerhalb der Grenzen dieses Beitrags kann ein solches Instrumentarium jedoch nicht entwickelt werden. Ich möchte daher lediglich versuchen, einige ideologische Merkmale herauszuarbeiten, die für die Unterschiede zwischen dem modernen Rechtspopulismus und seinen radikalen Vorläufern aus den 1930er und 1940er Jahren stehen. Dazu muss ich zunächst das eingefahrene Vorurteil in Frage stellen, der moderne Populismus sei bar jeder ernsthaften politischen Inhalte, sei bloße Oberfläche — Form, Pose und Stil. Auf diesen Fehler, der teuer zu stehen kommen kann, bin ich in meinem Buch über Fortuyns politisches Gedankengut „De geest van Pim" (Pims Geist) eingegangen (Pels 2003). Das Gegenteil ist der Fall: Der Populismus ist eine komplexe ideologische Herausforderung und wirft eine Reihe entscheidender politischer Fragen auf, über die sich die Grünen und Linken nur zu ihrem eigenen Schaden hinwegsetzen können. Selbstverständlich sind Form und Stil wichtige Merkmale des populistischen Auftretens und erklären einen wesentlichen Teil seiner Anziehungskraft. Es wäre jedoch irrig anzunehmen, dieser politische Stil sei ohne Gehalt. In der Tat ist es genau die dynamische Verbindung von Gehalt und Stil, die der populistischen Politik in der heutigen Mediendemokratie zu Wahlerfolgen verhilft.

Was bedeuten nationale Identität, Liebe zum eigenen Land und „Heimatgefühl" in einer individualistischen, weltoffenen Kultur? Welchen Schutz kann der Nationalstaat gegen unerwünschte, von außen kommende soziale, wirtschaftliche und kulturelle Einflüsse bieten? Was für eine Art von Gemeinschaft sind wir? Wer gehört dazu? Wer fällt heraus? Welche kulturellen Unterschiede sind nützlich, welche nicht? Wo sollen wir die Grenzen der Toleranz und der Freiheit, sich religiös, politisch und kulturell zu betätigen, ziehen? Wie sollen wir in einer „modernen", säkularisierten Kultur mit einer „altmodischen" Religion wie dem Islam umgehen? Braucht Politik absolute Wahrheiten und Gewissheiten? Oder ist Demokratie vielmehr ein System des organisierten Zweifels? Deckt sich Demokratie mit dem etablierten parlamentarischen System? Oder können wir uns einen direkteren Einfluss des Volkes vorstellen? Wie sieht angesichts der wachsenden Bedeutung politischer Persönlichkeiten die Zukunft der politischen Parteien aus? Welchen Einfluss üben moderne Medien auf die Bildung politischer Einstellungen und Ansichten aus? Wie kann die Kluft zwischen Elite und Massen, besser und schlechter Ausgebildeten, Gewinnern und Verlierern überwunden werden? — Fragen wie diese treffen mitten ins Herz unserer gegenwärtigen politischen Verwirrungen und Verlegenheiten.

Man hat Fortuyn oft des ideologischen Eklektizismus beschuldigt, aber gerade die Lockerheit und Bandbreite seines Denkens trug schnell zu einer neuen und originellen Konvergenz von liberalen und konservativ-nationalistischen Vorstellungen bei, die sich dann zu einer breiten ideologischen Strömung verbanden. Seine geschmeidige Mischung aus kommunitaristischer Sorge um eine angeblich „verwaiste" holländische Nation und kalkuliertem Marktliberalismus wirft einen langen Schatten. Eine derartige Konvergenz hatte sich lange angebahnt. Die christdemokratische CDA, die traditionelle Regierungspartei, hatte sich, zugunsten eines weltlichen Konservativismus und eines neoliberalen Marktdenkens, mehr und mehr von ihren sozial-kommunitaristischen Wurzeln entfernt. Die konservativ-liberale VVD hat in ähnlicher Weise die Überbleibsel ihres sozialliberalen Kleides abgestreift und bedingungslos einen schlanken Staat, eine drakonische Sicherheitspolitik und einen selbstzufriedenen kulturellen Patriotismus propagiert. Im Verlauf dieser Entwicklungen haben sich die beiden Parteien einander angenähert, und zugleich sind sie durch die anti-islamistische und nationalpopulistische PVV, die ihnen für die Unterstützung der gegenwärtigen Koalition einen hohen Preis abfordert, weiter nach rechts gedrückt worden.

Diese neue Annäherung unterspült das herkömmliche Bild der Niederlande als einer politischen Landschaft, gelegen zwischen drei Flüssen, der Christdemokratie, der Sozialdemokratie und dem Liberalismus, vertreten durch zentristische Parteien wie die CDA, die PvdA (Arbeitspartei) und die VVD. Dieser ideologische Mündungstrichter scheint der Sturmflut des Populismus zum Opfer gefallen, wodurch die Mitte des politischen Spektrums zunehmend erodiert. Auf der rechten Seite des Spektrums hat diese Zersplitterung schon zu zwei Abspaltungen von der liberalen VVD und zur Gründung der nationalpopulistischen Parteien von Rita Verdonk (TON/Trots op Nederland, Stolz auf die Niederlande) und zu Geert Wilders' Partei für die Freiheit (PVV) geführt. Auf der Linken hat sich die Sozialdemokratie schon vor einiger Zeit in die Sozialistische Partei (SP) und die gemäßigtere Arbeitspartei gespalten. Darüber hinaus scheint der Riss auch direkt durch die Arbeitspartei selbst zu gehen, die unentschieden zwischen dem sozialen Kommunitarismus der SP und dem Individualismus grüner und sozialliberaler Parteien wie GroenLinks und D66 pendelt.

Der neue Populismus sollte deshalb nicht einfach als Träger von Ressentiments, die bloß negativ sind und denen es an Ideen mangelt, gesehen werden, sondern eher als Katalysator eines historischen ideologischen Dammbruchs auf der Rechten. „Rechtsliberal, neokonservativ und fortyunistisch" waren die Schlagwörter, die Wilders 2004 gebraucht hat, um seine im Aufbau befindliche Partei zu beschreiben; heute definiert er die Ideologie der PVV als „demokratisch-patriotisch". Die vor kurzem erfolgte Zulassung der rechtsgerichteten Sender WNL und PowNed zum öffentlichen Rundfunksystem weisen in eine ähnliche Richtung. Den Statuten des WNL (Niederlande erwache!) zufolge, will der Sender der „liberalkonservativen gesellschaftlichen Strömung" eine Stimme verleihen, während sich PowNed ausdrücklich an rechtsgerichtete junge, berufstätige und städtische Menschen richtet. Die fortgesetzte Umwälzung der Medienlandschaft – in einer mediengesättigten Gesellschaft ein wichtiges Schlachtfeld – verläuft so parallel zu jener der politischen Landschaft: Beide Phänomene belegen und formen zugleich eine tieferliegende Wahrheit, die nämlich, dass der individualisierte Bürger auf der Suche nach neuen Formen der Zugehörigkeit ist.

Nationale Demokratie und nationaler Individualismus

Die größte Herausforderung, die der Nachkriegspopulismus aufwirft, besteht in der unerwarteten Wiederauferstehung eines alten Ungeheuers – eines volkstümlichen (völkischen[1]) Nationalismus. Selbst in seiner heutigen libertären, wenn nicht gar postmodernen Gestalt, beschränkt der Nationalismus die volle Staatsbürgerschaft auf die „eingeborene" Bevölkerung, steht großen Teilen der

---

1   „Völkisch" im Original deutsch (Anm. d. Red.)

anderswo Geborenen misstrauisch gegenüber und schließt sie aus der nationalen Gemeinschaft aus. Andererseits formulieren die neuen Bewegungen und Parteien (wenigstens die westeuropäischen) keine schroffen imperialistischen Überlegenheitsansprüche gegen ihre Nachbarn, sondern neigen zu einer weicheren Form von Identität, die Raum für einen gewissen Pluralismus lässt. Der Politikwissenschaftler Cas Mudde nennt diese moderate Form des Nationalismus „Nativismus" und definiert ihn als eine Ideologie, die propagiert, „dass Staaten ausschließlich von Autochthonen („die Nation") beherrscht werden und Allochthone (Personen ebenso wie Ideen) eine grundsätzliche Bedrohung für den homogenen Nationalstaat darstellen" (2007). Die Gründe für einen solchen Ausschluss können religiöser, ethnischer oder rassischer Natur sein, sie enthalten aber auf jeden Fall eine kulturelle Komponente. Statt solche Bewegungen in den Bereich der „extremen Rechten" zu verweisen, sieht Mudde in ihnen daher einen „radikalen rechten Populismus". Ihr nativistischer Kern (die integrierende Kraft einer nationalen Leitkultur[2]) übertönt eindeutig die anderen Hauptthemen der populistischen Programme – als da sind: Demokratie, Reform des Wohlfahrtsstaates, öffentliche Sicherheit, Wirtschaftswachstum und individuelle Freiheiten.

Auf dieser Grundlage können die neuen Bewegungen auch als „nationaldemokratisch" bezeichnet werden, eine Bezeichnung, die in einem kürzlich erschienenen holländischen Bericht über politische Radikalisierung vorgeschlagen wurde. Dort wird dargelegt, die PVV könne als „neue rechte Radikale" eingeordnet werden, da die Partei in ihrer ideologischen Ausrichtung „nationaldemokratisch" sei und weder die gesellschaftliche Genese noch die „rassisch- revolutionäre" Haltung des alten Rechtsradikalismus teile. „Nationaldemokratisch" schien deshalb wegen der „positiven Haltung der PVV zu Alteingesessenen, ihrer Verachtung von Fremden und politischen Gegnern sowie ihrem Hang zum Autoritären" (Moors et al. 2010) die passende Bezeichnung. Trotz wachsender Spannungen im

---

2   „Leitkultur" im Original deutsch (Anm. d. Red.)

Hinblick auf die demokratische Rechtsstaatlichkeit, operieren neopopulistische Parteien und Bewegungen innerhalb der Grenzen der repräsentativen parlamentarischen Demokratie – wogegen alle faschistischen und nationalsozialistischen Bewegungen auf die Abschaffung von Wahlen und des Parteienwettbewerbs zielten und sie durch einen autoritären Führerstaat ersetzen wollten. Die neopopulistische Kritik an der Parteiendemokratie zielt nicht auf ihre Abschaffung, sondern fordert, das System um Elemente der direkten, plebiszitären Demokratie zu ergänzen, wodurch Wahlentscheidungen vervielfacht und zu einem gewissen Grad auch „personalisiert" würden.

Die Bezeichnung „nationaldemokratisch" passt auch deshalb, weil die Idee der liberalen Demokratie buchstäblich nationalisiert wird. „Herrschaft des Volkes" wird emphatisch als Souveränität des holländischen Volkes interpretiert. Das macht Demokratie zu „unserer" Errungenschaft und damit zu etwas, das Fremden und Neuankömmlingen zurecht verwehrt werden kann. Das gilt vor allem für Moslems, die einer Religion anhängen, die als wesenhaft totalitär und gewaltbereit definiert wird, weshalb sie sich auch nie an unsere „eingeborenen" demokratischen Traditionen werden anpassen können. Zweitens wird überstaatlichen Organisationen und grenzüberschreitenden Kulturen die Fähigkeit zur Demokratie abgesprochen. Die Europäische Union, beispielsweise, könne niemals eine wahre Demokratie werden, da ein entsprechendes europäisches Volk mit einheitlicher Kultur, Sprache und Identität nicht existiere. Europa müsse zwangsläufig, wie Fortuyn und andere Nationaldemokraten es ausdrücken, „ohne Seele" bleiben und der Nationalstaat die einzig vorstellbare Heimat[3] der Demokratie. Hier stehen rechte Populisten Schulter an Schulter mit linken, denn ähnliche nationaldemokratische Ansichten sind von führenden Mitgliedern der euroskeptischen Sozialistischen Partei geäußert worden.

---

3   „Heimat" im Original deutsch (Anm. d. Red.)

Eine zweite, gleichfalls vielsagende Bezeichnung ist „nationaler Individualismus". Sie verweist darauf, dass in ganz ähnlicher Art und Weise auch bürgerliche Rechte und Freiheiten nationalisiert werden – was die soziopolitische Neuartigkeit des Populismus anschaulich unterstreicht. Für diese Bezeichnung – die ganz bewusst auf den Gegensatz zum Nationalsozialismus baut – gibt es sowohl politisch-wirtschaftliche wie auch kulturelle Beweggründe. Zunächst einmal weist sie auf die Tatsache hin, dass der neue Populismus nicht einfach eine Neuauflage des Nationalsozialismus ist, und zwar deshalb, weil er, ökonomisch gesprochen, antisozialistisch, regierungsfeindlich und anti-links ist – dies unter der Voraussetzung (einer zugegeben problematischen Voraussetzung), dass wir den Nationalsozialismus als eine ursprünglich revolutionäre Bewegung und demnach als legitime historische Spielart des Sozialismus werten (Pels 2000; Van Doorn 2008). Neopopulisten lassen sich nicht als Faschisten oder Neonazis einordnen, da letztere für umfassende staatliche Eingriffe und eine Planwirtschaft eintreten (vgl. Görings Vierjahrespläne zur Ankurbelung der Kriegswirtschaft) sowie für eine korporative Wirtschaftsordnung und politische Einschränkungen des Rechts auf Eigentum. Während nationalsozialistische Bewegungen oft durch eine antikapitalistische Sehnsucht[4] angetrieben wurden, entstanden etliche der neuen Bewegungen als ultraliberale, staatskritische Anti-Steuerparteien, bevor sie ihren Blick mehr und mehr auf Einwanderungs- und Integrationsfragen richteten.

Auch dann, wenn populistische Parteien wie die Dänische Volkspartei und die holländische PVV Positionen vertreten, die den Wohlfahrtsstaat verteidigen, muss das eher als opportunistischer Kompromiss verstanden werden denn als Hinwendung zu einer stärker sozialistisch geprägten Variante des Nationalismus. Wilders, beispielsweise, hat seit geraumer Zeit schon mit wirtschaftlichen Ideen der Linken gespielt, etwa einer Beschäftigungsgarantie, mit der Wahrung des Mindestlohns, der Höhe des Arbeitslosengeldes

---

4 „Sehnsucht" im Original deutsch (Anm. d. Red.)

und der Rente mit 65; er hat auch gegen „geldgierige Banker in Nadelstreifen" vom Leder gezogen. Für eine angehende Volkspartei wie die PVV bietet der Sozialkonservativismus der Mehrheit Anreiz genug, den eigenen Kurs um ein paar Grad nach links zu verschieben. Diese wechselseitige Annäherung von links und rechts verfestigt zudem das „Hufeisenmodell" des politischen Spektrums, dem zufolge die radikalen Extreme einander (beinahe) berühren (Pels 2000; 2003). Dennoch ist das Wirtschaftsprogramm populistischer Parteien immer noch kulturellen Themen nachgeordnet – dem Anti-Islamismus, der Verteidigung nationaler Identität, der Verachtung der linken Elite und repressiven Vorstellungen zur öffentlichen Sicherheit (vgl. Mudde 2007). Der Kompromiss, der sich daraus ergibt, ist ein ökonomischer Populismus, ein „Wohlfahrtschauvinismus", der vor allem den Schutz der nationalen Wirtschaft und der einheimischen Unternehmer und Arbeiter will: Unsere Arbeitsplätze, unser Wohlstand, unsere Pensionen und Sozialleistungen zuerst!

Der ökonomische Populismus ist nicht dasselbe wie Neoliberalismus, aber ebenso wenig ist er eine nationale Form des Sozialismus. Er passt nicht in die herkömmliche Zweiteilung in links und rechts (Houtman, Achterberg & Derks 2008). Gleichheit und Solidarität werden ausdrücklich nativistisch definiert: Ausländer können nur beschränkten Zugang zu sozialen Diensten erhalten, die für die hier Geborenen aufgebaut wurden. Sozialleistungen kann es nur für „unser Volk" geben. Wo der ökonomische Populismus egalitär ist, bleibt er strikt partikularistisch, selbstbezüglich und exklusiv, wobei er sich auf klare moralische Konzepte stützt, wie Arbeit als Pflicht, Bezahlung nach Leistung, Anerkennung wirtschaftlicher Verdienste und gegen Sozialbetrug. (Wilders: „Wir sollten behalten können, was wir verdient haben.") Nach dieser Logik sieht sich der hart arbeitende Holländer unproduktiven Sozialleistungsempfängern gegenüber, die meisten mit Migrationshintergrund, die auf Kosten des Steuerzahlers leben. Der Wohlfahrtsstaat wird hier als eine Maschinerie verstanden, die es den politischen, bürokratischen und Managereliten erlaubt, die holländischen Bürgerinnen und Bürger um die rechtmäßigen Früchte ihrer Arbeit zu bringen. „Unsere" Steuergelder werden für die Bezahlung däumchendrehender Beamter, geldgieriger Politiker und arbeitsloser Immigranten verschleudert, während diejenigen, die sie wirklich nötig hätten, etwa die Rentner, im Regen stehen.

Ich zuerst / Mein Volk zuerst!

Neben den politischen Freiheiten (demokratische Verfassungsrechte, Rechtsstaatlichkeit) und den wirtschaftlichen Freiheiten (Wohlstand, soziale Sicherheit) nationalisieren die Populisten auch kulturelle Freiheiten. Ich bin bereits auf die Verbindung zwischen dem Antipaternalismus der 1960er und dem libertären Nationalismus eines Babyboomers wie Fortuyn eingegangen. Man muss sich an den Gedanken erst gewöhnen, aber auch die in den 1960ern errungenen Freiheiten können populistische, nationalistische und fremdenfeindliche Züge annehmen. Sie können sich in Gestalt eines „nationalen Individualismus" präsentieren, der sich vom Faschismus und Nationalsozialismus der 1930er unterscheidet, eben deshalb, weil diese Bewegungen den Einzelnen rigoros der Volksgemeinschaft untergeordnet haben („Du bist nichts, dein Volk ist alles!")[5]. Der moderne Rechtspopulismus ist nicht länger an der Erziehung der Massen interessiert, er fungiert als Sprachrohr eines „Volks von Individuen" (eher wohl: von Individualisten). Er entkommt den herkömmlichen ideologischen Schubladen durch seine eigenartige Mischung aus Kollektivismus und Individualismus. Es wäre, wie die Politikwissenschaftlerin Margaret Canovan unter besonderer Berücksichtigung des Falls Fortuyn noch einmal betont, falsch anzunehmen, Liberalismus und Populismus seien natürliche Feinde (Canovan 2005). Ganz im Gegenteil: Den modernen Populismus kann nicht verstehen, wer seine engen Bindungen an die Ideale der 1960er vernachlässigt – etwa persönliche Autonomie, Individualismus und Selbstverwirklichung.

---

5   Im Original deutsch (Anm. d. Red.)

Heute sind alle für Freiheit; der Eifer aber, mit dem die Neopopulisten dies übernommen haben, ist nach wie vor verblüffend. Gleich ihrem Bekenntnis zur liberalen Demokratie, kann man ihre Begrifflichkeiten nicht einfach als inhaltsleere Schönfärberei oder Anbiederung abtun. Jörg Haiders Partei hieß die Freiheitliche Partei Österreichs, sein

Den modernen Populismus kann nicht verstehen, wer seine engen Bindungen an die Ideale der 1960er vernachlässigt – etwa persönliche Autonomie, Individualismus und Selbstverwirklichung.

wichtigstes Buch „Freiheit, die ich meine" (1993). Berlusconis erste Regierungskoalition nannte sich „Haus der Freiheit", und seine neue Partei, eine Fusion von Forza Italia und der postfaschistischen Alleanza Nationale, „Volk der Freiheit", heißt alle Italiener willkommen, „die die Freiheit lieben (...). Wir sind die einzige Partei, die die Wünsche des Volkes ernst nimmt und sie verwirklicht."
Schon vor der Gründung seiner Partij voor de Vrijheid hat Wilders in seiner „Unabhängigkeitserklärung" und in seinem Buch „Kiezen voor vrijheid" („Die Freiheit wählen"), beide 2005, erklärt, die angestammten Freiheitsrechte der niederländischen Bürgerinnen und Bürger seien in großer Gefahr. Seine anti-islamistische International Freedom Alliance nimmt Form an. Der frühere Berliner CDU-Abgeordnete und Wilders-Unterstützer René Stadtkewitz gründete vor kurzem eine Partei mit dem Namen „Die Freiheit". Die Tea-Party-Bewegung in den USA stellt sich in ähnlicher Weise als freiheitliche Allianz dar, die allen Regierungen misstraut, besonders jener „Bastion der Linken" namens Washington.
Traditionell räumt der Liberalismus dem Individuum Priorität vor den Rechten der Gemeinschaft ein. Auf der anderen Seite stellt der Nationalismus die Volksgemeinschaft über den Einzelnen. Der moderne Populismus scheint beides miteinander zu verbinden, ohne einer Seite den Vorzug zu geben: Er kümmert sich ebenso um die Freiheit des Einzelnen wie um die des Volks. Statt einander zu widersprechen, ergänzen sich die Ideale der individuellen Selbstbehauptung (das neoliberale „ich zuerst") und die nationale Selbstbestimmung (das neonationalistische „mein Volk zuerst"): „Jeder für sich, und die Niederlande für uns alle." Der individualisti-

sche Slogan, den die VVD in den frühen 1980ern propagierte („Sei einfach du selbst"), hat nun auch eine kollektivistische Bedeutung bekommen. Als gebürtige Niederländer haben wir das gute Recht, „wir selbst zu sein", und sollten uns nicht im eigenen Land fremd fühlen müssen. Das inflationäre Ideal der Selbstverwirklichung („Ich bin einzigartig, und deshalb darf ich alles") erstreckt sich heute auch auf die Einzigartigkeit und Unveräußerlichkeit der niederländischen Kultur und Identität. In dieser eigenartigen Verbindung von Volkssouveränität und Souveränität des Einzelnen zeichnet beide Formen der Souveränität eine ähnliche starke Form von Absolutheit aus.

In den Niederlanden, wie in anderen Ländern auch, gibt es heute eine neue Klasse forscher Bürgerinnen und Bürger, die, jenseits ihrer eigenen Kreise und Familien, wenig Sinn für Solidarität haben, die gern Andere für ihre Ängste und Fehler verantwortlich machen und die an die politisch Verantwortlichen Ansprüche stellen, ihnen zugleich aber grundlegend misstrauen. Diese neuen, lautstarken Individualisten gebären sich wie kleine Könige, deren Ansichten und Wünsche die Politik schlichtweg zu teilen und zu erfüllen hat. Ihr nassforsches Auftreten kann zum Teil als Überreaktion auf die vermeintliche Bedrohung durch Kräfte interpretiert werden, durch die sie ihren neu erworbenen Wohlstand, ihre Kultur und ihren Lebensstil gefährdet sehen. Die Nachkommen der Arbeiterklasse von einst leben individualistisch und hedonistisch und stimmen aus Furcht, ihr materieller Wohlstand könnte schwinden, ihre Arbeitsplätze, kulturellen Rechte und Aufstiegschancen könnten verloren gehen, zunehmend für die konservativ-liberale und populistische Rechte (Houtman, Derks & Achterberg 2008). Der „einfache, hart arbeitende Holländer" ist unruhig geworden wegen der Zuwanderung Anderer (Ausländer, Immigranten, Illegale), die „uns unsere Arbeit wegnehmen", die „bevorzugt behandelt werden" und die „sich wie Profitmacher verhalten". Dieses gesellschaftliche Unbehagen übersetzt sich in eine permanente Unzufriedenheit mit den politischen Eliten, die man für unfähig hält, den eigenen, hart erkämpften Lebensstil und -standard gegen das Vordringen solcher

wirtschaftlichen und kulturellen Kräfte zu
verteidigen.

Wir sollten dieses essentialistische Insichgehen beenden. Eine neue Idee von Europa kann nur eine schwache Idee von Europa sein.

In dieser Gestalt stellt der populistische
Begriff von Freiheit den Kern eines „volkstümlichen Individualismus" dar, in dem sich
Konsumismus, Wohlfahrtschauvinismus und
nationale Identität miteinander verbinden – was ihn von einem
solidarischeren, grünen, europäischen und kosmopolitischen
Begriff des Individualismus unterscheidet. Von der Verfassung
garantierte Freiheiten wie die Meinungsfreiheit, die Trennung von
Kirche und Staat und die Gleichwertigkeit der Geschlechter und
der sexuellen Ausrichtungen werden nationalisiert und als Waffe
gegen „rückständige" Kulturen wie den orthodoxen Islam einge-
setzt. Dieser Ausschließungsmechanismus fördert eine intolerante
Mehrheitskultur, die gefährlichen Ideen wie der „Einheit des Volkes"
und einer „nationalen Gemeinschaft" neues Gewicht verleiht. Der
Wilders-Parteigänger Tiemen aus Urk (Provinz Flevoland) hat es
so ausgedrückt: „Hier in den Niederlanden sind wir alle gleich. Die
anderen sind es, die sich anpassen müssen – oder aber raus mit
ihnen! Hier sind die Niederlande, hier ist Toleranz. So einfach ist das.
Und genau das sagt Wilders" (Vrij Nederland, April 2009). Auf diese
Art und Weise verwandelt sich ein verabsolutierter und nationali-
sierter Individualismus leicht zu einem Gut-Böse-Schema, in dem
es nur Wir und Sie, Weiß und Schwarz, die Guten und deren Feinde
gibt: Religionsfreiheit, aber nicht für Moslems; Redefreiheit, aber
der Koran sollte verboten werden; Frauen- und Schwulenrechte,
aber vor allem, um unsere „Eigenart" zu verteidigen und auf
Moslems einzudreschen, weil die sie nicht anerkennen; Verteidigung
unseres Rechtsstaates gegen eine unheilbar undemokratische
und gewaltbereite Religion wie den Islam; Verteidigung unseres
Wohlfahrtsstaats gegen ausländische Glücksritter und Schmarotzer,
die nur unsere Sozialleistungen abschöpfen wollen.

Der moderne Populismus bleibt entsprechend schwer fassbar,
übersieht man die Tatsache, dass er sich aus einem aggressiven
Antipaternalismus und einem absoluten Individualismus speist,

der freie Bahn für grenzenlose Egos und für die unbegrenzte Handlungsfreiheit schafft. Auf dem Feld der Kultur nimmt diese Selbstsucht die Form von Narzissmus, von Grobheit und Brutalität an (Van Stokkom 2010). Die Einzelnen beanspruchen den größtmöglichen Raum für sich selbst und volle Souveränität über ihre Anschauungen und Meinungen. In der Folge degeneriert die Freiheit der Rede zur großmäuligen Freiheit, andere zu beleidigen (Wilders: „Ich sage, was ich sagen will"). Ähnlich verfügt auf dem politischen Feld „Wir, das Volk" über die Wahrheit und übt uneingeschränkte Macht aus. Die (linke) politische Elite hingegen ist dekadent, heuchlerisch, korrupt und sollte schnellstmöglich zum Teufel geschickt werden. Auf wirtschaftlichem Gebiet werden neoliberale Marktlogik, meritokratische Ungleichheit und die Souveränität des Konsumenten gerade eben so mit einer äußerst dünnen Schicht nativistischer Solidarität bemäntelt. Dieser „Marktpopulismus" gibt dem vielleicht größten Paradox des modernen Freiheitskults freie Bahn: Die Ideale der individuellen Wahl und der Selbstverwirklichung sind zu Marketinginstrumenten geworden, die im Gewand der persönlichen Einzigartigkeit Einförmigkeit produzieren. Der weltweite Verkauf von Individualität fördert systematisch das genaue Gegenteil, nämlich massenhaften Konformismus. Die vielgepriesene Freiheit des Konsumenten auf dem Markt sollte besser verstanden werden als „Tyrannei der Mehrheit, die er verinnerlicht hat" (Crawford 2009).

Identitätsschwäche

Jedes unserer wunderbaren Ideale entwickelt, sobald es ins Extreme getrieben und verabsolutiert wird, zwangsläufig eine dunkle Seite. Das Ideal der individuellen Freiheit ist keine Ausnahme von dieser Regel. Der Populismus hat das zweifelhafte Verdienst, das Paradox der kulturellen Zwickmühle, in der wir heute stecken, auf den Punkt gebracht zu haben. Er zeigt überaus deutlich, dass unsere liberaldemokratischen Ideale sich in ihr Gegenteil verkehren, wenn wir nicht in der Lage sind, sie zu mäßigen und einzugrenzen. Andernfalls können sie zu einer Form des Hyperindividualismus degenerieren, der entgegen aller Annahmen sehr leicht mit einer neuen Form des Nationalismus einhergeht. In diesem neuartigen ideologischen Amalgam verbinden sich die Vorstellungen der Volkssouveränität, der nationalen, individuellen und Konsumentensouveränität miteinander und verstärken sich gegenseitig. Wie kann man einem solchen selbstbezüglichen, fremdenfeindlichen und andere ausschließenden „nationalen Individualismus" begegnen? Wie können wir das Profil eines grünen, sozialen und kosmopolitischen Individualismus entwickeln?

Ich denke, zunächst sollten wir die Metapher der Souveränität ganz und gar aus unserem politischen Vokabular streichen, sowohl in ihrer individuellen wie in ihrer kollektiven Gestalt, und damit die Vorstellung der individuellen Freiheit wie der nationalen Identität aus ihrer Verabsolutierung erlösen. Ein sozialer Individualismus, der durch die Tugenden der Selbstkontrolle und der Mäßigung ergänzt wird, könnte den kollektiven Egoismus derjenigen bekämpfen, die nur auf den Schutz ihrer materiellen Sicherheit aus sind und sich weigern, die Möglichkeiten zur Entwicklung wahrer Individualität und wirklichen Wohlergehens für die ganze Welt zu nutzen. Statt die Ansprüche auf wirtschaftlichen und kulturellen Schutz der Alteingesessenen zu befriedigen, sollten wir sie lehren, die Werte der Unsicherheit und des Risikos zu schätzen, die eine Kultur der Vielfalt, des Wandels und der Innovation begleiten. Kultur ist nicht nur ein Erbe, das gerettet und geschützt werden muss, Kultur ist auch „die nie endende Suche nach dem Unbekannten". Progressive sollten sich deshalb nicht damit zufrieden geben, den sozial Schwachen Schutz zu bieten, sie müssen auch zivile Tugenden und kulturelle Ideale vertreten, die darüber hinaus gehen. Sie müssen eine „smarte Mischung" aus Sicherheit und Risiko finden, die die Menschen dazu bewegen kann, nach höheren Formen des guten Lebens zu streben.

Anders als Holemans (siehe seinen Beitrag in diesem Buch) glaube ich, dass ein sozialer und grüner Individualismus vom Geist des Unternehmertums, das heißt, von einer experimentellen, risikobereiten Einstellung Gebrauch machen sollte, die Voraussetzung für alle Innovationen ist. Sicherheit und Schutz haben gute und schlechte Seiten – wie Risiko und Unsicherheit auch. Die Demokratie ist auch, nach den Worten des deutschen Philosophen Helmut Dubiel, „die institutionalisierte Form des öffentlichen Umgangs mit Ungewissheit". Wenn wir in der Lage sind, ein ausreichendes Niveau von Schutz und Wohlstand für alle zu schaffen, wären wir vielleicht auch in der Lage, die Menschen zu erziehen und sie auf die Ebene eines Zivilisationsideals und eines guten Lebens emporzuheben, die zwangsläufig einen offenen, grenzüberschreitenden Individualismus mit sich bringt. Statt die Eliten im besten populistischen Stil auf den kleinsten gemeinsamen Nenner herabzuziehen, sollten wir unverhohlen elitär und sogar paternalistisch sein bei dem Versuch, die Menschen weg von autoritären hin zu liberaleren und selbstkritischeren Einstellungen zu bewegen, von konsumorientierten zu nachhaltigeren Lebensstilen und von nationalistischen zu kosmopolitischeren Werten.

In meinem Buch „Een zwak voor Nederland" („Eine Schwäche für die Niederlande", 2005) habe ich deshalb für eine positive „Identitätsschwäche" und einen „aktiven Relativismus" als wichtigste Werte einer holländischen (und in der Verlängerung europäischen) demokratischen Kultur plädiert. Gedanken dieser Art sind der blanke Horror für Populisten und Neokonservativen, die sanfte Umgangsformen, Toleranz und Relativismus als Quelle aller Dekadenz und allen kulturellen Übels fürchten und sie mit intellektuellem Selbsthass und dem Ausverkauf unserer am meisten geschätzten Grundwerte gleichsetzen. „Ein neues Konzept der Niederlande" darf aber, so meine ich, nicht auf Grundlage einer starken, es muss auf Grundlage einer schwachen Identität entwickelt werden. „Holland" ist ein angemessen ungenaues, vielfältiges und dynamisches Ganzes, das immer wieder neu konstruiert und in Frage gestellt werden muss. Es ist kein fertiges Objekt oder unveränderliches Wesen, das fix und fertig aus den Tiefen der historischen Realität gefischt werden kann. Die Niederlande werden immer wieder neu erfunden – von all denen, die sich dafür einsetzen und denen daran liegt.

Wir sollten nicht versuchen, diese „ontologische Schwäche" künstlich zu beheben. Wir kommen ohne die machtbetonte, militante und stolze nationale Identität aus, die das Erbe „größerer" Nationen bildet und die derzeit von der nationalpopulistischen Rechten propagiert wird. Die Stärke unseres Nationalcharakters verbirgt sich genau in einer gewissen „Charakterschwäche", die von Bescheidenheit im Hinblick auf unsere Werte und Errungenschaften geprägt ist und so Raum bietet für eine fortlaufende Debatte über die Art dieser Werte und Errungenschaften. Nicht das überlegene Wissen um einen harten kulturellen Kern, sondern eine offene Vorstellung von den Niederlanden bietet den besten Ansatzpunkt für einen Aufbruch, sowohl zur Integration „fremder" Kulturen in „unsere eigene" wie auch für die Integration unserer Kultur in Europa und in die Welt. Diese Offenheit und Bescheidenheit fördern keineswegs die politische Apathie, sondern können durchaus selbstbewusst und unbescheiden sein, sobald sie gegen jene ins Feld geführt werden, die immer noch auf starke, ausschließliche Identitäten und auf den Nationalstolz setzen.

Dieser Vorschlag geht gleichermaßen auf Abstand zum Multikulturalismus und seiner Tendenz, alle Kulturen normativ gleichzusetzen, und zum Monokulturalismus einer nationalen „Leitkultur", die sich legitimerweise alle anderen unterwirft. Ich plädiere statt dessen für einen dritten Weg, einen Minikulturalismus, der die materiellen und normativen Voraussetzungen für demokratische Kommunikation schafft: Pluralismus der Werte, Ideen und Lebensstile; fortlaufende Auseinandersetzung und gleiche Chancen für die Entwicklung der Befähigungen und Tugenden, die notwendig sind, daran teilzunehmen. Die „Eintrittskarte" für diese demokratische Kultur bekommt, wer eine Grundbereitschaft zeigt, die eigenen Werte und Wahrheiten zu relativieren, was die Fähigkeit einschließt, Kritik zu ertragen und den Standpunkt des Gegners einzunehmen und auf diese Weise für Zweifel, Vielschichtigkeit und Mehrdeutigkeit offen zu sein. Diese „Minikultur" setzt normative Standards zivilisierten Verhaltens, zieht die Grenzen der hinnehmbaren Abweichungen und fordert eine Reihe demokratischer Werte,

Praktiken und Institutionen, die alle Bürgerinnen und Bürger, ob Alteingesessene oder Zuwanderer, akzeptieren müssen.

In der bekannten konservativen Liste „nicht verhandelbarer Grundwerte" der westlichen Kultur (die Trennung von Kirche und Staat, gleiche Rechte für Frauen und Homosexuelle, Meinungsfreiheit, Religionsfreiheit und Verfassungsstaat) fällt ein Wert durch Abwesenheit auf. Eines der wichtigsten philosophischen Prinzipien der Aufklärung wird in seiner Bedeutung systematisch heruntergespielt (in diesem Sinne wird das Erbe der Aufklärung von der Rechten für sich beansprucht), ein Prinzip, das dazu beitragen kann, den Absolutheitsanspruch aller anderen Prinzipien zu begrenzen: das Vermögen zur Selbstkritik und zur Relativierung unserer kulturellen Werte und Identitäten. Interessanterweise befürworten wir diese Prinzipien, führen aber zugleich endlose Debatten über ihre konkrete Bedeutung, ihre Umrisse, ihre Grenzen. Das heißt, uns einen weniger diese unabdingbaren Prinzipien als das fortdauernde Aushandeln dessen, was sie beinhalten und bedeuten. Schließt die Meinungsfreiheit das Recht ein, andere zu beleidigen? Oder sollte sie eher als das Recht auf Zweifel interpretiert werden? Wollen wir eine strikte oder eine weiche Trennung zwischen Kirche (oder Moschee) und Staat? Ist die Gleichheit von Männern und Frauen, Heterosexuellen und Homosexuellen im Westen eine vollendete Tatsache, oder muss man für Teile davon noch immer kämpfen?

Der entscheidende Punkt eines demokratischen Staates ist, dass er keine scharf umrissene Identität hat, sondern Raum für eine Vielfalt von Identitäten und deren Entwicklung lässt. Es ist nicht notwendig, dass wir eine gemeinsame nationale Kultur oder öffentliche Moral teilen. Notwendig ist aber ein öffentliches Forum, in dem debattiert und Meinungsverschiedenheiten ausgetragen werden können darüber, was Teil dieser Kultur und Moral sein könnte. Demokratische Politik kann man entsprechend definieren als eine Reihe von Praktiken und Institutionen, die einem Mangel an Gemeinschaft, an gemeinsamen Werten und an nationaler Identität Platz bieten und die über diesen Mangel verhandelt. Was uns verbindet, ist ganz genau der Mangel an Konsens darüber, was uns verbindet – die nie endende Debatte darüber, wer wir sind und wer wir sein wollen. Aus dieser Sicht kann das Gute Leben als ein Lebensstil definiert werden, der uns unter anderem in Stand setzt, fortlaufend, frei und zivilisiert darüber zu reden, was das Gute Leben sei. Eine gut verfasste pluralistische Demokratie braucht keine stärkere Wertebasis als dieses Bekenntnis zur demokratischen Zivilisiertheit.

Diese „Schwäche für die Niederlande" kann noch ein wenig erweitert und zu einer Schwäche für Europa gemacht werden. Was bedeuten die beiden Begriffe in dem grundlegenden europäischen Slogan „Einheit in der Vielfalt"? Welches Gewicht haben sie jeweils? Wie viel Gemeinsamkeit brauchen wir, und wie viel Vielfalt halten wir aus? Müssen wir wirklich eins sein, um ein haltbares Ganzes zu formen? Bisher war die Suche nach einer einstimmigen und eindeutigen europäischen Identität, nach einem Europa als einer einigen Wertegemeinschaft, nicht besonders erfolgreich. Historische Kandidaten wie das Christentum, der Humanismus und der Marktliberalismus waren nicht in der Lage, die Lücke zu füllen. Wir haben gesehen, dass nationale Demokraten davon ausgehen, Europa mangele es an einer „Seele", es sei nicht in der Lage, einen gemeinsamen Willen auszudrücken und könne deshalb niemals eine wahre Demokratie werden. In seinem Buch *Zielloos Europa* (Seelenloses Europa, 1998), argumentierte Pim Fortuyn zum Beispiel, dass, da Europa nicht existiere – zumindest nicht in den Herzen seiner einfachen Bürger – man sich zum Nationalstaat als der wahren und einzigen Heimat bekennen solle.

Wir sollten dieses essentialistische Insichgehen beenden. Eine neue Idee von Europa kann nur eine schwache Idee von Europa sein. Europa kann keine große Familie mit einer einzigen Kultur, Heimat, Sprache und Geschichte sein – und muss es auch nicht sein. Europa ist ein lockeres Konglomerat, ein Ganzes, aber keine Einheit, mit verschwimmenden Grenzen und einer kulturellen Identität, die eher schwach als stark ist. Dass ein scharf umrissenes Profil fehlt, ist kein Defizit, es ist eine Quelle moralischer Stärke. Pikanterweise bietet die holländische Geschichte ein perfektes Modell für die paradoxe

Macht der Schwäche. Unser kurzer Moment historischer „Größe" im 17. Jahrhundert war genau durch den Erfolg der lose verbundenen politischen Gemeinschaft und die prekäre Einheit in der Vielfalt der Holländischen Republik und ihrer Sieben (nicht so besonders) Vereinigten Provinzen bestimmt. Diese trügerisch „schwache" Republik könnte noch heute als Anregung für ein als „Gemeinschaft light" verstandenes Europa dienen. Die Niederlande können deshalb, wenn sie dem populistischen Nationalismus mit dem Lob der Schwäche, mit der Verteidigung der demokratischen Offenheit entgegentreten, immer noch einen bedeutenden Beitrag leisten.

/

LITERATUR

Conovan, Margaret (2005): The People. Cambridge 2005.

Crawford, Matthew B. (2009): Shop Classes as Soulcraft: An Inquiry into the Value of Work. New York 2009.

Doorn, J.A.A. van (2009): Duits socialisme: Het falen van de sociaal-democratie en de triomf van het nationaal-socialisme. Amsterdam 2009.

Fortuyn, Pim (1998): Zielloos Europa. Utrecht 1998.

Houtman, Dick, Peter Achterberg & Anton Derks (2008): Farewell to the Leftist Working Class. New Brunswick 2008.

Moors, Hans u.a. (2010): Polarisatie en radicalisering in Nederland : Een verkenning van de stand van zaken in 2009. Tilburg 2010.

Mudde, Cas (2007): Populist Radical Right Parties in Europe. Cambridge 2007.

Pels, Dick (2000): The Intellectual as Stranger: Studies in Spokespersonship. London & New York 2000.

Pels, Dick (2003): De geest van Pim: Het gedachtegoed van een politieke dandy. Amsterdam 2003.

Pels, Dick (2005): Een zwak voor Nederland: ideeën voor en nieuwe politiek. Amsterdam 2005.

Riemen, Rob (2010): De eeuwige terugkeer van het fascisme. Amsterdam / Antwerpen 2010.

Schoo, Hendrik Jan (2008): Republiek van vrije burgers. Amsterdam 2008.

Stokkom, Bas van (2010): Wat een hufter! Ergernis, lichtgeraaktheid en maatschappelijke verruwing. Amsterdam 2010.

Velde, Henk te (2010): Van regentenmentaliteit tot populisme: Politieke tradities in Nederland. Amsterdam 2010.

Wansink, Hans (2004): De erfenis van Fortuyn: de Nederlandse democratie na de opstand van de kiezers. Amsterdam 2004.

Wilders, Geert (2005): Kiezen voor vrijheid. Den Haag 2005.

Konkurrenten oder Gegner?

■ **Der Aufstieg grüner und radikaler rechtspopulistischer Parteien**

Von Sarah L. de Lange, Wouter van der Brug und Inger Baller

Seit den 1970ern befinden sich die westeuropäischen Parteiensysteme in einem Zustand ständigen Wandels. In den vergangenen Jahrzehnten haben etablierte Parteien gegenüber einer ganzen Reihe neuer Parteien, darunter auch grüne und radikal rechtspopulistische Parteien, an Boden verloren.[1] Erfolgreiche grüne Parteien sind in Österreich, Belgien, Dänemark, Finnland, Frankreich, Deutschland, Irland, Luxemburg, den Niederlanden, in Schweden und in der Schweiz entstanden (siehe Tabelle 1); radikale rechtspopulistische Parteien sind derzeit in den Parlamenten von Österreich, Belgien, Dänemark, Finnland, Italien, der Niederlande, Norwegen, Schweden und der Schweiz vertreten (siehe Tabelle 2). Ein Vergleich zwischen den Wahlerfolgen dieser beiden Parteitypen zeigt, dass, obwohl grüne Parteien in vielen Ländern früher Wahlerfolge erzielten, radikale rechtspopulistische Parteien jetzt im Durchschnitt erfolgreicher sind als grüne Parteien (im Schnitt 7,2 Prozent gegenüber 13,5 Prozent).

In jüngerer Vergangenheit haben grüne und radikale rechtspopulistische Parteien auch in Mittel- und Osteuropa Erfolge

---

1   Dieser Beitrag benutzt den Begriff „radikale rechtspopulistische Parteien", obwohl für diese Parteien auch andere Bezeichnungen gebraucht werden. Zur Definition radikaler rechtspopulistischer Parteien siehe Betz (1994:4), der anführt, radikale rechtspopulistische Parteien seien rechts in ihrer „Ablehnung individueller und sozialer Gleichheit und politischer Richtungen, die diese herzustellen versuchten", radikal in ihrer „Ablehnung des etablierten soziokulturellen und sozialpolitischen Systems" und populistisch in ihrer „skrupellosen Ausnutzung und Instrumentalisierung diffuser öffentlicher Ängste und Enttäuschungen" und dem „Appell an den Normalbürger und seinen angeblich überlegenen gesunden Menschenverstand".

verzeichnet. Heute sitzen grüne Parteien in den Parlamenten von Estland, Ungarn, Lettland und Slowenien, während radikale rechtspopulistische Parteien in Bulgarien, Ungarn, der Slowakei und Slowenien erfolgreich waren (siehe Tabellen 3 und 4). Der Wahlerfolg beider Parteitypen liegt im Schnitt leicht unter dem ihrer westeuropäischen Gegenstücke – beide konnten hier im Durchschnitt weniger als 10 Prozent der Stimmen gewinnen. Ein Unterschied besteht auch darin, dass die meisten dieser Parteien in Westeuropa eine ziemlich stabile Stammwählerschaft haben, während ihre Wahlerfolge in Mittel- und Osteuropa oft kurzlebig sind. Einige der erfolgreichsten grünen und radikalen rechtspopulistischen Parteien, wie etwa die Grüne Partei in der Tschechischen Republik und die radikale rechtspopulistische Großrumänien-Partei (Partidul Romania Mare) sind nicht mehr im Parlament vertreten.

TABELLE 1 *Grüne Parteien in Westeuropa*

Land	Partei	Wahljahr	Wahlergebnis
Österreich	Die Grünen	2008	10,4%
Belgien	Ecolo	2010	4,9%
	Groen		4,2%
Dänemark	Socialistik Folkeparti	2007	13,0%
Finnland	Vihreä Liitto	2007	8,5%
Frankreich	Les Verts	2007	3,3%
Deutschland	Bündnis 90/Die Grünen	2009	10,7%
Irland	Green Party	2007	4,7%
Luxemburg	Déi Gréng	2009	11,7%
Niederlande	GroenLinks	2010	6,6%
Schweden	Miljöpartiet de Gröna	2010	7,3%
Schweiz	Grüne Partei der Schweiz	2007	9,6%
Durchschnitt			**7,2%**

TABELLE 2 Radikale rechtspopulistische Parteien in Westeuropa

Land	Partei	Wahljahr	Wahlergebnis
Österreich	Bündnis Zukunft Österreich	2008	10,7%
	Freiheitliche Partei Österreichs	2008	17,5%
Belgien	Vlaams Belang	2010	7,7%
Dänemark	Dansk Folkeparti	2007	13,9%
Finnland	Perussuomalaiset	2007	4,1%
Italien	Lega Nord	2008	8,3%
Niederlande	Partij Voor de Vrijheid	2010	15,5%
Norwegen	Fremskrittspartiet	2009	22,9%
Schweden	Sverigedemokraterna	2010	5,7%
Schweiz	Schweizerische Volkspartei	2007	29,0%
Durchschnitt			**13,5%**

TABELLE 3 Grüne Parteien in Mittel- und Osteuropa

Land	Partei	Wahljahr	Wahlergebnis
Estland	Eestima Rohelised	2007	7,1%
Ungarn	Lehet Más a Politika	2010	7,6%
Lettland	Latvijas Zala Partija*	2010	19,7%
Slowenien	Stranka Mladih –Zeleni Evrope**	2008	5,2%
Durchschnitt			**9,9%**

* Nahm an den Wahlen 2010 in einem Bündnis mit der Agrarpartei Centriska Partija teil.

** Beteiligte sich an den Wahlen 2008 in einem Wahlbündnis mit der agrarkonservativen Partei Slovenska Ludjska Stranka, blieb nach den Wahlen aber ohne eigene Abgeordnete.

TABELLE 4 Radikale rechtspopulistische Parteien in Mittel- und Osteuropa

Land	Partei	Wahljahr	Wahlergebnis
Bulgarien	Ataka	2009	9,4%
Ungarn	Jobbik	2010	16,7%
Slowakei	Slovenska Norodna Strana	2010	5,1%
Slowenien	Slovenska Nacionalna Stranka	2008	5,4%
Durchschnitt			**9,2%**

Viele Wissenschaftler haben den Wahlerfolg grüner und radikaler rechtspopulistischer Parteien zu erklären versucht und dabei den Ansatz von Angebot und Nachfrage gewählt.[2] Sie haben auf der Suche nach den Gründen für den Aufstieg dieser Parteien die Einstellungen und Vorlieben der Wähler ebenso untersucht wie die Ideologie, die Führung und die organisatorische Struktur der Parteien. Nur wenige Wissenschaftler haben jedoch grüne und radikale rechtspopulistische Parteien gleichzeitig untersucht und dabei erforscht, ob der Aufstieg dieser beiden Parteitypen auf ähnliche politische und gesellschaftliche Entwicklungen zurückzuführen ist. Obwohl manche Wissenschaftler grüne und radikale rechtspopulistische Parteien als Erscheinungsformen einer neuen Politik beschrieben haben (Betz und Immerfall 1998; Poguntke 1989), ist nicht untersucht worden, in welcher Hinsicht sie sich ähneln und worin sie sich unterscheiden.

Dieser Beitrag untersucht Ähnlichkeiten und Unterschiede zwischen grünen und radikalen rechtspopulistischen Parteien. Auf folgende Fragen wird eingegangen: Ähneln sich die Parteien und auch ihre Unterstützer – und könnte diese Tatsache erklären, warum sie ungefähr zur selben Zeit auf der Bildfläche erschienen? Oder sind die Gründe für den Erfolg grüner und radikaler rechtspopulistischer ganz andere, vielleicht sogar diametral entgegengesetzt?

Eine Untersuchung des gegenwärtigen Aufstiegs grüner und radikaler rechtspopulistischer Parteien ist von großer Bedeutung, da sie die Dynamik des Wettbewerbs zwischen diesen beiden Parteitypen aufzeigen könnte – so es sie denn gibt. Sollte der Erfolg grüner und radikaler rechtspopulistischer Parteien auf denselben Faktoren beruhen, dann würden beide Parteitypen um dieselben Wähler kämpfen und wären entsprechend politische Konkurrenten.

---

2 Einflussreiche Studien über den Erfolg der grünen Parteien sind zum Beispiel Müller-Rommel (2002) und Richardson und Rootes (1995). Den Erfolg radikaler rechtspopulistischer Parteien haben beispielsweise Betz (1994), Carter (2005), Kitschelt (1995) Mudde (2007) und Norris (2005) untersucht.

Sollte das aber nicht der Fall sein, hätten sie unterschiedliche Wählerschaften, dann wäre es richtiger, sie als politische Gegner zu bezeichnen.

Die stille Revolution

In der Literatur über grüne und radikale rechtspopulistische Parteien finden sich einige interessante Vorschläge, wie der Erfolg beider Parteitypen erklärt werden könnte. Ronald Inglehart (1997) zum Beispiel schreibt den Erfolg der grünen Parteien dem Aufkommen postmaterieller Werte in postindustriellen Gesellschaften zu. Nach Inglehart haben die Wählerinnen und Wähler in diesen Gesellschaften seit den 1970ern mehr und mehr postmaterielle Werte entwickelt, das heißt mehr auf Fragen wie Umwelt, Gerechtigkeit, individuelle Freiheit, individualisierte Lebensstile, Minderheitenrechte und die Beschaffenheit der Demokratie geachtet, als auf die wirtschaftliche Entwicklung oder die innere Sicherheit. Seiner Ansicht nach ist das Aufkommen dieser Werte die Folge der wirtschaftlichen und physischen Sicherheit, die jüngere Generationen in ihren prägenden Jahren erfahren haben. Da ältere Generationen von Wählerinnen und Wählern, die eher materialistischen Werten anhängen, nach und nach von jüngeren, die postmaterielle Einstellungen haben, abgelöst wurden, haben postindustrielle Gesellschaften nach Inglehart so etwas wie eine „stille Revolution" durchlaufen. Diese Revolution hatte auf die Politik der postindustriellen Gesellschaften einen tiefgreifenden Einfluss, da Wählerinnen und Wähler mit postmateriellen Werten im Allgemeinen eine libertäre Politik bevorzugen. Entsprechend neigen sie eher dazu, grüne oder linksliberale Parteien zu unterstützen als etablierte (zum Beispiel kommunistische oder sozialistische) Parteien.

Ignazi (1992, 2005) behauptet, das Aufkommen der radikalen rechtspopulistischen Parteien Mitte der 1980er Jahre sei eine Folge des Auftretens der grünen Parteien ein Jahrzehnt zuvor gewesen. Er führt dazu an, dass zwar, in der Tat, nicht-materialistische

Werte in postindustriellen Gesellschaften wichtiger werden, jedoch nur ein kleiner Teil der Wählerinnen und Wähler postmaterielle Werte entwickelt hat und entsprechend libertäre Politik schätzt. Andere neigten hingegen eher dazu, den Niedergang traditioneller Normen und Werte, die Auflösung sozialer Strukturen wie etwa der Familie, den Verlust nationaler Identität und Souveränität und die Schwächung von Autoritäten zu beklagen. Nach Ignazi (1992) sind radikale rechtspopulistische Parteien in postindustriellen Gesellschaften so das politische Nebenprodukt einer „stillen Konterrevolution".

Einige Wissenschaftler haben die Faktoren untersucht, die bestimmen, ob Wähler eine autoritäre oder eine libertäre Politik bevorzugen. Nach Kitschelt (1995, 2003) und Kriesi et al. (2006) lassen sich die Vorlieben für entweder autoritäre oder aber libertäre Politik im Wesentlichen von Ausbildung, Geschlecht und Stellung im Berufsleben ableiten, wohingegen die Frage, ob sie eine rechte oder eine linke Sozial- und Wirtschaftspolitik bevorzugen, zuallererst auf ihre Stellung auf dem Arbeitsmarkt zurückgeführt werden kann. Wählerinnen und Wähler mit geringer Bildung, Männer, Arbeiterinnen und Arbeiter neigen eher zu autoritären Einstellungen und zur Wahl radikaler rechtspopulistischer Parteien. Wählerinnen und Wähler mit höherer Bildung, Frauen und Angestellte neigen eher zu libertären Einstellungen und unterstützen eher grüne Parteien.

Als Protagonisten einer nicht-materiellen Politik haben grüne und radikale rechtspopulistische Parteien eine neue Art des Wettbewerbs in die europäische Politik gebracht, üblicherweise als libertär-autoritäre Ebene bezeichnet, die sich quer zur Links-Rechts- oder sozioökonomischen Dimension verhält, auf der die etablierten Parteien herkömmlich miteinander konkurrieren.[3] Anfangs veränderte das Entstehen grüner und radikaler rechtspopulistischer Parteien die Konkurrenzverhältnisse in den europäischen

---

3   Diese Dimension wird zuweilen auch als GAL-TAN-Dimension (Hooghe et al. 2002, Marks et al. 2006) oder soziokulturelle Dimension bezeichnet (Kriesi et al. 2006).

Parteiensystemen nicht grundlegend. Obgleich eine neue Ebene des Wettbewerbs eingeführt worden war, ließ sich nach wie vor eine klare Grenzlinie ziehen zwischen links-libertären Parteien (z. B. Grüne und Sozialdemokraten) und rechts-autoritären Parteien (z. B. Christdemokraten, Konservative, Liberale und Radikale Rechtspopulisten) (siehe Abb. 1). In Reaktion auf die Erfolge grüner und radikaler rechtspopulistischer Parteien haben etablierte Parteien ihre Positionen an der libertär-autoritären Achse neu ausgerichtet, wobei die Mehrzahl der etablierten Parteien sich in

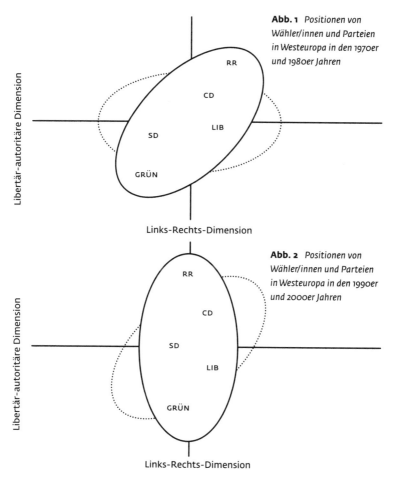

Abb. 1 *Positionen von Wähler/innen und Parteien in Westeuropa in den 1970er und 1980er Jahren*

Abb. 2 *Positionen von Wähler/innen und Parteien in Westeuropa in den 1990er und 2000er Jahren*

Richtung des autoritären Pols bewegt (Bale 2008, 2009; Carter 2005; Meguid 2005; Norris 2005; Van Spanje 2010). Dieser Prozess einer „Infektion von rechts" hat nach und nach dazu geführt, dass die Hauptachse der politischen Auseinandersetzung sich drehte, das heißt, der zentrale Gegensatz ist heute der zwischen grünen und links-libertären Parteien einerseits und radikalen Rechtspopulisten andererseits (siehe Abb. 2). Zwischen diesen Polen nehmen die etablierten Parteien unterschiedliche Positionen ein, wobei besonders sozialdemokratische Parteien allmählich eher links-autoritäre Züge entwickeln.

Auf Basis dieser Überlegungen nehmen wir an, dass die Wahlentscheidung für grüne oder radikale rechtspopulistische Parteien durch demographische und sozioökonomische Merkmale bestimmt wird: Geschlecht, Alter, soziale Klasse und Bildungsniveau – außerdem durch politische Vorlieben im Hinblick auf Fragen, die der libertär-autoritären Ebene angehören. Wir nehmen aber auch an, dass diese Faktoren die Unterstützung für die Parteien jeweils gegensätzlich beeinflussen, da die beiden Parteitypen für gegensätzliche Werte stehen.

Popularität

In diesem Abschnitt finden sich Informationen über die sozioökonomische Lage von Wählerinnen und Wählern grüner und radikaler rechtspopulistischer Parteien sowie ihrer politischen Einstellungen. Wir verwenden die Untersuchung zu den Europawahlen 2009 (European Election Studies), die auf einer repräsentativen Befragung von annähernd 1000 Bürgerinnen und Bürgern aus jedem der siebenundzwanzig Mitgliedsstaaten der EU beruht, die unmittelbar nach den Wahlen zum Europaparlament im Juni 2009 durchgeführt wurde.

Um herauszufinden, was die Gründe dafür sind, eine Partei zu wählen, nutzen wir eine Methode, die „multiple Regression" genannt wird. Die abhängige Variable in diesen Analysen ergibt sich aus einer Reihe von Fragen, die darauf abzielen, „wie wahrscheinlich es ist, dass sie jemals für eine bestimmte Partei stimmen werden". Die Befragten antworten nach einer 11-Punkte-Skala, in der 0 besagt, „Ich werde ganz bestimmt niemals für diese Partei stimmen" und 10 „Ich werde irgendwann in der Zukunft mit ziemlicher Sicherheit für diese Partei stimmen". Diese Fragen wurden für neunzehn grüne Parteien gestellt, fünfzehn aus Westeuropa und vier aus Mittel- und Osteuropa, und für neunzehn radikale rechtspopulistische Parteien, dreizehn aus Westeuropa und sechs aus Mittel- und Osteuropa.[4] Die Frage korreliert sehr gut mit dem realen Wahlverhalten. Indem wir sie analysieren, kommen wir zu einer fundierten Einschätzung der bestimmenden Faktoren für die Wahl einer Partei.

Tabelle 5 zeigt die Ergebnisse von vier Regressionsanalysen: Die erste bezieht sich auf grüne Parteien in zwölf westeuropäischen Ländern, die zweite auf die Beliebtheit grüner Parteien in vier mitteleuropäischen Ländern usw. Die Tabelle zeigt die standardisierten Regressionskoeffizienten. Ist der Koeffizient nahe Null, besteht kein oder nur ein schwacher Zusammenhang. Ein positiver Wert bedeutet einen höheren Wert bei den unabhängigen Variablen, und es existiert ein Zusammenhang mit der Unterstützung für die untersuchte Parteiengruppe. Die negativen Werte der Koeffizienten, die die Variable „Alter" betreffen, bedeuten zum Beispiel, dass sowohl im Osten wie im Westen grüne und radikale rechtspopulistische Parteien etwas mehr Zuspruch bei jüngeren Wählerinnen und Wählern finden. Die Sternchen verweisen auf Koeffizienten, die statistisch signifikant sind, was bedeutet, dass in den Bevölkerungsgruppen, aus denen diese Stichproben gezogen wurden, diese Zusammenhänge höchstwahrscheinlich bestehen.

--- --- ---

4   Nicht alle grünen und radikalen rechtspopulistischen Parteien, die in den Tabellen 1 bis 4 aufgeführt werden, sind in den European Elections Studies enthalten, da diese Untersuchungen nur in den EU-Mitgliedsstaaten durchgeführt werden und es deshalb keine Informationen über Norwegen und die Schweiz gibt. Außerdem wurden bei den Parlamentswahlen 2009 und 2010 einige grüne und radikale rechtspopulistische Parteien aus mittel- und osteuropäischen Parlamenten abgewählt. Diese Parteien sind daher in unsere Analyse aufgenommen, in den einführenden Abschnitten dieses Kapitels aber nicht genannt.

Bei den soziodemographischen Variablen ist bemerkenswert, dass grüne Parteien bei Frauen etwas beliebter sind, während radikale rechtspopulistische Parteien Männer stärker anziehen. Grüne Parteien im Westen erhalten mehr Unterstützung von Wählerinnen und Wählern mit hoher Bildung, und osteuropäische Wähler mit geringerer Bildung neigen eher dazu, radikale rechtspopulistische Parteien zu unterstützen. Im Osten tendieren Angehörige der Arbeiterklasse eher dazu, radikale rechtspopulistische Parteien zu unterstützen als Menschen, die der Mittel- oder höheren Klassen angehören. Die Verbindung zu den demographischen und sozioökonomischen Variablen ist jedoch relativ schwach. Die weit verbreitete Annahme, diese Parteitypen würden von sehr spezifischen Gesellschaftsschichten unterstützt, ist deswegen etwas überzogen.

Bei weitem am stärksten wirken sich die ideologischen Einstellungen aus, und zwar gemessen als Entfernung des Wählers zu Parteien auf der Links-Rechts-Dimension. Die Effekte sind negativ, soll heißen, die Befragten werden um so eher eine Partei unterstützen, je geringer die Distanz zwischen der Position dieser Partei und dem Befragten ist. Dementsprechend neigen Wählerinnen und Wähler auf der Linken sehr zur Unterstützung grüner Parteien, während Wählerinnen und Wähler vom rechten Flügel mit großer Wahrscheinlichkeit radikale rechtspopulistische Parteien unterstützen. Im Osten sind die Auswirkungen der Links-Rechts-Distanz schwächer als im Westen, aber auch im Osten bieten sie die verlässlichsten Anhaltspunkte dafür, welche Parteien gewählt werden. Bei der Interpretation der Ergebnisse muss beachtet werden, dass die Befragten keine Definition der Begriffe „links" und „rechts" erhielten. Es gibt starke Hinweise darauf, dass links und rechts zunehmend in Bezug auf Werte interpretiert werden, die mit der libertär-autoritären Ebene verknüpft sind. Die politische Rechte wird mit strengeren Einwanderungsgesetzen, die politische Linke mit Umweltschutz assoziiert.

Die folgende Gruppe von Prädikatoren dafür, wie wahrscheinlich es ist, dass eine Partei gewählt wird, sind die Einstellungen zu bestimmten politischen Fragen. Die ersten vier leiten sich von der Frage her: „Was ist das größte Problem des Landes?" Darauf folgt die Frage, nach dem zweit- oder auch drittwichtigsten Problem. Bei den Analysen haben wir uns auf vier Probleme konzentriert, die für die Wahlentscheidung relevant sein könnten. Die Analysen zeigen, dass grünen Wählerinnen und Wählern der Umweltschutz sehr wichtig

Die Einstellungen bei sozioökonomischen Fragen beeinflussen wesentlich die Entscheidung für grüne Parteien in Westeuropa und für radikale rechtspopulistische Parteien in Mittel- und Osteuropa.

ist, während für Wählerinnen und Wähler von radikalen rechtspopulistischen Parteien die Einwanderung eine große Rolle spielt. Die jeweiligen Effekte sind jedoch nicht besonders ausgeprägt.[5]

Beim nächsten Punkt geht es um Einstellungen zu aktuellen politischen Fragen. Die Einstellungen bei sozioökonomischen Fragen beeinflussen wesentlich die Entscheidung für grüne Parteien in Westeuropa und für radikale rechtspopulistische Parteien in Mittel- und Osteuropa. Über sozioökonomische Fragen sind sich die Wählerinnen und Wähler dieser beiden Parteitypen weitgehend einig, diese Fragen wirken sich jedoch kaum aus auf die Wahlentscheidung für radikale rechtspopulistische Parteien im Westen und für grüne Parteien im Osten. Die stärkste Wirkung auf die Wahlentscheidung haben Einstellungen zu Fragen der libertär-autoritären Gruppe, etwa Kriminalität, Einwanderung und gleichgeschlechtliche Ehen. Bei diesen Fragen sind die Ansichten der Wählerinnen und Wähler grüner Parteien denjenigen radikaler rechtspopulistischer Parteien diametral entgegengesetzt. Die Wählerinnen und Wähler der letztgenannten Parteien sind eher der Ansicht, dass Verbrechen schärfer bestraft werden sollten, dass die Einwanderung begrenzt werden sollte, Einwanderer sich assimilieren sollten und dass Schülerinnen und Schülern die Achtung von Autorität beigebracht werden soll. Die Unterstützer grüner

---

5 Von denen, die auf der 11-Punkte-Skala 7 oder mehr Punkte für eine grüne Partei vergeben, erwähnen nur 15 Prozent den Umweltschutz als eine der drei wichtigsten Fragen. Das ist zwar ein deutlich höherer Prozentsatz als bei den anderen Befragten, doch eine überwältigende Mehrheit von 85 Prozent der potentiellen grünen Wähler sieht den Umweltschutz nicht als wichtige Frage.

TABELLE 5 Hintergrund der Entscheidung für grüne und radikale rechtspopulistische Parteien	Grüne		RRPP	
	Modell 1 West	Modell 2 Ost	Modell 1 West	Modell 2 Ost
Hintergrund				
Alter	-.042**	-.073**	-.042**	-.071**
Weiblich	.093**	.087**	-.025*	-.075**
Bildungsstand	.049**	-.034	.002	-.059**
Soz. Klasse (subjektiv)	.012	.028	-.040**	.034
Ideologie				
Entfernung von Parteien auf der Links/Rechts-Ebene	-.330**	-.251**	-.344**	-.263**
Wichtige Probleme				
Kriminalität	-.001	-.051*	.030**	.028
Umwelt	.087**	.027	-.033**	-.008
EU	.005	-.034	.004	.011
Einwanderung	.003	-.039	.053**	-.031
Einstellungen				
Härtere Strafen	-.049**	-.007	.033*	-.019
Kinder sollten gehorchen	-.034**	.017	.029*	-.005
Privates Unternehmertum	-.056**	.001	.001	-.001
Mehr Staatseigentum	-.003	.004	.008	-.092**
Keine Intervention der Regierung	-.015	-.012	.024*	-.058**
Umverteilung	-.089**	-.057*	.014	-.087**
Verbot der gleichgeschlechtl. Ehe	-.077**	-.012	.012	.009
Freie Wahl der Abtreibung	-.042**	.030	.011	.035
Frauen zu Hause	.022*	.036	-.014	.002
Referendum über EU-Fragen	.025*	-.007	.069**	-.002
Assimilation von Zuwanderern	-.010	.029	.063**	.083**
Begrenzung der Einwanderung	-.133**	-.041	.109**	.057*
Abstand von der Partei auf EU-Ebene	-.068**	-.038	-.057**	-.127**
Unzufriedenheit				
Vertrauen in EU-Institutionen	.045**	.047	-.094**	-.074**
Verantwortlichkeit des nationalen Parlaments	.011	.003	-.012	-.022
Zufriedenheit mit Demokratie	.031**	.049	-.039**	.015
Zustimmung zur Regierung	.043**	.042	.011	.033
Angepasster R^2	.300	.094	.264	.193

*Signifikant auf dem Level 0.05 **Signifikant auf dem Level 0.01

Parteien neigen zu entgegengesetzten Ansichten. Wie bei den Positionen zu sozioökonomischen Fragen stimmen die Wählerinnen und Wähler grüner und radikaler rechtspopulistischer Parteien aber darin überein, dass es über neue EU-Verträge jeweils eine Volksabstimmung geben sollte.

Der letzte Fragenblock betrifft verschiedene Formen der politischen Unzufriedenheit. Auch bei diesem Komplex haben die Wählerinnen und Wähler der Grünen und der radikalen Rechtspopulisten entgegengesetzte Positionen. Wählerinnen und Wähler grüner Parteien haben ein relativ hohes Vertrauen ins Europäische Parlament, sind mit der Bilanz der Regierung relativ zufrieden und ebenso mit dem Funktionieren der Demokratie. Potentielle Wählerinnen und Wähler radikaler rechtspopulistischer Parteien neigen hier zu entgegengesetzten Ansichten. Allerdings wirken sich diese Themen weitaus weniger aus, als die grundlegenden Fragen. Man sollte deshalb die Wählerinnen und Wähler grüner und radikaler rechtspopulistischer Parteien nicht als Protestwähler ansehen. Ihr Wahlverhalten wird hauptsächlich durch die politischen Inhalte bestimmt.

Tabelle 6 *Wählerverteilung auf zwei Politikebenen in Westeuropa*

| | | Umverteilung des Einkommens | |
		Stimme zu	Stimme nicht zu
Einwanderungs-	*ja*	41 %	12 %
beschränkung	*nein*	16 %	8 %

Tabelle 7 *Wählerverteilung auf zwei Politikebenen in Mittel- und Osteuropa*

| | | Umverteilung der Einkommen | |
		Stimme zu	Stimme nicht zu
Einwanderungs-	*ja*	38 %	12 %
beschränkung	*nein*	9 %	7 %

Angesichts der Tatsache, dass Wählerinnen und Wähler ihre Entscheidung hauptsächlich nach politischen Inhalten treffen, stellt sich die Frage, wo Parteien und Wähler auf den politischen Hauptebenen stehen. Wie oben gezeigt, gehen wir davon aus, dass zwei Ebenen die Konflikte über aktuelle Fragen besonders beeinflussen, eine sozioökonomische Ebene und eine libertär-autoritäre. Wir wenden uns jetzt den Positionen der Wählerinnen, Wähler und Parteien auf diesen Politikebenen zu.

Um einschätzen zu können, wo sich Wählerinnen und Wähler selbst verorten, konzentrieren wir uns auf zwei grundlegende Fragen der beiden Hauptkonfliktebenen. Als Indikator der Positionen auf der sozioökonomischen Ebene verwenden wir die Antworten auf die Frage, ob die Einkommensunterschiede wesentlich verringert werden sollten. Als Indikator für die Positionen auf der soziokulturellen Ebene nehmen wir die Antworten auf die Frage, ob die Zahl der Einwanderer wesentlich reduziert werden sollte. Tabelle 6 und 7 zeigen, wie sich die Präferenzen der Wählerinnen und Wähler zu diesen beiden Fragen in Westeuropa und in Mittel- und Osteuropa verteilen. Der Klarheit wegen geben wir die Prozentsätze derjenigen, die „weder ja noch nein" wählten, nicht an, weshalb die einzelnen Prozentzahlen in der Summe nicht 100 Prozent ergeben.

Die Prozentsätze in den Tabellen 6 und 7 zeigen deutlich, dass die größte Wählergruppe in beiden Teilen Europas in der Frage der Einkommensunterschiede eine linke, in der Einwanderungsfrage eine „rechte" oder autoritäre Position hat. Bei der Verwendung anderer Indikatoren zur Erhebung der Positionen auf der sozioökonomischen und der libertär-autoritären Ebene weichen die Prozentsätze selbstverständlich leicht ab, das allgemeine Muster aber verändert sich nicht: Von den vier Wählertypen neigt die größte Gruppe auf der sozioökonomischen Ebene zur Linken und auf der libertär-ökonomischen Ebene zur Rechten. Positionen im entgegengesetzten Quadranten vertritt in beiden Teilen Europas die kleinste Gruppe. In beiden Regionen ist die Gruppe mit rechten Einstellungen zu sozioökonomischen Fragen und autoritären Haltungen auf der soziokulturellen Ebene etwa gleich groß (12 Prozent). Der Hauptunterschied ist die Größe der Gruppe, die linke Positionen bei sozioökonomischen Fragen mit libertären Positionen auf der libertär-autoritären Ebene verbindet. In Westeuropa sind dies 16 Prozent der Befragten, in Mittel- und Osteuropa nur 9 Prozent.

Nachdem wir gesehen haben, wie sich die öffentliche Meinung auf den beiden Hauptkonfliktachsen verteilt, stellt sich die Frage, wo sich die Parteien selbst einordnen. Um ihre Positionen zu bestimmen, verwenden wir einen Datensatz aus einer Expertenumfrage unter Politikwissenschaftlern (Hooghe et al. 2010), die gebeten wurden, Parteien aus ihrem Land auf bestimmten Politikebenen einzuordnen. Diese Skalen weichen von denen, die wir für die Positionen der Wählerinnen und Wähler verwendet haben, etwas ab; es gibt jedoch Fragen, die denen in den Wählerbefragungen funktionell gleichkommen. Abbildung 3 zeigt die Positionen von 91 westeuropäischen Parteien auf zwei Politikebenen, der sozioökonomischen und der libertär-autoritären. Abbildung 3 besagt, dass die meisten Linksparteien links-libertäre Positionen einnehmen, während die meisten Rechtsparteien rechts-autoritäre Positionen besetzen. Folglich ist die Korrelation zwischen diesen beiden Ebenen hoch: .68. Nur ein paar (sozial-) liberale Parteien sind im rechts-libertären Quadranten zu finden. Am überraschendsten an Abbildung 3 ist jedoch, dass kaum eine Partei eine klare links-autoritäre Position einnimmt. Dass dieser Teil der Grafik so gut wie leer ist, ist äußerst verblüffend, da sich eben hier die größte Wählergruppe verortet.

Wo verorten sich grüne und radikale rechtspopulistische Parteien selbst? Abbildung 3 zeigt, dass der links-libertäre Quadrant das Kernland der grünen Parteien ist. Alle westeuropäischen grünen Parteien haben in diesem Quadranten der Grafik ihren eindeutigen Platz. Radikale rechtspopulistische Parteien ihrerseits sind im entgegengesetzten Quadranten der Grafik lokalisiert. Auch wenn die Positionen dieser Parteien rechtsautoritär sind, ist ihr autoritäres Profil wesentlich ausgeprägter als ihr rechtes. Tatsächlich scheinen sich radikale rechtspopulistische Parteien wie die Dänische Volkspartei oder die Partei für die Freiheit in den Niederlanden in

Abb. 3 *Positionen der Parteien in Westeuropa (Quelle: Kitschelt 2003)*

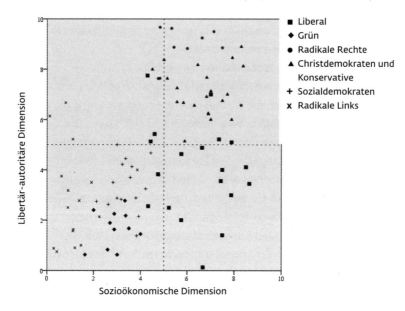

Abb. 4 *Positionen der Parteien in Mittel- und Osteuropa*

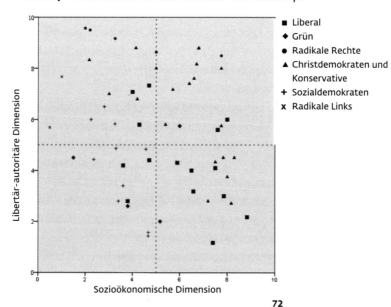

den letzten Jahren auf der sozioökonomischen Ebene deutlich nach links bewegt zu haben.

Abbildung 4 zeigt die Stellung von 57 Parteien in mittel- und osteuropäischen Ländern auf denselben beiden Politikebenen. Das erste, was ins Auge springt, ist die Tatsache, dass sich in allen vier Quadranten die Parteien drängeln, so dass die beiden Ebenen kaum miteinander korrelieren.[6] Eine andere wichtige Beobachtung ist, dass Mitglieder derselben Parteienfamilie sich nicht so nahe stehen wie in Abb. 3. Das deutet darauf hin, dass die Parteienfamilien in Mittel- und Osteuropa ideologisch weniger kohärent sind als ihre westlichen Entsprechungen. Das gilt auch für grüne und radikale rechtspopulistische Parteien. Nur zwei der vier grünen Parteien verorten sich selbst deutlich in der links-libertären Ecke der Grafik, eine bewegt sich an der Grenze zwischen zwei Quadranten, und eine unterscheidet sich ideologisch ganz erheblich von den anderen grünen Parteien.[7] Wie anzunehmen, haben radikale rechtspopulistische Parteien ein deutlich autoritäres Profil. Dennoch tendieren die meisten dieser Parteien bei sozioökonomischen Fragen eher nach links als nach rechts. Im Hinblick auf unsere Analyse der Wählerverteilung, befinden sich diese Parteien in einer sehr vorteilhaften Lage, da sie Wähler aus ganz unterschiedlichen Bereichen anziehen.

Konkurrenten im Wahlkampf

Sowohl grüne als auch radikale rechtspopulistische Parteien sind Protagonisten einer neuen Politik, da es in ihrem Wahlkampf vor allem um Fragen geht, die der libertär-autoritären Politikebene zuzuordnen sind. Auf dieser Ebene nehmen sie jedoch gegensätz-

---

6 Dieses Ergebnis stimmt mit früheren Forschungen über Mittel- und Osteuropa überein, was zeigt, dass einige Parteienfamilien in dieser Region, wie die radikalen rechtspopulistischen Parteien, auf der sozioökonomischen Ebene andere Positionen einnehmen als ihre westeuropäischen Gegenstücke (Hooghe et al. 2002; Marks et al. 2006).
7 Dabei handelt es sich um die lettische „Union der Grünen und Bauern" (ZZS).

liche Positionen ein, da die Grünen links-libertär auftreten, die radikalen rechtspopulistischen Parteien zentristisch oder rechtsautoritär. Die ideologischen Unterschiede zwischen grünen und radikalen rechtspopulistischen Parteien machen diese Parteien zu ideologischen Gegnern mit gegensätzlichen Programmen. Wegen ihres unterschiedlichen ideologischen Erscheinungsbildes ziehen grüne und radikale rechtspopulistische Parteien verschiedene Wählerschichten an. Werden grüne Parteien im Wesentlichen unterstützt von Frauen mit höherer Bildung, relativ hohem sozioökonomischem Status, Interesse für Umweltfragen und eher links-libertären Einstellungen, so haben radikale rechtspopulistische Parteien männliche Wähler mit niedrigerem sozioökonomischem Status, die sich vor allem um Fragen wie Kriminalität und Einwanderung sorgen und eine eher autoritäre Politik befürworten. Angesichts der Unterschiede zwischen diesen Wählerschichten, sowohl in demographischer wie sozioökonomischer Hinsicht und unter dem Aspekt der Einstellungen und politischen Vorlieben, können grüne und radikale rechtspopulistische Parteien nicht als Konkurrenten im Wahlkampf betrachtet werden. Daraus ergeben sich einige wichtige Schlussfolgerungen.

Vor allem bedeutet das, dass sich die beiden Parteitypen kaum gegenseitig Wählerinnen oder Wähler abspenstig machen können, auch wenn sie häufig Wahlkampf zu denselben Themen betreiben. Eher schon können sie Wählerinnen und Wähler von Parteien mit ähnlicher Grundhaltung überzeugen. Demnach befinden sich grüne Parteien vor allem in Konkurrenz mit Parteien, die ihnen ideologisch näher stehen, vor allem mit Sozialdemokraten. Radikale rechtspopulistische Parteien fischen in einem größeren Teich, wenn man ihr diffuses sozioökonomisches Erscheinungsbild und den hohen Prozentsatz von Wählerinnen und Wählern in Europa, die eine autoritäre Politik bevorzugen, in Betracht zieht. Sie können deshalb Wählerinnen und Wähler potenziell von kommunistischen und sozialistischen ebenso wie von christdemokratischen, konservativen und liberalen Parteien abwerben.

Was bedeutet das für das Schicksal grüner Parteien in künftigen

Wahlen? Wenn man weiß, dass nur wenige Wählerinnen und Wähler die links-libertären ideologischen Positionen der grünen Parteien teilen, kann man nicht erwarten, dass sie wirklich groß werden. Es erscheint jedoch zugleich plausibel, dass ihre Hauptkonkurrenten im Wahlkampf, sozialdemokratische und radikale Linksparteien, ihr Profil nach und nach in Richtung einer links-autoritären Position verändern werden, weil dort die meisten Wählerinnen und Wähler zu finden sind. Sollte es so kommen, hätten grüne Parteien auf ihrem ideologischen Kerngebiet weniger Konkurrenz und wären so in der Lage, mehr Unterstützung zu finden als heute.

/

LITERATUR

Bale, Tim (2008): Turning Round the Telescope. Centre-parties and Immigration and Integration Policy, in: *Europe. Journal of European Public Policy* 15 (3): 315-330, 2008.

Bale, Tim, Christopher Green Pedersen, Andreé Krouwel, Kurt Richard Luther und Nick Sitter (2009): 'If you can't beat them, join them?' Exploring the European centreleft's turn against migration and multiculturalism: A four-country case study, in: *Political Studies* 58 (3): 410-426, 2009.

Betz, Hans-Georg (1994): Radical Right-wing Populism in Western Europe. Basingstoke 1994.

Betz, Hans-Georg und Stefan Immerfall (Hg.) (1998): The New Politics of the Right: Neo-populist Parties and Movements in Established Democracies. New York 1998.

Carter, Elisabeth (2005): The Extreme Right in Western Europe? Success or Failure? Manchester 2005.

Hooghe, Liesbeth, Gary Marks und Carole J. Wilson (2002): Does Left/Right Structure Party Positions on European Integration? In: *Comparative Political Studies* 35 (8): 965-989, 2002.

Ignazi, Piero (1992): The Silent Counter-revolution: Hypotheses on the Emergence of Extreme Right-wing Parties in Europe, in: *European Journal of Political Research* 22 (1): 3-34, 1992.

Ignazi, Piero (2005): Extreme Right Parties in Western Europe. Oxford 2005.

Inglehart, Ronald (1977): The Silent Revolution: Changing Values and Political Style Among Western Publics. Princeton 1977.

Kitschelt, Herbert (1995): The Radical Right in Western Europe. Ann Arbor 1995.

Kitschelt, Herbert (2003): Diversification and Reconfiguration of Party Systems in Post-industrial Democracies. Bonn 2003.

Kriesi, Hans Peter, Edgar Grande, Romain Lachat, Martin Dolezal, Simon Bornschier und Timotheos Frey (2006): Globalization and the Transformation of National Political Space: Six European Countries Compared, in: *European Journal of Political Research* 45 (6): 921-956, 2006.

Marks, Gary, Liesbet Hooghe, Moira Nelson und Erica Edwards (2006): Party Competition and European Integration in the East and West: Different Structure, Same Causality, in: *Comparative Political Studies* 39 (2): 155-1275, 2006.

Meguid, Bonnie (2005): Competition Between Unequals: The Role of Mainstream Party Strategy in Niche Party Success, in: *American Political Science Review* 99 (3): 347-359, 2005.

Mudde, Cas (2007): Populist Radical Right Parties in Europe. Cambridge 2007.

Müller-Rommel, Ferdinand (2002): The Lifespan and the Political Performance of Green Parties in Western Europe, in: *Environmental Politics* 11 (1): 1-16, 2002.

Norris, Pippa (2005): Radical Right: Voters and Parties in the Electoral Market. Cambridge 2005.

Poguntke, Thomas (1989): The 'New Politics Dimension' in European Green Parties, in: New Politics in Western Europe: The Rise and Success of Green Parties and Alternative Lists, hg. von Ferdinand Müller-Rommel, 175-194. Boulder 1989.

Richardson, Dick und Chris Rootes (1995): The Green Challenge: The Development of Green Parties in Europe. London 1995.

Van Spanje, Joost (2010): Contagious Parties: Anti-immigration Parties and Their Impact on Other Parties' Immigration Stances in Contemporary Western Europe, in: *Party Politics* 16 (5): 563-586, 2010.

Zaslove, Anfrej (2007): Alpine Populism, Padana and Beyond: A Response to Duncan McDonnell, in: *Politics* 27 (1): 64-68, 2007.

ANHANG

In der European Election Study 2009 wurden die Auswahlpersonen danach gefragt, in welchem Umfang sie bestimmten Aussagen zustimmen, die als Items in die multiple Regressionsanalyse aufgenommen wurden.

Eines der Items, die Distanz der Partei zur EU, beruht nicht auf der Reaktion auf eine Aussage, sondern auf der Differenz zwischen den Antworten auf die beiden folgenden Fragen:

Eine Ansicht lautet, dass die europäische Einigung weiter vorangetrieben werden muss. Eine andere Ansicht besagt, dass sie schon zu weit gegangen ist. Was ist Ihre Meinung? Bitte tragen Sie ihre Sicht auf einer Skala von 0 bis 10 ein. Außerdem: Wo in etwa würden Sie die folgenden Parteien auf dieser Skala verorten?

Items	Aussage
Härtere Strafen	Menschen, die das Gesetz brechen, sollten wesentlich härter bestraft werden als heute der Fall.
Kinder sollen gehorchen	In der Schule sollen Kinder lernen, einer Autorität zu gehorchen.
Privates Unternehmertum	Privates Unternehmertum ist der beste Weg, die wirtschaftlichen Probleme (des Landes) zu lösen.
Mehr Staatseigentum	Die wichtigsten öffentlichen Dienste und Industrien sollten Staatseigentum sein.
Keine Intervention von Regierungsseite	Die Politik sollte sich aus der Wirtschaft heraushalten.
Umverteilung des Wohlstands	Einkommen und Wohlstand sollten zugunsten der kleinen Leute umverteilt werden.
Verbot gleichgeschlechtlicher Ehen	Gleichgeschlechtliche Ehen sollten verboten sein.
Für freie Abtreibungsentscheidung	Frauen sollten über eine Abtreibung selbst entscheiden können.
Frauen zu Hause	Frauen sollten bereit sein, zum Wohl der Familie ihre Arbeit aufzugeben und zu Hause zu bleiben.
Volksabstimmung über EU-Angelegenheiten	Über Veränderungen in den EU-Verträgen sollte per Volksabstimmung entschieden werden.
Einwanderer sollten sich anpassen	Von Einwanderern sollte verlangt werden, dass sie sich den Sitten (des Landes) anpassen.
Begrenzung der Einwanderung	Die Einwanderung (ins Land) sollte wesentlich eingeschränkt werden.
Vertrauen in die EU-Institutionen	Sie haben Vertrauen in die Institutionen der EU.
Verantwortlichkeit des nationalen Parlaments	Das nationale Parlament bezieht die Sorgen der Bürger in seine Überlegungen mit ein.
Zufriedenheit mit der Demokratie	Wie zufrieden sind Sie im Großen und Ganzen mit der Art und Weise, in der die Demokratie in Ihrem Land funktioniert?
Zustimmung zur Regierung	Sind Sie bis jetzt mit der Regierung zufrieden?

Europäische Träume, nationalistische Ambitionen

■ **Internationalismus bei populistischen Bewegungen**
Von Øyvind Strømmen

In einem Artikel, der im Dezember 2010 in der norwegischen
Wochenzeitung *Dag og Tid* erschien, stellt Jon Hustad die These
auf, die Europäische Union könne in ihrer gegenwärtigen Gestalt
nicht überleben. Sie müsse sich, so glaubt er, entweder zu einem
„Superstaat" entwickeln, oder sie werde einfach auseinanderfallen.
Das ist schon für sich genommen eine interessante und diskussions-
würdige These. In unserem Zusammenhang ist noch interessanter,
eines der Argumente näher zu untersuchen, mit denen er seine
These stützt, nämlich die geringe Neigung einiger westeuropäischer
Länder, Bulgarien in das Schengen-Abkommen aufzunehmen. Diese
Zurückhaltung findet sich prägnant in folgender Feststellung des
französischen Europaministers Laurent Wauquiez: „Es ist allgemein
bekannt, dass Rumänien und Bulgarien ihre Außengrenzen nicht dicht
machen."

Wie immer es auch ausgehen mag – ob Bulgarien ein Schengen-
Land wird oder nicht –, die Partei der extremen Rechten in Bulgarien,
Ataka, eine unverhohlen nationalistische Partei mit deutlichen
Tendenzen zum offenen Faschismus, wird es stärken. Im ersten
von zwanzig Punkten des Grundsatzprogramms der Partei heißt es
beispielsweise:

> „Bulgarien ist das ganzheitliche Land einer Nation. Es kann
> nicht nach Prinzipien wie Religion, Ethnie oder Kultur
> aufgeteilt werden. Der Unterschied der Abstammung oder des

Bekenntnisses kann nicht wichtiger sein als die nationale Identität. Alle, die diesem Grundsatz nicht folgen, gliedern sich aus der bulgarischen Nation und aus dem Land aus und können an den Staat keinerlei Ansprüche stellen." (Ataka)

Die Partei möchte Rundfunk- und Fernsehsendungen in anderen Sprache als Bulgarisch verbieten und verlangt ein „Verbot und klare gesetzliche Sanktionen gegen ethnische Parteien und separatistische Organisationen."

Sollte Bulgarien nicht Schengen-Mitglied werden, könnte der westliche Widerwille gegen Fortschritte bei der Integration der „neuen" Mitgliedstaaten nationalistische Einstellungen bei den Bulgaren begünstigen, die wenig von den Vorteilen der Europäischen Union haben. Sollte Bulgarien aber Schengen beitreten, und würde sich die Zahl der Asylbewerber im Land erhöhen – Menschen, die andere EU-Mitgliedstaaten nicht aufnehmen wollen –, wäre das mit Sicherheit Wasser auf die Mühlen des Führers der Ataka-Partei, Wolen Siderow. Auf diese Art und Weise würden die zunehmende Ablehnung von Immigranten im Westen die nationalistischen Parteien im Osten stützen.

Wie der amerikanische Historiker Richard Wolin in einem jüngst erschienenen Artikel (2011) betont, ist das Wachstum der nationalistischen Rechten ein gesamteuropäischer Trend. Er schreibt:

„Bei den Wahlen zum Europäischen Parlament im Frühjahr 2009 haben die Kandidaten autoritärer nationalpopulistischer Parteien aus einer ganzen Reihe von Ländern – Slowakei, Lettland, Ungarn, Rumänien, Bulgarien, Frankreich und Italien – deutliche Erfolge erzielt. Die erklärtermaßen rassistische British National Party, die über Jahrzehnte am politischen Rand vor sich hin vegetierte, erreichte mit dem Gewinn zweier Sitze einen Durchbruch und ist nun erstmals in Straßburg vertreten. In Frankreich kommt Jean-Marie Le Pens Front National, in den vergangenen Jahren scheinbar im Niedergang, unter der Führung von Le Pens Tochter Marine wieder auf die Beine. In Mitteleuropa bleibt die österreichische FPÖ eine Kraft, mit der zu rechnen ist. (…) In Skandinavien erhalten die Fortschrittspartei (Norwegen) und die Volkspartei (Dänemark) weiterhin beachtlichen Zulauf und bringen so die Parteien der Mitte aus dem Gleichgewicht."

Selbst in Schweden, wo die politische Fremdenfeindlichkeit bisher weniger in Erscheinung getreten war, haben sich die Dinge geändert. Im September 2010 haben die sich gegen Einwanderung stellenden Schwedendemokraten zum ersten Mal den Sprung ins Parlament geschafft. Ein Freund bemerkte auf Facebook dazu sarkastisch: „Ich heiße Schweden in der politischen Wirklichkeit willkommen." Die nationalistische Rechte ist ein wichtiger Bestandteil der europäischen Politik geworden.

Hindernisse

Die anderen politischen Gruppierungen reagieren darauf meist auf zwei unterschiedliche Weisen. Eine Reaktion besteht darin, einfach wegzuschauen und mehr oder weniger so zu tun, als gäbe es die extreme Rechte, die nationalistische Rechte oder nativistische rechte Parteien gar nicht oder spielten zumindest keine Rolle. Entsprechend lassen die Parteien der Mitte einige der durchaus vorhandenen Probleme, die diese Parteien aufgreifen, rechts liegen. Das Feld wird damit den intoleranten Nationalisten überlassen. Die andere Reaktion ist, sich auf die extreme Rechte zu fixieren, den bestehenden Trend maßlos zu übertreiben und andere Gefahren zu sehen als die, die tatsächlich bestehen.

Ich möchte einen dritten Weg vorschlagen, nämlich den, den Trend genauer in den Blick zu nehmen. Dazu muss man sich mehr als ein oder zwei westeuropäische Parteien anschauen. Man muss auch die Unterschiede zwischen diesen Parteien beachten. Kurz gesagt, wenn Wolin die norwegische Fortschrittspartei zusammen mit der FPÖ, der BNP, den Schwedendemokraten und Jobbik in einen Topf

wirft, kann das helfen, einen Trend zu beschreiben. In jeder anderen
Hinsicht ist es aber nicht hilfreich.

„Jede Partei ist vor dem Hintergrund des eigenen Landes und
der eigenen Geschichte zu sehen", sagt der Politikforscher Jos de
Beus in einem Interview mit der niederländischen Zeitung *NRC
Handelsblad* (Leijendekker 2009). Er fügt hinzu:

> „Nehmen wir Pim Fortuyn. Man muss ihn in die antiautori-
> täre Tradition der Niederlande stellen. Tatsächlich war er ein
> weiterentwickelter 68er. Das ist etwas vollkommen Anderes
> als zum Beispiel Filip Dewinter vom Vlaams Belang."

Dennoch, sagt de Beus, ein paar Gemeinsamkeiten seien zu finden.
Er nennt vor allem zwei: einerseits eine Bewegung gegen die
Globalisierung, gleich ob es dabei um Einwanderung geht oder
um Firmen, die von ausländischen Investoren aufgekauft werden.
Andererseits richtet sich die Bewegung gegen das politische System,
angefangen „mit der Vorstellung von einer politischen Klasse (...), die
den Kontakt zu den Wählern verloren hat" (ebenda).

Anti-Globalisierung und antipolitische Haltung gehen oft Hand
in Hand mit Opposition gegen die Europäische Union oder zumindest einer starken Euroskepsis und Opposition gegen bestimmte
Aspekte der EU, wie etwa dem Euro oder dem Abkommen von
Schengen. Im Europäischen Parlament und in vielen nationalen
Parlamenten gibt es auf der linken Seite nur noch wenige euro-
skeptische Hardliner. Das hat für rechtspopulistische Parteien
eine neue politische Lücke geschaffen, und sie sind bemüht, sie
zu füllen. In den Niederlanden warb die PVV für „weniger Europa"
und „mehr Niederlande". In Großbritannien stellte sich die BNP
gegen die Europäische Union und den Euro. Die weniger radikale
UK Independence Party verteilte im Wahlkampf Handzettel mit
der Parole „Sagt nein zur Europäischen Union – wählt UKIP". Die
Dansk Folkeparti zog mit einem Lastwagen mit fünf Europaflaggen
und einer dänischen Flagge durch ganz Dänemark, darauf der
Slogan: „Die große EU-Lotterie – finden Sie fünf Fehler." In Ungarn

spricht Jobbik vom „Cowboy-Kapitalismus" und von der angeblich anti-ungarischen Politik der Europäischen Union (Hockenos 2010). In Bulgarien ist Ataka gleichfalls euroskeptisch, obwohl die Partei stärker gegen den EU-Beitritt der Türkei agitiert. Nicht in jeder rechtspopulistischen Partei in Europa ist eindeutige Euroskepsis festzustellen, aber es wäre falsch, diesen Teil der Botschaft ganz zu übersehen, denn dieses antipolitische Element hat Anteil am politischen Erfolg.

Ein anderer gemeinsamer Nenner ist natürlich die Fremdenfeindlichkeit – aber diese Fremdenfeindlichkeit nimmt je nach Land sehr unterschiedliche Formen an. Im Westen richtet sie sich immer mehr auf den Islam und auf einen angeblichen Prozess der „Islamisierung". Manchmal geschieht dies vor dem Hintergrund reiner Verschwörungstheorien, wie etwa der „Eurabia"-Theorie, mit der die in Ägypten geborene jüdische Wissenschaftlerin Bat Ye'or hausieren geht. In ihrem langatmigen Buch (2005) stellt Bat Ye'or die Behauptung auf, es gebe einen gezielten Plan, Europa zu „arabisieren", einen Plan, an dem eine Reihe hochrangiger Politiker und Akademiker beteiligt seien – und sogar der Vatikan. Zwar gibt es hier deutliche Entsprechungen zu bestimmten Formen des Nationalismus auf dem Balkan[1], aber die Fremdenfeindlichkeit von Jobbik, der Slowakischen Nationalpartei (SNS) und Partidul Romania Mare (PRM) ist entschieden anders. Diese Parteien haben andere Minderheiten im Visier, wie die Roma und – in der Tat – die Juden. Ein sprechendes Beispiel für Letzteres: In einer Story über den ungarischen Antisemitismus versuchte *Spiegel Online*, von Jobbik eine Antwort zu bekommen. Ein Zitat aus dem Artikel:

> „Es ist schwierig, irgendeinen Führer der rechtsradikalen Jobbik-Partei zu treffen, der Bewegung für ein besseres Ungarn. Jobbik betrachtet internationale Journalisten

— — —

1   In seinem Buch „Hatet mot muslimer" (Der Hass auf die Moslems, 2009) gibt der schwedische Autor und Ökosozialist Andreas Malm einen aufschlussreichen Überblick über die antiislamische Propaganda in Serbien und vergleicht sie mit westeuropäischem anti-islamistischem Gedankengut.

grundsätzlich als Feinde. Zsolt Varkonyi, 54, Leiter der Jobbik-Wahlkampagne im April, erklärte sich schließlich bereit, mit dem *Spiegel* zu sprechen. Das Treffen fand im Deryne statt, einem Restaurant in Buda, in dem sich ein schickes, multiethnisches Publikum trifft. Zur Begrüßung fragt Varkonyi: „Na, haben Sie ihre liberalen Kontakte schon alle getroffen? Sind Sie schon durch mit der jüdischen Mafia?" (Follath 2010)

Die PRM und die SNS sind außerdem extrem anti-ungarisch, während Jobbik in dem nach dem Ersten Weltkrieg geschlossenen Vertrag von Trianon, bei dem Ungarn große Teile seines Staatsgebiets verlor, eine „nationale Tragödie" sieht (Vona 2010). Jobbik steht der slowakischen Politik in Bezug auf die ungarische Minderheit sehr kritisch gegenüber und ebenso (wenn auch nicht ausdrücklich) der Slowakei selbst, „einem Land, das es historisch nie gegeben hat" (Außenpolitisches Komitee von Jobbik 2010). Ist man nur auf den Trend zum Rechtsradikalismus fixiert, kann man leicht die Tatsache übersehen, dass sich Jobbik und SNS in direktem Konflikt miteinander befinden.

In der Tat, als die Allianz der Europäischen Nationalen Bewegungen – ein Versuch, eine internationale Organisation rechtsextremer Parteien zu gründen –, im November 2009 eine Pressekonferenz zum Beitritt der BNP zu der Gruppe gab, betonte Zoltán Balczó, Jobbik-Abgeordneter im Europäischen Parlament,

„dass die Allianz zwar nationalistische Parteien aus ganz Europa willkommen heiße, dass aber für chauvinistische Extremisten wie die großrumänische Partidul Romania Mare (PRM) oder die Slowakische Nationalpartei oder andere Gruppierungen mit anti-ungarischen Zielsetzungen kein Platz sei" (Jobbik 2009).[2]

Wohlgemerkt, einige von Jobbiks Verbündeten in dieser Gruppierung waren früher in der paneuropäischen Gruppierung IST mit der rumänischen PRM verbündet – eine Geschichte, auf die ich zurückkommen werde.

Die extremen Rechten könnten die europäische Politik in eine fremdenfeindlichere Richtung drängen, und sie könnten tatsächlich den Prozess der europäischen Integration verlangsamen oder gar umkehren.

Auch wenn der Konflikt zwischen SNS und Jobbik ein extremes Beispiel darstellt, ist er keineswegs der einzig nennenswerte. Die Politik der extremen Rechten im früheren Ostblock wird häufig „von Gebietsansprüchen von Organisationen und Bewegungen aus diesem politischen Spektrum" begleitet, die „einen wesentlichen Teil ihrer politischen Propaganda ausmachen" (Mareš 2009). Das Aufeinanderprallen der unterschiedlichen historischen Vermächtnisse und Mythen haben „zu vielerlei Auseinandersetzungen zwischen Organisationen der extremen Rechten aus den unterschiedlichen Ländern geführt" (ebenda) Im Westen ist das weniger offensichtlich, aber selbst Søren Krarup, Vertreter der scheinbar gemäßigteren dänischen Nationalisten von der Dansk Folkeparti, hat seiner Hoffnung Ausdruck gegeben, dass „die Bevölkerung in Südschleswig [in Norddeutschland] erkennt, wohin sie wirklich gehört – dass sie in Wahrheit dänisch ist" (TV 2 /Fyn).

Solche konkurrierenden Nationalismen machen eine grenz-überschreitende Zusammenarbeit für Nationalisten schwieriger als etwa für Liberale, Sozialisten oder Grüne. Während die Ideen und die Ideologie sich ausbreiten, ist der Nationalismus immer auch in besondere und oft konfliktträchtige nationale Zusammenhänge verwickelt, wie der entschieden belgische Front National (nicht zu verwechseln mit der wesentlich stärkeren französischen Partei gleichen Namens) und der ebenso entscheiden flämische Vlaams Belang deutlich machen. Mit anderen Worten: Die extreme Rechte mag gewisse europäische Träume teilen, aber ihre Ziele sind und bleiben national.

▬ ▬ ▬

2   Die Gruppe war einen Monat zuvor von Jobbik, Front National (Frankreich), Fiamma Tricolore (Italien), Nationaldemokraterna (Schweden) und Front National (Belgien) gegründet worden. Nach einem Bericht auf der Website der British National Party vom Juni 2010 gehören inzwischen auch Svoboda (Ukraine), Partido Nacional Renovador (Portugal) und Movimiento Social Republicano (Spanien) zu den Mitgliedern.

Es gibt jedoch noch weitere Hürden für eine effektive europäische Zusammenarbeit auf der extremen Rechten. Wie ich schon in einem Artikel für die norwegische Wochenzeitung *Morgenbladet* bemerkt habe (Strømmen 2009) dürfte die norwegische rechtspopulistische Partei Fremskrittspartiet (FRP = Fortschrittspartei) kaum an einem Bündnis mit der BNP oder dem Vlaams Belang interessiert sein, sollte Norwegen der Europäischen Union beitreten (was im Augenblick recht unwahrscheinlich ist, da die Euroskepsis in Norwegen ein Allzeithoch erreicht hat). Speziell im vergangenen Jahrzehnt sind rechtspopulistische Parteien mit faschistischer Vergangenheit in Bedrängnis durch Parteien geraten, die dezidiert keine faschistischen Wurzeln haben, und die FRP ist ein frühes Beispiel für die Letztgenannten. Wenn die Partei auch Verbindungen zum Gedankengut des französischen Populisten Pierre Poujade hat, mischt sie doch ganz nach Belieben liberale, konservative und sozialdemokratische Vorstellungen mit anti-islamistischen (und manchmal anti-islamischen) oder Anti-Immigrations-Phrasen. Die ideologische Kluft – selbst zu den Schwedendemokraten – ist so gut wie unüberwindlich. Ebenso scheint eine formelle Zusammenarbeit zwischen Geert Wilders und der BNP so gut wie ausgeschlossen. Selbst wenn keine ideologischen Differenzen dagegen sprechen, tun es doch die politischen Kosten einer solchen Kooperation.

Es gibt jede Menge weitere Hindernisse. Vlaams Belang vertritt eine ziemlich rechte Wirtschaftspolitik, die BNP und der SNS sind in dieser Hinsicht eher auf der linken Seite zu finden. Wilders bezeichnet sich selbst als Unterstützer Israels, während Kriztina Morvai, Europaabgeordnete von Jobbik, wegen antisemitischer Äußerungen heftige Kritik einstecken musste. Von Wolen Siderow, dem Führer von Ataka, weiß man, dass er 2002 eine „revisionistische" (d. h. den Holocaust leugnende) Konferenz in Moskau besucht hat, an der auch der frühere Grand Wizard des Ku-Klux-Klan und notorische Antisemit David Duke ebenso wie der berüchtigte schwedisch-marokkanische Holocaust-Leugner Ahmed Rami teilgenommen haben. Als Kritiker des Vlaams Belang darauf hinwiesen, verschwand ein Foto von Wolen Siderow und einer lächelnden Marie

Rose Morel (Vlaams Belang) prompt von der Website der flämischen Partei (siehe auch Verhofstadt 2005). Die Zusammenarbeit ging in Ordnung, allein die politischen Kosten der plötzlichen Publizität waren für eine Partei der extremen Rechten mit überaus schillernder Vergangenheit nicht tragbar.

Vermächtnis

Ich möchte jetzt einen kleinen Rückblick unternehmen. Seit dem Ende des Zweiten Weltkrieges hat es eine ganze Reihe von Ansätzen zu einer europaweiten Zusammenarbeit der extremen Rechten gegeben. Tatsächlich wurde „eine beliebte Erklärung der Niederlage (...) der Vorwurf gegen Mussolini und Hitler, zu engstirnig nationalistisch gedacht und die wahre historische Sendung des Faschismus nicht erkannt zu haben, nämlich die Rettung der europäischen Zivilisation als Ganze vor der Vernichtung durch Bolschewismus und Amerikanisierung" (Griffin 2000).

Einige bekannte Gestalten im Nachkriegsfaschismus, etwa der amerikanische Theoretiker Francis Parker Yockey und der britische Faschistenführer Oswald Mosley, glaubten an so etwas wie Paneuropäismus: „Europa als Nation". Dieser Gedanke war keineswegs neu. In einem Essay von 1956 schreibt Mosley:

„Die Führer des Faschismus und des Nationalsozialismus haben erst in den 1940ern an eine irgendwie geartete europäische Bewegung gedacht, die den Nationalismus überschreiten sollte. Aus meiner eigenen Erfahrung kann ich von der sehr wohlwollenden Aufnahme eines Artikels von mir berichten, der auf englisch „The World Alternative" hieß und in Deutschland 1937 in der *Zeitschrift für Geo-Politik* veröffentlicht wurde."

Im selben Essay stellte Mosley fest, wünschenswert „sei eine Synthese der besten Elemente des Faschismus mit der alten Demokratie und ein neues Denken, um den neuen Realitäten des neuen Zeitalters gerecht zu werden". Der Essay wurde in einem Magazin namens *Nation Europa* publiziert, das 1951 von dem früheren SS-Sturmbannführer Arthur Ehrhardt gegründet worden war. *Nation Europa* im Einzelnen hier darzustellen, ist in diesem Artikel nicht der Platz, aber es ist festzuhalten, dass die Zeitschrift in den Jahrzehnten ihrer Existenz Artikel und Interviews von einer Reihe wohlbekannter Gestalten der europäischen extremen Rechten veröffentlicht hat, unter ihnen Franz Schönhuber (siehe Bundesamt für Verfassungsschutz 2004) und Jean-Marie Le Pen (siehe z.B. Griffin 1993).

Der Gedanke eines neuen, paneuropäischen Faschismus führte auch zur Gründung solcher Organisationen wie dem Nouvel Ordre Européen, der European Socialist Movement und den Faisceaux Nationaux et Européens (Griffin 2000). Roger Griffin stellt jedoch fest, dass „jeder Gedanke, die radikale Rechte habe im Eurofaschismus eine effektive Strategie für den Angriff auf die Festungen der Macht gefunden, auf der Stelle hinfällig wird, wenn man sich anschaut, wie viele inkompatible Modelle und Entwürfe daraus hervorgegangen sind: heidnische und katholische, nietzscheanische und okkultistische, nazistische (und antisemitische), faschistische, pro-britische, pro-französische und pro-ungarische" (ebenda).

Tatsächlich hatte keine dieser Organisationen eine nachhaltige Wirkung. Auch wenn allerlei Ideen über eine gemeinsame europäische Erbschaft und Identität (manchmal nur negativ ausgedrückt, durch die Unterscheidung zwischen „Europäern" und „Nichteuropäern" oder „Westlichen" und „Nichtwestlichen") in den neofaschistischen Bewegungen seit dem Zweiten Weltkrieg eine Rolle gespielt haben, gab es meistens nur eine lose Zusammenarbeit über die Grenzen hinweg, die zudem nur gelegentlich und fallweise erfolgte und sich wesentlich auf persönliche Beziehungen und nicht so sehr auf parteiliche Bindungen stützte. Die erfolgreicheren Parteien mit faschistischem Erbe – der französische Front National, der flämische Vlaams Blok/Vlaams Belang, die British National Party, der italienische MSI, die deutsche NPD etc. – haben ganz verschiedene Entwicklungen genommen, je nach den unterschiedlichen nationalen Zusammenhängen. Die Vorstellung von einer Art paneuropäischem faschistischem Reich ist geschwunden. Ein schlagendes Beispiel ist die Umbenennung von *Nation Europa* in den Neunzigern – die Zeitschrift wurde zu *Nation und Europa*.[3]

Auch förmliche Versuche der Zusammenarbeit sind fehlgeschlagen. Das jüngste Beispiel ist die europäische Parlamentariergruppe Identität, Tradition, Souveränität (ITS).[4] Dieser politische Zusammenschluss wurde am 9. Januar 2007 gegründet und bestand aus 23 Abgeordneten des Europäischen Parlaments – sieben vom Front National (Frankreich), fünf von Partidul Romania Mare (Rumänien), drei vom Vlaams Belang (Belgien/Flandern), drei von Ataka (Bulgarien), einer von Alternativa Sociale (Italien), einer von Fiamma Tricolore (Italien), einer von der FPÖ (Österreich) und zwei Unabhängige (einer aus Großbritannien und einer aus Rumänien). Der Zusammenschluss hatte nur elf Monate Bestand.

Was war geschehen? Nach dem vielbeachteten Mord an einem Italiener machte Alessandra Mussolini von den Neofaschisten – die Enkelin des Duce – abfällige Bemerkungen über Rumänen. Der Vorsitzende der PRM, Corneliu Vadim Tudor, antwortete darauf so:

> „Die Unkenntnis dieser Dame mit ihren Verallgemeinerungen, nach denen alle Rumänen wie Verbrecher leben und haarsträubende Verbrechen begehen, erinnert uns an ihren Großvater, den faschistischen Diktator Benito Mussolini" (zit. in Honor 2007).

Der grüne Europaabgeordnete Jean Lambert reagierte auf diesen Zwischenfall mit einem treffenden Kommentar:

„Die europäische Identitätskrise der extremen Rechten hat

---

3 Die Zeitschrift wurde 2009 eingestellt und ersetzt durch „Zuerst! – Deutsches Nachrichtenmagazin". (Anm. d. Red.)
4 Ein interessanter Beitrag zur Gründung von ITS wie zu früheren Versuchen ist Brunnwasser 2007.

ein vorhersehbares Ende gefunden, wodurch den Vorurteilen und dem Fanatismus, den diese Parteien fördern, ein erfreulicher Schlag versetzt wird. Diese Ansammlung unappetitlicher Europapolitiker wurde nur durch den Hass zusammengehalten – sei es auf andere Rassen, Nationalitäten, sexuelle Präferenzen oder, pikanterweise, auf die EU. Es war nur eine Frage der Zeit, bis sie sich im Hass aufeinander selbst zerfleischen." (2007)

Wie bereits gesagt, haben Parteien, die sich vor allem an ihre speziellen nationalen Identitäten klammern, größere Schwierigkeiten als viele andere, eine gemeinsame europäische Identität zu definieren. Die Frage ist, können sie diese offenkundige Hürde überwinden?

Die Neue Rechte

Meiner Einschätzung nach sind wirtschaftliche Gründe das Einzige, was die extreme Rechte in Europa stärker zusammenarbeiten lässt. Eine parlamentarische Gruppe im Europaparlament bedeutet Geld. Man kann dies vielleicht auch als die treibende Kraft hinter der gescheiterten ITS sehen. Könnte ein neuer Anlauf Erfolg haben? Vielleicht. Aber ob ihm lange Dauer beschieden wäre, muss bezweifelt werden. Bislang gibt die extreme Rechte im Europaparlament eine ziemlich traurige Gestalt ab und hat kaum eine Chance, dort etwas zu erreichen.

Dennoch denke ich, dass ihre Möglichkeiten unterschätzt werden. Zum einen sehen wir das Anwachsen einer neuen Neuen Rechten, die sich von der hauptsächlich französischen *nouvelle droite* wesentlich unterscheidet. Der Erfolg von Geert Wilders und seiner Partei könnte der Auftakt einer Welle ähnlicher Parteien in ganz Europa sein – Nationalisten der anderen Art, extrem fremdenfeindlich, aber ohne die dunkle Vergangenheit, die beispielsweise der Vlaams Belang hat. Wilders hat ganz offenkundig internationale Ambitionen, und er wird oft zu anti-islamischen Kundgebungen und

Demonstrationen ins Ausland eingeladen.[5]

Ein anderer Aspekt ist meiner Ansicht nach aber viel entscheidender. Der ehemalige belgische Außenminister Karel de Gucht von den Liberalen hat ein bedenkenswertes Buch geschrieben, das für diese Debatte sehr wichtig ist: „Pluche – over de banalisering van extreemrechts" (2007) („Plüsch – Über die Verharmlosung der extremen Rechten"). Ihm zufolge ist es den extremen rechten Parteien in Belgien und den Niederlanden nicht nur gelungen, den Liberalen Parlamentssitze abzunehmen, sie haben auch das liberale Selbstbewusstsein und Selbstverständnis beschädigt. In der Folge haben liberale Parteien bei der extrem Rechten Slogans und Programmpunkte abgekupfert, in der Hoffnung, die verlorenen Stimmen zurückzugewinnen. Man kann dasselbe auch von den Sozialdemokraten sagen, die unter Druck stehen, eine politische Linie einzuschlagen, die weder sozial noch sonderlich demokratisch ist.

„Es ist ein Balanceakt auf einem schmalen Grat – vielleicht sogar einem gar nicht vorhandenen – und ohne Sicherheitsnetz", schreibt De Gucht, der dafür plädiert, dass Liberale politischen Mut und ein neues Selbstbewusstsein hinsichtlich ihrer Ideale zeigen. Das, wage ich zu behaupten, trifft auch auf andere politische Gruppierungen zu.

Zugleich ist dies der Punkt, an dem die Wahlerfolge der extremen Rechten und der Rechtspopulisten eine ernsthafte Herausforderung darstellen. Sie könnten die europäische Politik in eine fremdenfeindlichere Richtung drängen, und sie könnten tatsächlich den Prozess der europäischen Integration verlangsamen oder gar umkehren.

Es ist ja schließlich verführerisch, den Widerstand Frankreichs gegen die Aufnahme Bulgariens ins Schengen-Abkommen als Folge fremdenfeindlicher und nationalistischer Einstellungen zu deuten. Darüber hinaus kann man kaum die Tatsache leugnen, dass einwan-

— — —

5   Man muss jedoch bedenken, dass für politische Bewegungen, die stark von charismatischen Führern abhängen, eine Zusammenarbeit schwierig sein kann – allein weil dann unterschiedliche Führerfiguren aufeinanderprallen.

derungsfeindliche Vorstellungen in Nord- und Mitteleuropa – im
Zusammenspiel mit der Dublin II-Verordnung zu Asylfragen – auf
die schwächeren Volkswirtschaften im Süden und Südosten zusätz-
lichen Druck ausüben und dort einen weiteren Rechtsruck auslösen
könnten. In dieser Hinsicht ist schmerzhaft offensichtlich, dass
der Ost-West-Gegensatz noch immer eine Rolle spielt und diese
Dynamik in die Hände nationalistischer Extremisten spielen könnte.

/

LITERATUR

Ataka: 20 principles of Ataka political party, unter: http://www.ataka.bg/en/index.
    php?option_com_content&task=view&id=14&Itemid=27
Bat Ye'or (d.i. Littmann, Gisèle) (2005): Eurabia: The Euro-arab Axis. Cranbury 2005.
Bundesamt für Verfassungsschutz (2004): Jahresbericht 2004.
British National Party (2010): Alliance of European National Movements expands
    to 9 parties. BNP news, 24. Juni 2010, unter: http://bnp.org.uk/news/alliance-
    european-national-movements-expands-9parties
Brunwasser, Matthew (2007): Bulgaria and Romania bolster far right profile in EU
    Parliament. The New York Times, 14. Januar 2007, unter: http://www.nytimes.
    com/2007/01/14/world/europe/14iht-right.4199708.html?_r=1
Follath, Erich (2010): Budapest experiences a new wave of hate. Spiegel
    online, 14. Oktober 2010, unter: http://www.spiegel.de/international/
    europe/=,1518,722880,00.html
Griffin, Roger (1993): Europe for the Europeans: Fascist Myths of the New Order 1922-
    1992. Ocassional Paper, Humanisties Research Centre, 1993.
Griffin, Roger (2000): Interregnum or Endgame? Radical Right Thought in the
    'Postfascist' Era. In: The Journal of Political Ideologies 5 (2): 163-78, 2000.
Gucht, Karel de (2007): Pluche – over de banalisering van extreemrechts. Antwerpen
    2007.
Hockenos, Paul (2010): Inside Hungary's anti-semitic right-wing. Global Post, 1. Juni
    2010, unter: http://www.globalpost.com/dispatch/europe/100528/hungary-
    jobbik-farright-party
Hustad, Jon (2010): EU raknar i saumane. Dag og Tid, 10. Dezember 2010.
Jobbik Foreign Affairs Committee (2008): Statement made by the Foreign Affars
    Committee. Jobbik.com, 9. Dezember 2008, unter: http://www.jobbik.com/
    jobbik-announcements/3043.html.
Jobbik (2009): AENM-Pressekonferenz in Brüssel. Jobbik.com, 11. November 2009,
    unter: http://www.jobbik.com/europe/3131.html.
Lambert, Jean (2007): Far-right political group in European Parliament collapses.
    Jean Lambert MEP, Pressemitteilung, 14. November 2007, unter: http://www.
    jeanlambertmep.org.uk/news_detail.php?id=243
Leijendekker, Marc (2009): Uiterst rechts en uiterst verdeeld. NRC Handelsblad, 9. Juni
    2009, unter: http://www.nrc.nl/europa/article2265724.ece.Uiterst_rechts_en_
    ook_uiterst_verdeeld

Lyubomudrov, Mark (2002): The New Holocaust Controversy, unter: http://eairc.
boom.ru/reports/lyubomudrov.html

Mareš, Miroslav (2009): The Extreme Right in Eastern Europe and Territorial Issues, in:
Central European Political Studies Review 11 (2-3): 82-106, 2009.

Mahony, Honor (2007): Far-right European parliament group on verge of collapse.
Euobserver, 8. November 2007, unter: http://euobserver.com/9/25115

Mosley, Oswald (1956): European Socialism, London 1956.

Strømmen, Øyvind (2009): Sprer angst for islam I EU. *Morgenbladet*, 10. Juli 2009,
unter: http://www.morgenbladet.no/apps/pbcs.dll/article?AID=/20090710/
OAKTUELLT/211831060

TV2/Fyn: Dieser Artikel ist leider nicht mehr verfügbar.

Verhofstadt, Dirk (2005): De twee gezichten van het Vlaams Belang. *Liberales.be*, 18.
November 2005, unter: http://www.liberales.be/columns/verhofstadtbelang

Vona, Gabor (2010): Europe kept silent. Interview, *Jobbik.com*, 22 Juni 2010, unter:
http://www.jobbik.com/feed/hungary/3180.txt

Wolin, Richard (2011): Ghosts of a Tortured Past: Europe's Right Turn, in: *Dissent* 58 (1):
58-65, 2011.

Qualität und Zukunft der Demokratie

■ **Zwei Jahrzehnte freie Wahlen in Mitteleuropa**
Von Soňa Szomolányi

Die Ergebnisse der Parlamentswahlen in Polen, Tschechien, der Slowakei und Ungarn zwischen Herbst 2005 und Sommer 2006 und besonders die sich daran anschließenden Formen der Regierungsbildung haben bei vielen Fachleuten Zweifel daran aufkommen lassen, ob die Demokratie in diesen Ländern wirklich so tiefe Wurzeln geschlagen hat, dass sie durch die Wahlerfolge populistischer Parteien mit unterschiedlichen ideologischen Profilen nicht erschüttert wird. Die Ereignisse, die im Jahr 2006 so tiefgreifende Sorge über das künftige Schicksal der Demokratie in diesen Ländern der sogenannten Visegrád-Gruppe hervorriefen, lassen sich wie folgt zusammenfassen: In Budapest kam es zu gewaltsamen Auseinandersetzungen bei Unruhen, nachdem Ministerpräsident Ferenc Gyurcsány zugegeben hatte, über den Zustand der ungarischen Volkswirtschaft bewusst falsche Angaben gemacht zu haben; ein lange andauerndes Patt während der Regierungsbildung in der Tschechischen Republik, das nur durch eine hauchdünne Mehrheit mit Hilfe zweier Überläufer von der CSSD[1] überwunden werden konnte; die Beteiligung von Nationalpopulisten an den Regierungskoalitionen Polens und der Slowakei; instabile Parteiensysteme (Szomolányi 2007).

Die größten Befürchtungen wurden hinsichtlich Polens und der Slowakei geäußert. Hauptgrund dafür war, dass sich dort die Wahlsieger, um eine Regierungsmehrheit zu sichern, mit Parteien

- - -

1   Die Tschechische Sozialdemokratische Partei (Anm. d. Red.)

zusammentaten, die für Parteien der Mitte eigentlich keine akzeptablen Partner waren.

Ivan Krastev machte einen Trend hin zu einem demokratischen Antiliberalismus in Mitteleuropa aus. Zur Stützung seiner These nannte er die populistische Regierungskoalition unter Führung der Brüder Kaczynski in Polen nach den Parlamentswahlen im Herbst 2005 und die Bildung einer Regierungskoalition aus Ficos Smer-SD, Meciars LS-HDZS und Slotas SNS nach den Parlamentswahlen im Juni 2006 in der Slowakei.

Im Herbst 2010 hatten Fachleute Gelegenheit zu prüfen, ob und in welchem Ausmaß die Befürchtungen über das Schicksal der Demokratien in den Ländern der Visegrád-Gruppe gerechtfertigt waren. In Polen, das den Trend zwei Jahre zuvor eingeleitet hatte, gab es 2007 vorgezogene Neuwahlen, bei denen die Bürgerliche Plattform (PO) eindeutig siegte, während die Populisten von der Samoobrona (SO) und der Liga Polnischer Familien (LPR) aus dem Parlament ausschieden. Im November 2007 bildete die PO unter Führung von Donald Tusk eine Regierungskoalition mit der Polnischen Bauernpartei (PSL). Das Verschwinden der Populisten aus dem Machtzentrum Polens wurde später durch die Präsidentschaftswahlen im Juli 2010 bestätigt, bei denen der PO-Kandidat Bronislaw Komorowski siegte.

Trotz der weit verbreiteten Erwartung, die Koalition aus Smer-SD, SNS und LS-HDZS werde die Slowakei weitere vier Jahre regieren, brachten die Parlamentswahlen von 2010 einen überraschenden Erfolg für eine demokratische Alternative durch die Mitte-Rechts-Koalition aus SDKÚ-DS, SaS, KDH und Most-Híd. Obwohl Robert Fico nach wie vor der beliebteste Politiker der Slowakei ist, war er dennoch der erste Ministerpräsident in der neueren Geschichte der Slowakei, der nach einer Amtszeit nicht wiedergewählt wurde.

Ein Vergleich der früheren Prognosen mit der Realität zeigt, wie problematisch es ist, auf Basis kurzfristiger Entwicklungen einen allgemeinen Trend auszurufen, besonders dann, wenn es sich um ein Horrorszenario handelt, mit dem man sich leicht blamieren kann. Die Fälle Polen und Slowakei veranlassten zu Kommentaren wie „Der Populismus erobert Mitteleuropa" (Jacques Rupnik 2006) oder „Alle mittel- und osteuropäischen Länder in der Krise nach dem Sieg der Demagogie" (Bronislaw Geremek 2006). Die jüngsten Wahlen in mittel- und osteuropäischen Ländern zeigen jedoch, dass frischgebackene Demokratien genauso wie etablierte in der Lage sind, nach einem vorübergehenden Ausrutscher mittels demokratischer Verfahren das Gleichgewicht wiederherzustellen. Bedenken sollte man schließlich auch, dass viele ältere EU-Mitgliedstaaten aus neuerer Zeit reichlich Erfahrung mit der Regierungsbeteiligung nationalpopulistischer Parteien haben. Das war nicht nur in Österreich mit Jörg Haiders Freiheitspartei (FPÖ) der Fall, die 2000 in eine von Wolfgang Schüssel geführte Regierungskoalition mit der Österreichischen Volkspartei (ÖVP) eintrat, sondern vorübergehend auch in Italien, den Niederlanden und Dänemark.

In diesem Beitrag möchte ich versuchen, Antworten auf folgende Fragen zu finden: Gibt es einen gemeinsamen Trend in allen vier Ländern der Visegrád-Gruppe? Was sind ihre Gemeinsamkeiten, und wo liegen die spezifischen Unterschiede? Welches der Visegrád-Länder läuft am ehesten Gefahr, sich vom traditionellen Modell der liberalen Demokratie zu verabschieden?
Die ziemlich umfängliche Fragestellung, welche Auswirkungen die jüngsten Parlamentswahlen in den Ländern der Visegrád-Gruppe auf die Qualität der Demokratie haben, soll auf drei Aspekte eingegrenzt werden, die für die Analyse der Wahlergebnisse und ihrer Folgen relevant sind:
1. Wahlbeteiligung
2. Mechanismen der politischen Rechenschaft
3. Stabilität des Parteiensystems und Regierungswechsel.

Wahlbeteiligung

Die klassische Theorie der liberalen Demokratie, die sich zum Zeitpunkt ihres Entstehens nicht auf empirische Forschung stützen konnte, ging von aktiven Bürgerinnen und Bürgern aus, die an

Politik interessiert sind und über die Parteien am öffentlichen Leben teilnehmen. Ihr politisches Interesse drückt sich in einer aktiven Beteiligung an Wahlen aus. Empirische Untersuchungen über das Verhalten der Wählerinnen und Wähler in der zweiten Hälfte des 20. Jahrhunderts haben gezeigt, dass eine hohe Wahlbeteiligung für den Erhalt einer stabilen Demokratie nicht unabdingbar ist. Ganz im Gegenteil, nach einigen demokratischen Funktionalisten ist ein bestimmter Grad an Passivität unter Umständen sogar förderlich für die Stabilität der Demokratie (Svenson 1995). Im Gegensatz zur normativen Demokratie und auf der Basis empirischer Untersuchungen vertreten einige Autorinnen und Autoren mittlerweile die These, dass die Weigerung mancher Bürger, am politischen Prozess teilzunehmen, für die Demokratie nicht notwendig schlecht oder schädlich sein muss (Broughton 2002). Trotz dieser revisionistischen Sicht wird die, verglichen mit den etablierten europäischen Demokratien, geringere Wahlbeteiligung in den mittel- und osteuropäischen Ländern oft als problematisch angesehen.

Quantitative Indikatoren belegen beträchtliche Unterschiede. Obwohl die Wahlbeteiligung in den alten EU-Staaten leicht nachlässt, pendelt sie noch immer um 70 bis 80 Prozent. In den Visegrád-Ländern hingegen kann man gegenüber den 1990ern einen dramatischeren Rückgang der Wahlbeteiligung beobachten.

Die fünften freien Parlamentswahlen 2002 waren keine Angelegenheit auf Leben und Tod, sondern eine Abstimmung über die Effektivität der Demokratie (Szomolányi 2003). Diese zunächst ungesicherte These ist seitdem von den politischen Entwicklungen untermauert worden. Mit diesen Wahlen begann auch ein deutlicher Rückgang der Wahlbeteiligung. In dieser Sicht ist der allgemeine Rückgang der Wahlbeteiligung im Lauf des letzten Jahrzehnts Beleg dafür, dass die grundsätzliche Bedeutung von Parlamentswahlen in den Visegrád-Ländern nachgelassen hat und sie nur noch dazu dienen, den fairen Wettbewerb zwischen den Parteien sicherzustellen und zu ermitteln, wer die Regierung bilden darf.

Wenn man das Wahlverhalten untersucht, sollte man nicht nur auf die Wahlbeteiligung schauen, sondern auch auf die

Zusammensetzung der Wählerschaft.
Russell J. Dalton, Verfechter einer
Demokratiepolitik, weist darauf hin, dass die
Wahlbeteiligung in den meisten westlichen
Ländern gesellschaftlich und demographisch
verzerrt ist, da speziell Wählerinnen und
Wähler mit höherer Bildung überrepräsentiert
sind. Für Dalton gefährdet die wachsende
Kluft zwischen Bürgerinnen und Bürgern mit höherer und geringerer
Bildung, die dazu führt, dass letztgenannte unterrepräsentiert sind,
die repräsentative Natur des Systems (Dalton 2002). Ob dieses
Missverhältnis auch die Tatsache erklärt, dass in den politischen
Eliten dieser Länder weniger Populisten vertreten sind, ist eine
andere Frage. In einigen mittel- und osteuropäischen Ländern lässt
sich ein umgekehrtes Missverhältnis feststellen: 2005 in Polen
und in der Slowakei während der gesamten 1990er Jahre waren
die weniger gebildeten Wählerinnen und Wähler überrepräsentiert. Die Grundfrage dieses Abschnitts ist deshalb, ob sich die
Zusammensetzung der Wählerinnen und Wähler in den Ländern der
Visegrád-Gruppe verändert hat.

Sieht man sich die Lage seit 2000 an, kann man, etwas
vereinfacht, zu dem Schluss kommen, dass sich auf der Ebene der
soziostrukturellen Merkmale die Einstellungen der Wählerinnen und
Wähler wie folgt einordnen lassen (wobei sich die Grenzen mehr
oder weniger überschneiden und aufeinander folgen): modernisierte
gegen historisch randständige Regionen; städtische gegen ländliche
Wahlkreise; „Gewinner" gegen „Verlierer" des sozioökonomischen
Wandels. Zwar sind diese Trennlinien in Polen am deutlichsten
ausgeprägt, aber dieselbe soziostrukturelle Teilung findet sich
auch in der Slowakei (große Städte gegen kleine Orte), in Ungarn
(Budapest gegen die ländlichen Gebiete) und bis zu einem gewissen
Grad sogar in der Tschechischen Republik. Zu den Merkmalen des
„Verliererlagers" in Polen gehören geringere Bildung, geringeres
Einkommen und eine besonders starke Religiosität (Stanley 2011).
Das zuletzt genannte Merkmal darf als polnische Besonderheit

Frischgebackene Demokratien sind, genauso wie etablierte, in der Lage, nach einem vorübergehenden Ausrutscher mittels demokratischer Verfahren das Gleichgewicht wiederherzustellen.

angesehen werden und hat vermutlich mit der traditionell starken Stellung der katholischen Kirche zu tun, die selbst das kommunistische Regime nicht schwächen konnte.

Man kann durchaus den Schluss ziehen, dass trotz der allgemein sinkenden Wahlbeteiligung im zweiten Jahrzehnt demokratischer Wahlen in den Ländern der Visegrád-Gruppe die jüngsten Wahlen von 2010 darauf hindeuten, dass der Abwärtstrend sich verlangsamt und sich die Beteiligung bei vielleicht 55 bis 60 Prozent einpendeln wird. Aus struktureller Sicht mag das soziodemographische Missverhältnis bei der Wahlbeteiligung nicht so ausgeprägt sein, wie Dalton behauptet; im Vergleich zu früheren Jahren kann man jedoch von einer Verschiebung zu einer relativ höheren Beteiligung von Wählerinnen und Wählern aus städtischen Regionen und mit höherem Bildungsstand sprechen. Insgesamt deutet dies auf eine Verschiebung in Richtung jenes sozioökonomischen Modells von Wahlverhalten hin, das typisch für entwickelte westliche Länder ist – und damit zugleich für ein „Aufholen bei der Modernisierung" (Pop-Eleches 2007).

Mechanismen der politischen Rechenschaft

In einer parlamentarischen Demokratie gelten Wahlen als der oberste Steuerungsmechanismus für politische Rechenschaftspflicht (Strom et al. 2006). Mit anderen Worten, freie und faire Wahlen sollen sicherstellen, dass die Elite sich gegenüber der Öffentlichkeit verantwortlich verhält und zur Rechenschaft gezogen werden kann (Dalton 2002). Mit ihrer Unterstützung oder Ablehnung „erstellen" die Wählerinnen und Wähler sowohl für die Regierungs- wie für die Oppositionsparteien „eine Bilanz". Dieser Ansatz geht von klaren Wahlalternativen aus, die einen Regierungswechsel erlauben, ohne dass dadurch die Demokratie gefährdet würde. Haben die Wählerinnen und Wähler keine glaubwürdigen politischen Alternativen, besteht immer die Gefahr, dass Wert und die Legitimität von Wahlen angezweifelt werden, was sich auf die Wahlbeteiligung auswirken kann.

Ich möchte nun einen Blick auf die Visegrád-Staaten unter dem Gesichtspunkt der Wahlen als Steuerungsmechanismus politischer Rechenschaft werfen. Die Grundfrage ist, ob die Wählerinnen und Wähler in den neuen Demokratien in der Lage sind, die Politikerinnen und Politiker für ihr Handeln zur Rechenschaft zu ziehen, und ob sie die Wahlen dazu nutzen, sie zu kontrollieren. Ganz im Gegensatz zur weit verbreiteten Skepsis in Bezug auf die Reife der Wählerinnen und Wähler in neuen Demokratien, kommt Andrew Roberts auf Basis von 34 Wahlen in zehn Ländern Mittel- und Osteuropas zu dem Schluss, dass die Wählerinnen und Wähler dort ihre Volksvertreter geradezu übermäßig zur Rechenschaft ziehen. Konkret bedeutet dies, dass in der Regel alle Regierungsparteien erhebliche Einbußen erleiden, die sich jeweils nur dem Umfang nach unterscheiden (Roberts 2008). Die Frage ist, ob Zeichen einer so allgemeinen Abstrafung der Verantwortlichen für ihre Wirtschaftspolitik auch bei den Wahlen 2010 zu erkennen waren.

Seit 2002 wurde Ungarn in zwei aufeinanderfolgenden Legislaturperioden von der Sozialistischen Partei Ungarns (MSZP) regiert, einer Mitte-Links-Partei, die bei den Parlamentswahlen im April 2010 eine vernichtende Niederlage erlitt, vor allem wegen ihrer Unfähigkeit, die wirtschaftlichen Probleme des Landes zu lösen. Durch ihre stark im Rückblick auf die vergangenen Jahre getroffene Wahlentscheidung machten die Wählerinnen und Wähler den Führer der Regierungskoalition aus Sozialisten und Liberalen für die Wirtschaftskrise verantwortlich, und die Linke Ungarns wurde zur Randerscheinung. Selbst ein letztes verzweifeltes Manöver im Mai 2009, bei der die Regierung Gyurcsányi durch ein Notkabinett unter Führung von Gordon Bajnai ersetzt wurde, dem es gelang, den Staatsbankrott abzuwenden, konnte sich das Image der Sozialisten vor den Wahlen nicht mehr verbessern. Im Hinblick auf die allgemein schwierige Wirtschaftslage des Landes, kann die Niederlage der beiden Regierungsparteien nicht als Beleg für die These dienen, Regierungsparteien würden übermäßig abgestraft. Es handelt sich um ein ganz normales Beispiel dafür, dass Wählerinnen und Wähler die Regierenden für eine schlechte wirtschaftliche Situation verantwortlich machen.

Eine der beiden neuen Parteien im ungarischen Parlament war die Bewegung für ein besseres Ungarn (Jobbik), eine Partei der extremen Rechten, die von der Welle der Enttäuschung und Frustration in den wirtschaftlich marginalisierten Regionen profitierte, besonders im ungarischen Nordosten, einer traditionellen Hochburg der Sozialisten. Die Unfähigkeit der etablierten Parteien, die sozialen und wirtschaftlichen Probleme in den Griff zu bekommen, eröffnete dieser extremistischen Partei, die mit ihren Slogans gegen Roma zusätzlich punktete, große Chancen, besonders in Regionen mit hoher Roma-Bevölkerung. Die zweite neu gegründete Partei, „Politik kann anders sein" (Lehet Más a Politika, LMP), war besonders erfolgreich in wirtschaftlich gut entwickelten Regionen, was angesichts ihres postmateriellen Profils aus Umweltschutz- und Menschenrechtspolitik nicht verwundert. Wie Jobbik hat auch die LMP in den Parlamenten der anderen Visegrád-Staaten keine Entsprechung.

Die Tschechische Republik ist das beste Beispiel dafür, wie Parteien zur Rechenschaft gezogen werden, insbesondere die beiden, die das Links-Rechts-Spektrum beherrschten, die Tschechische Sozialdemokratische Partei (CSSD) und die Demokratische Bürgerpartei (ODS), sowie auch in Hinblick auf die gezielte Abwahl diskreditierter Politiker. Die jüngsten Wahlen sollten jedoch nicht als Rundumschlag gegen die Regierenden verstanden werden, insbesondere deshalb nicht, weil das Land über ein Jahr lang (bis zu den Wahlen im Mai 2010), nachdem die Regierung von Miroslav Topolánek (ODS) im März 2009 zur Abdankung gezwungen wurde,[2] von einem Notkabinett unter Führung von Jan Fischer regiert wurde.

Einer Umfrage zufolge, die das Zentrum für Empirische Forschung (STEM) nach den Wahlen durchführte, war die Hauptmotivation der tschechischen Wählerinnen und Wähler Protest – entweder gegen die politische Lage im Land und die politische Führerschaft (29 Prozent), gegen die Zunahme der Staatsverschuldung (7 Prozent) oder gegen an ihren Ämtern klebende Berufspolitiker (14 Prozent). Insgesamt gaben fast die

Hälfte der Wählerinnen und Wähler an, sie seien in erster Linie aus Protest wählen gegangen.

Dieser ausgeprägte Protest gegen die beiden großen Parteien und der Wunsch, neue Gesichter in der Politik zu sehen, trug zum Wahlerfolg von Věci veřejné (VV) bei, einer neuen alternativen Partei, deren Wählerschaft am unzufriedensten mit der Bilanz der beiden großen Parteien war. TOP 09, die andere neue Partei, der der Einzug ins Parlament gelang, ist besonders für vormalige ODS-Wählerinnen und -Wähler eine Alternative sowie auch für junge Menschen. Die ODS erlitt die stärksten Einbußen in Prag, einer Hochburg der Partei, die an TOP 09 unter Führung des ehemaligen Außenministers Karel Schwarzenberg verloren ging.

In jedem der drei Visegrád-Länder, in denen 2010 Parlamentswahlen stattfanden, wurden zwei etablierte Parteien aus dem Parlament gewählt, zwei neu gegründete kamen hinzu. In Ungarn wurden die Liberalen (SZDSZ) und die Bürgerdemokraten (MDF) abgewählt, in der Tschechischen Republik waren es die Christlichen Demokraten (KDU-CSL) und die Grünen (SZ) und in der Slowakei die Populisten (LS-HDZS) und eine ethnische Partei (SMK). Gemeinsam ist allen drei Ländern, dass keine der aus dem Parlament gewählten Parteien erst kürzlich gegründet wurde; jede von ihnen war lange im Parlament vertreten und an Regierungen beteiligt. In Tschechien wie in der Slowakei kamen zwei neu gegründete Parteien nicht nur zum ersten Mal ins Parlament, sondern auch direkt in die Regierung. Offen bleibt, wie sich dies auf das Parteiensystem der beiden Länder und ihre Stabilität auswirken wird.

---

2   Die Interimsregierung beruhte auf einer Übereinkunft zwischen der ODS, der CSSD, den Grünen (SZ) und der Christlich Demokratischen Volkspartei (KDÚ-CSL) und sollte das Land ursprünglich bis zu vorgezogenen Neuwahlen regieren. Die Amtszeit dieses „unpolitischen" Kabinetts verlängerte sich aber, nachdem das Verfassungsgericht die für den Oktober 2009 von Präsident Václav Klaus angesetzte Neuwahlen annullierte. Das Kabinett erfreute sich bis zu den Wahlen im Mai 2010 großer öffentlicher Anerkennung.

Stabilität und Regierungswechsel

Aufgrund der Parlamentswahlen der letzten zehn Jahre hatte man geglaubt, in den Visegrád-Ländern gebe es Probleme mit der Stabilität des Parteiensystems, der Bildung, dem Zusammenhalt von Koalitionen und mit der Korruption (Birch 2007). Weil Wahlergebnisse auch als „Katalysator für Veränderungen im Parteiensystem" gelten (Sitter 2002), möchte ich jetzt darauf eingehen, wie sich die jüngsten Wahlergebnisse auf das Parteiensystem und auf die Festigung und Qualität der Demokratie auswirken.

Verschiedene Formen der Parteienkonkurrenz können Qualität und allgemeine Akzeptanz einer Demokratie beeinträchtigen. Um demokratische Legitimität zu erhalten, ist es unerlässlich, dass das Parteiensystem eine wirkliche Wahl zwischen dem, was ist, und zumindest einer anderen wählbaren Alternative bietet (Tóka 1997). Es scheint, dass die Stärkung der demokratischen Legitimität und der Qualität der Demokratie in den Visegrád-Ländern – trotz der strukturellen Instabilität ihrer Parteiensysteme (z. B. Niedergang der etablierten Parteien und Aufstieg vollkommen neuer Parteien mit weniger starker Wählerbindung) – mit einer anderen Dimension der Parteiensysteme zusammenhängt, die ihre Stabilität mitbestimmt – und zwar mit einem vorhersehbaren und berechenbaren Muster, nach dem sich Parteien in Regierung und Opposition abwechseln. Existiert ein solches Muster innerhalb eines bestimmten Parteiensystems, weist dies darauf hin, dass die Abläufe stabil sind.

Die Fragen nach der Offenheit des Parteienwettbewerbs und der strukturellen Stabilität des Parteiensystems sind im letzten Abschnitt implizit beantwortet worden. Der Einzug neuer Parteien in die Parlamente einerseits und das Verschwinden alter Parteien andererseits, etwas, das in allen drei Visegrád-Staaten, in denen 2010 gewählt wurde, zu beobachten war, belegt eine erhebliche Offenheit des Parteienwettbewerbs und eine strukturelle Labilität. Gemäß der oben gegebenen Definition kann man sogar sagen, dass die strukturelle Labilität der Parteiensysteme in den Visegrád-Staaten seit 2006 merklich zugenommen hat.

Es ist deshalb legitim zu fragen, worin der Zusammenhang besteht zwischen der Stabilität eines Parteiensystems und der Festigung der Demokratie.

Die strukturelle Labilität der mitteleuropäischen Parteisysteme hat merklich zugenommen.

Der aktuelle Stand in den Visegrád-Ländern zeigt, dass die Stabilität des Parteiensystems dort nicht besonders ausgeprägt ist, obgleich es hier und da zu wiederholten Regierungswechseln zwischen bestehenden Parteien kam. In jüngster Zeit wurde die Stabilität der Abläufe durch neu gegründete Parteien untergraben. Gleichzeitig gibt es jedoch keine hinreichenden Belege dafür, dass diese Anzeichen für Labilität die Demokratie gefährden oder die Legitimität des Parteiensystems untergraben. Ungarn zum Beispiel, das von den vier Visegrád-Staaten traditionell das stabilste Parteiensystem hatte, ist mehr und mehr dabei, die liberale Demokratie einzuschränken. Der politische Extremismus, der 2006 in gewaltsamen Auseinandersetzungen zutage trat, ist heute im Parlament vertreten. Ungarns Parlament hat zwar die geringste Zahl von Parteien (vier), andererseits ist es das einzige, in dem eine ideologisch extremistische Partei vertreten ist.

Auf der anderen Seite werden Polen, die Tschechische Republik und die Slowakei schon jetzt als gefestigte Demokratien gesehen, obwohl es ihren Parteiensystemen an Stabilität fehlt.

Was Polen betrifft, kann man in der Tat davon sprechen, dass die Wählerinnen und Wähler in der jüngeren Vergangenheit die Politik sehr stark zur Rechenschaft gezogen haben. Die bemerkenswerte Unbeständigkeit bei den politischen Führern, den Parteien und beim Wahlverhalten lässt Zweifel aufkommen, ob es in Polen stabile Muster für Regierungswechsel gibt (Millard 2009). Andererseits gilt Polen unter den mittel- und osteuropäischen Ländern als Beispiel für eine erfolgreiche Rückkehr zu einer ausgewogenen liberalen Demokratie, da bei den vorgezogenen Wahlen 2007 die PiS-Regierung der nationalkonservativen Brüder Jaroslaw und Lech Kaczynski abgewählt wurde und eine PO-geführte Koalitionsregierung unter Donald Tusk an die Macht kam. Mit anderen Worten, hier rückten die Wahlen eine Abweichung von den Prinzipien der liberalen Demokratie zurecht, die Anlass für die anfangs erwähnten Befürchtungen über das Schicksal der Demokratie in Mitteleuropa gewesen war.

Man könnte sagen, dass auch die Slowakei den sogenannten Huntington-Test erfolgreich bestanden hat, dem zufolge eine Demokratie dann als gefestigt gilt, wenn ein Regierungswechsel zwischen bestehenden Parteien zweimal erfolgreich stattfindet (Huntington 1991). Zwar öffnete sich die politische Landschaft bei den Wahlen von 2006 nicht, da keine neu gegründeten Parteien ins Parlament einzogen; die jüngsten Wahlen haben jedoch für eine Öffnung gesorgt, da zwei neu gegründeten Parteien der Einzug ins Parlament gelang. Langsam aber sicher scheint die Slowakei auf einen beständigen Wechsel zwischen nationalistischen und etatistischen Linksregierungen und Regierungen von Mitte-Rechts-Parteien zuzusteuern, die ein breites Wertespektrum aufweisen, das von Kulturkonservatismus und Marktwirtschaft bis zu liberal-konservativen und liberalen Standpunkten reicht. All diese Mitte-Rechts-Parteien sind zur Zusammenarbeit mit Parteien bereit, die die ungarische Minderheit im Land vertreten.

Da sechs Parteien im Parlament vertreten sind, kann man das Parteiensystem des Landes als moderat pluralistisch bezeichnen. Auch in Polen sind sechs Parteien im Parlament vertreten, zwei von ihnen sind allerdings sehr schwach. Dass im slowakischen Parlament im Vergleich zu Tschechien und Ungarn mehr Parteien vertreten sind, kann auch an der ausgeprägten ethnischen Spaltung des Landes liegen, die zur Gründung zweier Parlamentsparteien (SNS und Most-Híd) und einer nicht im Parlament vertretenen Partei (SMK) geführt hat.

Es gibt also gute Gründe, die in der Fachliteratur oft behaup-tete herausragende Wichtigkeit eines stabilen Parteiensystems für die Festigung der Demokratie zu bezweifeln. Radoslaw Markowski hat diese Frage untersucht, und er hat, auf Basis empirischer Untersuchungen zu Polens politischer Entwicklung, gezeigt, dass ein stabiles und institutionalisiertes Parteiensystem für die Festigung der Demokratie nicht so unbedingt erforderlich ist, wie das die

Institutionalisten behaupten. Markowski seinerseits kommt zu dem Schluss, die Institutionalisierung politischer Parteien sei keine Bedingung dafür, Veränderungen zu festigen, sondern sie stelle vielmehr deren Abschluss dar.

Im Zeitalter des globalen Fernsehens, des Internets und der sozialen Netzwerke ist es höchst unwahrscheinlich, dass sich die Parteiensysteme in den neuen Demokratien nach denselben Mustern bilden, wie es in den frühen Stadien der heute etablierten Demokratien der Fall war. Einerseits vergrößert der durch die modernen Kommunikationstechnologien für neue Parteien einfachere Wahlkampf die Unbeständigkeit der Parteienlandschaft, andererseits stärkt dies die Offenheit des Parteiensystems und -wettbewerbs. Der Fall Ungarn zeigt, dass ein Höchstmaß an Stabilität des Parteiensystems nicht unbedingt der Bestfall ist. Andererseits scheint ein gewisses Maß an struktureller Unsicherheit die allgemeine Stabilität der Demokratie nicht ernsthaft zu gefährden.

Schlussfolgerungen

Ich halte es für falsch, von Wahltrends für alle vier Visegrád-Staaten zu sprechen. Derartige Verallgemeinerungen sind aktuell nicht möglich, bedenkt man, dass es keine komplexen Fallstudien und keine systematischen empirischen Vergleichsstudien der Ergebnisse, der Folgen und der jeweiligen Zusammenhänge, unter denen die letzten Wahlen stattfanden, gibt. Dennoch lassen sich Gemeinsamkeiten und Unterschiede herausarbeiten.

Ein auf den ersten Blick geteiltes Merkmal ist, dass in allen vier Visegrád-Staaten Mitte-Rechts-Parteien an der Regierung waren. Diese Gemeinsamkeit ist jedoch rein formal, denn sie verdeckt die grundlegenden Unterschiede im ideologischen Profil der jeweiligen Parteien. Es liegen zum Beispiel Welten zwischen der nationalkonservativen Fidesz in Ungarn und der wirtschaftsliberalen ODS in Tschechien. Andererseits lassen sich viele Gemeinsamkeiten zwischen Fidesz und PiS ausmachen, der führenden Oppositionspartei in Polen, da beide Parteien den Akzent auf Nation, Kirche und Familie legen und für einen sozial orientierten Nationalkonservatismus stehen, der in Mitteleuropa eine lange Tradition hat. Die Worte des polnischen Publizisten Adam Michnik zu Kaczynski passen genauso gut auf Fidesz-Führer Viktor Orbán: „Meiner Ansicht nach glaubt Kaczynski kein bisschen an Demokratie", schrieb Michnik. „Er würde am liebsten alles kontrollieren, die Medien, die Gesetzgebung, die Rechtsprechung und den Bankensektor" (Michnik 2010).

Man sollte zudem bedenken, dass ähnliche Verbalattacken auf die liberale Wirtschaftsordnung, auf freie Medien, dass Kritik an der Arbeit von Nichtregierungsorganisationen und unabhängigen Bürgerinitiativen, Parolen für einen starken Staat und die Kontrolle von Banken und internationalen Konzernen in der Slowakei auf Pressekonferenzen von Smer-SD zu hören sind, einem wichtigen Partner der letzten Regierungskoalition, die sich als links bezeichnet. Das überrascht nicht, da Populisten auf beiden Seiten des politischen Spektrums mehr miteinander gemein haben als mit anderen Parteien im eigenen Spektrum. Aber die Tatsache, dass in allen Visegrád-Staaten Mitte-Rechts-Koalitionen die Regierung bilden, bedeutet noch keinen regionalen Trend.

Will man die grundsätzliche Ähnlichkeit der Wahlergebnisse in den Visegrád-Staaten erklären, sollte man deshalb besser einen induktiven Ansatz wählen und, um vorschnelle Verallgemeinerungen zu vermeiden, die jeweiligen Länder jedes für sich untersuchen – nicht nur, weil die Profile der jeweiligen Rechtsparteien ziemlich unterschiedlich sind, sondern auch, weil ihre gegenwärtige Regierungsbeteiligung sehr stark vom Zufall abhängt. Wäre zum Beispiel das Wahlergebnis der LS-HZDS um 0,7 Prozentpunkte besser gewesen, hätte die frühere Regierungskoalition aus Smer-SD, SNS und LS-HZDS im Amt bleiben und vier weitere Jahre regieren können.

Das eine gemeinsame Merkmal, dass es den Kräften des rechten politischen Flügels erlaubte, die Macht zu übernehmen, war die geringe Koalitionsfähigkeit der linken Parteien, die trotz

Wahlsiegen von der Macht verdrängt wurden.

So, wie die PiS in Polen bei den vorgezogenen Neuwahlen ihren ehemaligen nationalpopulistischen Partnern (d.h. SO und LPR) Stimmen abnahm, gewann in der Slowakei Smer-SD von seinen früheren Koalitionspartnern (d.h. LS-HDZS und SNS) Stimmen. Beide Parteien verbesserten damit zwar ihr Wahlergebnis, nahmen ihren einzigen möglichen Koalitionspartnern aber die Möglichkeit, Regierungen mit ihnen zu bilden. Andere mögliche Partner erklärten schon vor den Wahlen, sie wären nicht bereit mit Smer-SD zu koalieren. In der Tschechischen Republik und in der Slowakei bilden Linke im Parlament die stärksten Fraktionen, befinden sich aber dennoch in der Opposition. Die postkommunistischen Linksparteien in Polen und Ungarn sind hingegen in einem Maß an den Rand gedrückt worden, dass sie derzeit politisch fast bedeutungslos sind. Dennoch stellen diese Parteien zumindest eine wählbare Alternative dar, die demokratische Legitimität wird hiervon also nicht berührt.

Das hervorstechendste gemeinsame Merkmal ist der Einzug neuer Parteien ins Parlament, in Tschechien und der Slowakei sogar in die Koalitionsregierungen. Einerseits erschwert das die Vorhersagbarkeit von Regierungskonstellationen, andererseits können so neue Regierungen gebildet werden, die sich auf eine mehr oder weniger große Mehrheit im Parlament stützen. Das Fehlen dominanter Parteien kennzeichnet die regierenden Koalitionen in der Tschechischen Republik und in der Slowakei; die aus zwei Parteien bestehende Regierungskoalition in Polen wird von einer Partei dominiert, während in Ungarn eine einzige Partei das gesamte System beherrscht.

Wegen der strukturellen Labilität der Parteiensysteme oder der Unbeständigkeit der Einzelparteien können diese Regierungen nicht vollkommen stabil sein. Es gibt jedoch ein Muster des Wechsels, bei dem stabile etablierte Parteien mit neu gebildeten Parteien zusammengehen. In drei der Visegrád-Staaten können sich Mitte-Links und Mitte-Rechts-Koalitionen ablösen; nur in Polen befinden sich die beiden grundlegenden Alternativen derzeit auf der rechten Seite des Spektrums, so dass das Rotationsmuster Mitte-Rechts und

Rechts heißt. Die kommenden Wahlen 2011 werden mehr über die Stabilität oder Veränderlichkeit dieses Zustands besagen.[3]

Drei Visegrád-Länder werden derzeit von Koalitionen aus zwei bis vier Parteien regiert. Allein Ungarn wird von einer einzigen Partei regiert, die die Verfassungsmehrheit im Parlament hat.

Ein anderer Aspekt, in dem Ungarn sich abhebt, ist, dass es einen Trend zur antiliberalen Demokratie aufweist (Kratev 2007). Die Verfassungsmehrheit erlaubt es Orbán, Verfassungsänderungen vorzunehmen, ohne dafür im Parlament nach einem Konsens suchen zu müssen. Orbán hat bereits bewiesen, dass er seine Macht eher dafür nutzen wird, die Macht des Verfassungsgerichts einzuschränken, als sich von diesem bei der Umsetzung seiner politischen Ziele einschränken zu lassen.

Zwar würde es die komfortable Mehrheit Orbán erlauben, dringend nötige Reformen der öffentlichen Finanzen durchzuführen, seine Politik hat bisher aber vor allem das Ziel, die Macht von Fidesz zu zementieren, und geht die drängenden wirtschaftlichen Probleme nicht an.

Die jüngsten Entwicklungen in den vier Visegrád-Ländern bieten die Möglichkeit, die folgende Hypothese zu verifizieren, die auf der Grundlage der Ähnlichkeiten und Unterschiede beim Ausgang der letzten Wahlen formuliert wurde: Eine dominante Regierungspartei wird aus Angst, ihre komfortable Mehrheit einzubüßen, der Versuchung, zu populistischen Lösungen zu greifen, weniger widerstehen und gibt der öffentlichen Meinung eher nach als eine Koalitionsregierung ohne dominante Partei.

/

Dies ist eine gekürzte Fassung von Soňa Szomolányi: „Two Decades of Free Elections in Central Europe: What Do they Tell us About the Quality of and Future for Democracy?", in: Gyárfášova Olga und Mesežnikov, Grigorij (Hg.), Visegrád Elections 2010: Domestic Impact and European Consequences, Bratislava, Institute for Public Affairs, 2011.

▬ ▬ ▬

3   Die Wahlen haben inzwischen stattgefunden. Die alte Regierungskoalition PO/PSL regiert weiter. (Anm. d. Red.)

LITERATUR

Birch, Sarah (2005-2006): Elections, Electoral Systems and Party Systems in the Visegrád States. In: Parliamentary Elections and Party Landscape in the Visegrád Group Countries, hg. von Vít Hloušek, Roman Chytílek etc., Brünn 2005-2006.

Broughton, David (2002): Participation and Voting. In: Developments in West European Politics, hg. von Paul Heywood, Erik Jones und Martin Rhodes, Band 2. New York 2002

Dalton, Russell J. (2002): Citizen Politics: Public Opinion and Political Parties in Advanced Industrial Democracies. New York 2002.

Geremek, Bronislaw (2006): Kaczynští jsou vítesztvím demagogie. Lidové noviny, 10. Oktober 2006.

Huntington, Samuel P. (1991): The Third Wave: Democratization in the Late Twentieth Century. Norman 1991.

Krastev, Ivan (2007): Aj tak sa len mecú v jednom vreci. SME Fórum, 10. November 2007.

Michnik, Adam (2010): Svet podla Kaczynského, Putina a Meciara. SME Fórum, 13. November 2010.

Millard, Frances (2009): Poland: Parties Without a Party System, 1991–2008, in: *Politics & Policy* 37 (4): 781-798.

Pop-Eleches, Grigore (2007): Historical Legacies and Post-communist Regime Change, in: *The Journal of Politics* 69 (4): 908-926.

Roberts, Andrew (2008): Hyperaccountability: Economic voting in Central and Eastern Europe, in: *Electoral Studies* 27: 533-546.

Rupnik, Jacques (2006): Populizmus obcházi stredni Europu. Právo, 30. November 2006.

Sitter, Nick (2002): When is a Party System? A System's Perspective on the Development of Competitive Party Systems in East Central Europe, in: *Central European Political Science Review* 3 (7): 75-97.

Stanley, Ben (2011): "A Small Bottle of Champagne": The Polish Presidential Election 2010, in: Visegrád Elections 2010: Domestic Impact and European Consequences, hg. von Olga Gyárfšóvá und Grigorij Mesežnikov, 97-120. Bratislava 2011.

Strom, Kaare, Wolfgang C. Muller und Torbjörn Bergman (2006): The (Moral) Hazards of Parliamentary Democracy, in: Delegation in Contemporary Democracies, hg. von Dietmar Braun und Fabrizio Gillardi, 27-51. London 2006.

Svenson, Palle (1995): Teorie demokracie. Brünn 1995.

Szomolányi, Soňa (2007): Parlamentné volby v krajinách V4 2005-2006: dôvod k obavám? In: Parlamentni volby 2005-6 v zemích Visegrádske ctyrky [Parliamentary elections in V4 countries in 2005-2006], 15-28. Prag: CEVRO.

Szomolányi, Soňa (2003): Volby v krajinách V4 – co vypovedajú o stave demokracie v regione, in: Slovenské volby 02: Výsledky, dôsledky,súvilosti, ed. Grigorij Mesežnikov, Olga Gyárfášová und Miroslav Kollár, 11-30. Bratislava, 2003.

Tóka, Gábor: Strany a volby v strednej a východnej Európe, in: *Sociologický casopis* 33 (1): 5-25.

Scheinheiligkeit entschleiert

■ **Populisten und Frauenrechte**
Von Olga Pietruchova

Frauenkörper waren schon immer ein Schlachtfeld im Kulturkampf, der ideologischen Auseinandersetzung zwischen konservativen und liberalen Kräften. Heute benutzen Rechtspopulisten den Körper und die Rechte der Frau in ihrem Kampf um nationale Identität, gegen Multikulturalismus und gegen den wachsenden Einfluss der EU. Sie benutzen den Körper der Frau, um wesentlichere Probleme zu verschleiern und um die Debatte auf einfache, emotionale Botschaften zu reduzieren, die in Zeiten der Wirtschaftskrise für Stimmen sorgen sollen.

Die Strategie der Rechtspopulisten basiert darauf, ein Feindbild zu zeichnen. Der Feind, das sind „die Anderen", die, die unser gemeinsames Wohl gefährden. Ein Bild zu zeichnen ist eine erfolgreiche Medienstrategie. Mit Fakten und Argumenten zu arbeiten ist wesentlich weniger erfolgreich als mit emotional aufgeladenen Botschaften, die von Geschichten in Anzeigen und Werbespots gestützt werden. Die verschleierte Frau ist zum erfolgreichsten Feindbild der Rechtspopulisten geworden.

Kann man keinen Feind aus einem anderen kulturellen Zusammenhang aufbauen, greift man, wie in Mittel- und Osteuropa geschehen, gerne auf „die Anderen" jenseits der Landesgrenze zurück – das ist ein unabdingbarer Bestandteil des rechtspopulistischen Erfolgs. Man denke dabei nur an den nationalistischen Kampf zwischen der Slowakischen Nationalpartei und der ungarischen Jobbik. Aber auch innerhalb der eigenen Landesgrenzen lassen sich

„die Anderen" ausmachen. Dann beruht der Kulturkampf auf der Trennung zwischen der eigenen christlichen Kultur und der Kultur der „Anderen", wobei „wir" und „die Anderen" als Dichotomie dargestellt werden. So hat die katholische Kirche vor dem Hintergrund der Antiabtreibungsbewegung den Begriff der „Kultur des Lebens" geprägt und verwendet. Diese „Kultur des Lebens" wird einer „Kultur des Todes" gegenübergestellt, die laut katholischer Kirche diejenigen vertreten, die für Wahlfreiheit in dieser Frage eintreten. Im Zentrum der Auseinandersetzung stehen die reproduktiven Rechte der Frau und die Gleichberechtigung der Geschlechter.

Ziel dieses Beitrags ist es zu beleuchten, welche Frauenrechtsthemen von rechtspopulistischen Parteien in die Debatte um nationale/europäische Identität und Werte und somit in den politischen Mainstream getragen werden. Dabei soll erkundet werden, ob die europäischen Rechtspopulisten eine konsequente Position zu den Menschenrechten der Frau einnehmen und wie sie diese Rechte gebrauchen (oder missbrauchen), um ihre eigenen politischen Ziele zu verfolgen. Darüber hinaus soll die Kontroverse über dieses neu erwachte Interesse an der Gleichberechtigung der Geschlechter in Westeuropa analysiert werden. Und schließlich wird ausgeführt, warum die Rechtspopulisten bei der Durchsetzung universeller Frauenrechte für Grüne, Feministinnen und Menschenrechtsaktivsten keine geeigneten Partner sind.

Ich werde untersuchen, was sich hinter den Argumenten verbirgt, die in der Debatte um nationale Identität und Werte in Westeuropa vorgebracht werden und sie mit denen vergleichen, die in den mittel- und osteuropäischen Ländern zu finden sind. Die bedeutenden Kontroversen in dieser Debatte werden beleuchtet und in Beziehung zu feministischen und Menschenrechtspositionen gesetzt, die in den europäischen grünen Parteien im Allgemeinen vertreten werden. Schließlich werde ich die politische Partizipation von Frauen in rechtspopulistischen Parteien betrachten, da sie unter Umständen der deutlichste Indikator dafür ist, wie ernst diese Parteien die Gleichberechtigung der Geschlechter tatsächlich nehmen.

Christlicher Nationalismus

Die Suche nach nationaler Identität in den postkommunistischen Ländern Mittel- und Osteuropas, thematischer Schwerpunkt der Rechtspopulisten in dieser Region, zeichnet sich wesentlich durch die massive Abgrenzung von den früheren sozialistischen Werten und der Hinwendung zu den „grundlegenden christlichen Wurzeln der Nation" aus.

Die formelle Ablehnung des Kommunismus hatte einen positiven Einfluss auf die Ausbildung eines nationalen Bewusstseins, aber eine neue, demokratische politische Kultur konnte nicht sofort verankert werden. Das ist auf die Tatsache zurückzuführen, dass sich Politikerinnen und Politiker von ganz rechts bis ganz links populistischer und nationalistischer Phrasen bedienen und einen einfachen (häufig primitiven und ausdrucksstarken) Wertekanon bieten, um frustrierte Wählerinnen und Wähler zu mobilisieren. Diese beiden Merkmale verschmelzen oft zu einem nationalen Populismus, das heißt zu emotionalen Slogans, die die Einzigartigkeit der betreffenden Nation oder nationalen Identität betonen (Gallina).

Die Förderung der Emanzipation und des *empowerment* von Frauen, die im Sozialismus recht stark war, wurde von den neuen politischen Eliten ohne Rücksicht auf Verluste sofort und kategorisch beendet. Die Tatsache, dass sich die politischen Parteien vehement von den letzten vierzig Jahren distanzierten, wurde von ultrakonservativen, religiösen Kräften genutzt, um ihre eigenen politischen Ziele zu verfolgen, die Frauenrechten, insbesondere reproduktiven Rechten, Rechten Homosexueller sowie verschiedenen anderen Menschenrechten zuwiderlaufen. Das wurde möglich, weil es offensichtlich den meisten Politikerinnen und Politkern an einem grundlegenden Verständnis von Menschenrechten mangelte – eine Situation, an der sich bislang wenig geändert hat.

Frauen haben in den antisozialistischen Dissidentenbewegungen eine aktive Rolle gespielt, aber die neu entstehenden politischen Parteien haben die Interessen dieser Frauen schnell im Tausch gegen die Unterstützung der katholischen Kirche aufgegeben. Die enge Verbindung des postsozialistischen Blocks, insbesondere in Polen, zu Papst Johannes Paul II. führte nur wenige Jahre nach der Samtenen Revolution zu einem Abtreibungsverbot – wo diese Revolution doch alle Menschen, auch die Frauen, befreien sollte. Betrachtet man sich die Entwicklungen der vergangenen beiden Jahrzehnte, so scheint, dass die Suche nach einer nationalen Identität in Mittel- und Osteuropa dort, wo sie sich auf „traditionelle christliche Wurzeln" berief, auf eine Einschränkung des Abtreibungsrechts, der reproduktiven Rechte und der Rechte Homosexueller hinauslief – wobei solche Rechte als Indikator für den „Grad der Christlichkeit" im Land gelten.

Auf die Länder Mittel- und Osteuropas lässt sich die Standarddefinition von Rechtspopulismus, so wie sie im Westen gebraucht wird, nur begrenzt und mit länderspezifischen Unterschieden anwenden. In der Tat ist es manchmal schwierig zu sagen, welche Partei rechtspopulistisch ist, da einige konservative Parteien die populistisch-nationalistischen Phrasen übernehmen und umgekehrt. Während die nationalistischen Parteien in der Slowakei und in Ungarn in Bezug auf nationalistisches und fremdenfeindliches Gedankengut viel mit ihren westlichen Gegenstücken gemein haben, sind die polnischen Parteien *Liga polnischer Familien* oder *Recht und Gerechtigkeit* (PiS) in bestimmten Aspekten anders, da sie sich stärker auf die traditionelle polnisch-nationale Identität beziehen.

Die Kritik an den Eliten steht nicht unbedingt im Mittelpunkt ihres politischen Programms, auch wenn das in manchen Ländern eine erfolgreiche Strategie sein kann, wie man in der Tschechischen Republik an der neu gegründeten und weitgehend populistischen Partei *Veci verejné* (VV) sieht. Ganz im Gegenteil: Einige der Rechtspopulisten in Mittel- und Osteuropa stellen sich gern als die Elite der Nation dar, beispielsweise in Polen, Ungarn und der Slowakei, und nehmen für sich die Definitionshoheit über „nationale Identität" in Anspruch. Dabei definieren sie nationale Identität entlang ethnischer/nationaler Grenzen und stellen nationale Minderheiten und häufig Roma als „die Anderen" dar (zum Beispiel in Ungarn und der Slowakei) und ergänzen dies um die Ablehnung der EU. Gleichzeitig wird die Grenze entlang ideologischer Linien gezogen. Dem Kulturkampf gegen Linksliberale und Feministinnen messen die Rechtspopulisten allergrößte Bedeutung bei.

Einer der führenden rechtspopulistischen Kommentatoren der Slowakei beschreibt diesen Kulturkampf wie folgt:

> „In dem Kulturkampf geht es darum, ob die Wurzeln unserer westlichen Zivilisation christlich bleiben oder durch eine Art nihilistische Pseudokultur ersetzt werden. Der Kulturkampf ist ein Kampf für ethische Prinzipien, die absolut sind, nicht relativ; es ist ein Kampf um Gut und Böse als moralische Kriterien und um eine klare Grenze zwischen den beiden. Unser Gegner ist offensichtlich: die liberale Linke. Diese pseudointellektuelle Clique will Werte relativieren und die Grenzen zwischen Gut und Böse im Namen einer Art „Modernität" oder einer neuen „Freiheit" in Frage stellen, wobei diese Freiheit als eine Freiheit von Verantwortung und Pflichten verstanden wird [...] Es ist der Versuch, einen Menschen ohne Erbsünde zu schaffen. Dieser Versuch muss scheitern" (Krivosik 2008).

Nationalistische und christliche Werte werden in simple Signale mit starken historischen und emotionalen Bezügen übersetzt. Ein gutes Beispiel ist die Slowakische Nationalpartei, die in ihrem Logo das Motto „Für Gott und Nation" trägt. Die Rechtspopulisten in Mittel- und Osteuropa ergänzen ihre nationalistischen Phrasen, indem sie die klassische Kleinfamilie zum „Garanten für das Überleben als Nation" machen (s. auch den Entwurf der ungarischen Verfassung). Dieser Argumentation zufolge führen reproduktive Rechte zu den in ganz Mittel- und Osteuropa zu findenden niedrigen Geburtenraten und gefährden damit die traditionelle christliche Kultur und Identität. Die Rechtspopulisten malen das Bild eines traditionellen Europas, das „ausstirbt", während „Feinde" wie moslemische und Roma-Minderheiten, die wesentlich höhere

Geburtenraten verzeichnen, nur darauf warten, uns „zu überrennen" und „die Macht zu übernehmen". „Das einzige, was die Zigeuner tun, ist Kinder machen", erklärte der Vorsitzende der Slowakischen Nationalpartei (SNS) (Onufer 2010). Die Beschränkung von Abtreibung und ein erschwerter Zugang zu Verhütungsmitteln sind daher für das Überleben der Nation und der „christlichen Wurzeln" Europas unerlässlich. Frauenrechte können dabei einfach geopfert werden, da sie nur ein minder wichtiger Faktor sind. Natürlich steht das Abtreibungsverbot gleichzeitig in Einklang mit dem konservativen Wertekanon und seiner Sicht von nationaler Identität im Kulturkampf.

Der Kampf war mit dem EU-Beitritt der mittel- und osteuropäischen Länder keineswegs beendet. Nationale Werte mit stark emotionalen Bezügen werden gegen die Brüsseler Bürokratie, den Liberalismus und den neuen Begriff „Christianophobie" in Stellung gebracht. Um ihre Länder vor diesen EU-Trends zu schützen, wollte die polnische Regierung, genau wie die Christdemokratische Partei in der Slowakei, die Kontrolle über politische Entscheidungen von nationaler Bedeutung – „kulturelle und ethische Werte" genannt –, insbesondere Abtreibungsrecht, Euthanasie und Schwulenehe, behalten.

Mit dem Aufstieg neuer rechtspopulistischer Parteien in Polen, das heißt von Recht und Gerechtigkeit (PiS) und von Selbstverteidigung (samoobrona) und ihrer Beteiligung an der Regierung sowie der nationalistisch-konservativen Liga Polnischer Familien (LPR), steht eines der bereits strengsten Abtreibungsgesetze in Europa erneut zur Disposition. Das aktuelle Gesetz lässt eine Abtreibung nur zu, wenn das Leben der Mutter in Gefahr ist, wenn der Fötus unheilbar geschädigt ist oder wenn die Schwangerschaft Folge einer Vergewaltigung ist. Die rechtsextreme LPR wollte Abtreibung in Polen grundsätzlich verbieten, aber der Gesetzesentwurf des Präsidenten scheiterte im Parlament, da die Parteien der Mitte und der Linken eine Verfassungsänderung ablehnten.

Der Kampf um die reproduktiven Rechte von Frauen ist

vielleicht in Polen am sichtbarsten, er wird jedoch in ganz Mittel- und Osteuropa geführt. Insbesondere in Litauen und in der Slowakei gab es Versuche, Abtreibung weiter einzuschränken oder grundsätzlich zu kriminalisieren. Das nächste Land, das sich gegen Frauenrechte stellen wird, ist

Auf die Länder Mittel- und Osteuropas lässt sich die Standarddefinition von Rechtspopulismus, so wie sie im Westen gebraucht wird, nur begrenzt anwenden.

Ungarn mit seinem Premierminister Victor Orbán, der sich als pro-katholischer Rechtspopulist einen Namen gemacht hat. Der neue Verfassungsentwurf, der im März 2011 während der ungarischen EU-Präsidentschaft vorgestellt wurde, beschränkt die Definition von Familie auf heterosexuelle Paare und verschließt den Zugang zu Abtreibung.

Paradox ist die Tatsache, dass dieselben konservativen Kräfte, die in Mittel- und Osteuropa vehement gegen Frauenrechte in Stellung gegangen sind, die fehlende Gleichberechtigung der Geschlechter und die Ehrenmorde als Argumente gegen den EU-Beitritt der Türkei ins Feld bringen. Die Frage nach der Gleichberechtigung der Frau in der Türkei ist durchaus berechtigt, das wahre Motiv der konservativen Bemühungen jedoch ist es, den Beitritt einer großen, vorwiegend moslemischen Bevölkerung in die EU und deren Einfluss im Europäischen Parlament zu verhindern.

Gleichberechtigung ist also willkommen, wenn sie instrumentalisiert werden kann, um Europa gegen „die Anderen" zu verteidigen und „den Anderen" Vorträge über kulturelle Normen zu halten. Geht es jedoch um die eigenen frauenfeindlichen kulturellen Normen und Klischees, dann fördern die Rechtspopulisten in Mittel- und Osteuropa diese, anstatt ihnen entschieden entgegenzutreten.

Die Burka-Debatte

Die jüngste Wirtschaftskrise fiel mit einem bemerkenswerten Aufstieg rechtspopulistischer Parteien in traditionell liberalen westeuropäischen Ländern wie den Niederlanden, Schweden, Norwegen und Belgien zusammen. In einigen Ländern wie Österreich,

Dänemark, Finnland und Norwegen haben die Rechtspopulisten gar den Einzug ins Parlament geschafft. Erfolgreiche rechtspopulistische Parteien ziehen mit scharfen Verbalattacken gegen die „böse Elite" Wähler an, die von den Eliten enttäuscht sind und/oder der EU misstrauen.

Auch wenn es große Unterschiede zwischen den verschiedenen populistischen Parteien gibt, die in den letzten Jahren in Europa Erfolg hatten, so haben sie doch zwei wesentliche Gemeinsamkeiten: die Islamophobie und die Instrumentalisierung der Sorgen der EU-Bürger wegen der Einwanderung von Moslems. Die norwegische Politikwissenschaftlerin Elisabeth Ivarsflaten analysiert diesen Trend in ihrem Buch „What Unites Right-wing Populists in Western Europe?" (2006). Sie kommt zu dem Schluss, dass das Misstrauen gegenüber der Politik den populistischen Parteien im flämischen Teil Belgiens, in Frankreich, den Niederlanden und Norwegen in gewissem Umfang geholfen hat, der entscheidende Faktor jedoch die Fremdenfeindlichkeit war. Insgesamt, so fasst sie zusammen, „konnte keine Rechtspartei mehr als fünf Prozent der Wählerstimmen erreichen [...], wenn es ihr nicht gelang, erfolgreicher als die etablierten Parteien die Feindseligkeit gegenüber Einwanderern zu mobilisieren".

Die Rechtspopulisten profitierten vom Versagen der Integrationspolitik, von der zunehmenden Sichtbarkeit der moslemischen Minderheiten und der Islamophobie in den westeuropäischen Ländern – und verbinden dies mit der Angst vor der Ausnutzung des Wohlfahrtsstaats.

„Die Rechtspopulisten konnten so sowohl bei sozialkonservativen Wählerinnen und Wählern punkten als auch bei denen, die, was von den europäischen Wohlfahrtsstaaten übrig ist, retten möchten. Eine Strategie der Rechtspopulisten ist es, sich als diejenigen darzustellen, die das sagen, was sich sonst niemand zu sagen traut: dass die Einwanderung von Moslems die europäischen Gesellschaften untergräbt, dass der Islam den westlichen Wertekanon bedroht, dass der Westen gerettet werden muss. Sie stellen sich als die Verteidiger europäischer Werte dar – insbesondere der Meinungsfreiheit und der Rechte der Frauen –, während sie gleichzeitig aktiv die Abschaffung dieser und anderer Werte (vor allem der Religionsfreiheit) für einen bestimmten Teil der Bevölkerung betreiben" (Engstrom 2010).

„Es ist einer unserer größten Erfolge, dass wir einerseits kulturkonservativ und andererseits in manchen Fragen links sind", meint Geert Wilders, der von sich selbst sagt, er sei gegen Einwanderung, habe aber „ein Herz für die Schwachen und die Alten" (*Spiegel Online*, September 2010). Die treibende Kraft hinter seinem Erfolg ist jedoch die explizite Islamophobie. Auf seiner Website heißt es: „Die Ideologie des Islam ist insbesondere für Mord und Unterdrückung bekannt und kann nur rückständige und arme Gesellschaften hervorbringen."

Das „ungelöste Integrationsproblem" der moslemischen Bürgerinnen und Bürger ist ein wichtiges Wahlkampfthema geworden, das angesichts des Unbehagens vieler europäischer Bürgerinnen und Bürger über den sich ändernden Charakter ihrer Gesellschaften und der Angst vor dem Untergang des Wohlfahrtsstaats auf fruchtbaren Boden fällt. Den etablierten traditionellen Parteien ist es nicht gelungen, eine kohärente Integrationspolitik zu entwickeln, die auf die Ängste der Wählerinnen und Wähler eingeht. Mehr noch: Da die Rechtspopulisten ihnen zunehmend Stimmen wegnehmen, haben sie teilweise deren einwanderungsfeindliche Sprache übernommen. Als Bundeskanzlerin Angela Merkel die Position ihrer Amtskollegen in Frankreich und Großbritannien übernahm und erklärte, dass „der deutsche Multikulturalismus vollständig gescheitert" sei (*Guardian* 2010), wurde die einwanderungsfeindliche Haltung der politischen Eliten Europas offizieller Mainstream. Merkels Erklärung spiegelt die zunehmende Islamfeindlichkeit in der deutschen Gesellschaft wider. Umfragen zu rechtspopulistischen Einstellungen in Deutschland zeigen, dass ein Drittel der Bevölkerung der Meinung ist, das Land werde „von Ausländern überrannt" und 55 Prozent fanden Araber

„unangenehm" – das sind 10 Prozent mehr als vor sieben Jahren (Decker 2010).

Nicht zum ersten Mal in der europäischen Geschichte werden Bürgerinnen und Bürger während einer Wirtschaftskrise dadurch von Problemen abgelenkt, dass Angehörige anderer Religionen zum Sündenbock gemacht werden. Anstatt den drakonischen Sparmaßnahmen den Kampf anzusagen, hat die Öffentlichkeit im europäischen „Herbst der Unzufriedenheit" lediglich hitzige Debatten über europäische Identität und Werte geführt (Engstrom 2010).

Flaggschiff des Diskurses ist die Debatte um das Verbot der Burka, des Ganzkörperschleiers, die im vergangen Jahr in Westeuropa aufflammte.

Kommt der Schleier ins Spiel, scheinen plötzlich alle Politiker Feministen zu sein. Die Schleier-Debatte wurde zu einer Art Volksbewegung gegen den Islam und moslemische Einwanderer, die „die Niederlande kolonisieren" (Tyler 2009) und andere westeuropäische Länder auch. In relativ kurzer Zeit gelang es den Rechtspopulisten, die Kopftuch tragende Frau zum Symbol der beiden zentralen Ängste des Islamfeindlichkeit zu machen: die Bedrohung der europäischen Zivilisation durch den islamischen Terrorismus und die Ausnutzung des europäischen Wohlfahrtsstaats. Verschleierte und Kopftuch tragende Frauen erschienen auf den Wahlkampfplakaten und in den TV-Spots rechtspopulistischer Parteien.

Beispiele lassen sich in verschiedenen westeuropäischen Ländern finden. Am eindringlichsten war wohl das Bild einer Frau im Niqab, einem Gesichtsschleier, vor Minaretten in Form von Raketen. Das Motiv wurde bei der Schweizer Volksabstimmung gegen den Bau neuer Minarette verwendet. Im November 2009 wurde der entsprechende Verfassungszusatz von 57,5 Prozent der Wählerinnen und Wähler gebilligt.

ABB. 1   *Plakat zur Schweizer Volksabstimmung*

Ein ähnliches Beispiel gibt es in Schweden, wo die rechtspopulistische Partei *Sverigedemokraterna* (SD – Schwedendemokraten)
durch die Ablehnung des Multikulturalismus eine „gemeinsame
schwedische nationale Identität" schaffen möchte. Jimmie Akesson,
Vorsitzender der SD, sieht im Islam „unsere größte fremde Gefahr
seit dem 2. Weltkrieg" (*Spiegel Online*, September 2010). In ihren
Fernsehwerbespots verwenden die Schwedendemokraten verschleierte Frauen als Symbol der Gefahr, die moslemische Einwanderer
für die Rentenansprüche der schwedischen Bevölkerung darstellen.
Der Spot zeigt eine alte Frau, die sich mühsam mit ihrem Rollator
vorwärts bewegt und dabei fast von verschleierten Frauen mit
mehreren Kinderwagen überrannt wird. Die Frauen in den Burkas
eilen zu einem Schalter mit dem Schild „Sozialhilfe". Die Stimme
aus dem Off erklärt: „Am 19. September können Sie die Bremse
ziehen – für die Einwanderung, nicht für die Rente." Der schwedische
Fernsehsender TV4 weigerte sich, den Spot auszustrahlen, da er
rassistisch sei (AFP 2010).

Als der amtierende französische Präsident Nicolas Sarkozy im
Jahr 2007 seinen Wahlkampf einläutete, konnte man seine Slogans
teilweise kaum von denen des Nationalisten Le Pen unterscheiden.
Im Laufe der Wirtschaftskrise ist die Burka-Debatte definitiv von
Rechtsaußen in die politische Mitte gerückt.

Im Oktober 2009 begann die Regierung Sarkozy in Frankreich
eine Debatte über „nationale Identität". Diese Suche nach Identität

beruht in hohem Maße darauf, sich von „den Anderen" – das heißt, den Moslems – abzugrenzen. Während die Definition der nationalen Identität selbst sehr vage blieb, wurde schnell klar, was nicht dazu gehört: die Burka. Nicolas Sarkozy nannte die Burka „ein Zeichen der Unterwerfung" und erklärte, die Burka sei „in Frankreich nicht erwünscht" (*BBC* 2009).

Im September 2010 wurden in Frankreich in staatlichen Schulen, Krankenhäusern und öffentlichen Verkehrsmitteln das Tragen eines Schleiers, der das Gesicht verhüllt, verboten. Frauen, die gegen dieses Verbot verstoßen, droht eine Geldstrafe, und sie müssen einen Kurs besuchen, der ihnen die säkularen Grundlagen der Französischen Republik nahebringen soll. Das Gesetz sieht auch eine Geldstrafe in Höhe von 30.000 € und eine Gefängnisstrafe von einem Jahr für alle vor, die eine Frau zwingen, einen Gesichtsschleier zu tragen.

Das Verbot folgt einem Gesetz aus dem Jahr 2004, das – ähnlich wie in einigen anderen Ländern – das Tragen moslemischer Gesichtsschleier in öffentlichen Schulen verbietet, da dort die demonstrative Zurschaustellung religiöser Symbole nicht erlaubt ist. Es gibt eine logische Erklärung dafür, warum Schleier und andere religiöse Symbole in Schulen nicht erlaubt sind und von Angestellten im öffentlichen Dienst nicht getragen werden dürfen – der Laizismus, die Trennung von Kirche und Staat. Doch wie Ian Buruma, Professor für Demokratie, Menschenrechte und Medien am Bard College, erklärt,

> „gibt es immer noch keinen Grund, warum es Französinnen nicht erlaubt sein soll, ein Postamt, eine Bank, eine Schule oder einen anderen öffentlichen Ort in einer Burka zu betreten [...] Abgesehen von der Tatsache, dass die französische Regierung mit schwierigeren Problemen zu kämpfen hat als der Kleiderordnung einer winzigen Gruppe von Frauen, geht es hier auch um die Frage der persönlichen Freiheit" (Buruma 2010).

Es mag sein, dass viele Bürgerinnen und Bürger in Europa der Anblick verschleierter Frauen verstört (so wie Moslems vielleicht verstört sind über den freizügigen Umgang mit Sexualität und Nacktheit in Europa). Tatsächlich halten viele Europäerinnen und Europäer, denen Geschlechtergerechtigkeit und Menschenrechte wichtig ist, eine Burka oder den Niqab für inakzeptabel. Laut einer Umfrage des Global Attitudes Project des Pew Research Center in Washington unterstützt eine deutliche Mehrheit der Deutschen, Franzosen, Spanier und Briten ein Schleierverbot. Eine Umfrage, die im April/Mai 2010 durchgeführt wurde, ergab, dass die französische Öffentlichkeit mit überwältigender Mehrheit die Maßnahme unterstützt: 82 Prozent befürworten, dass islamischen Frauen das Tragen des Ganzkörperschleiers in der Öffentlichkeit untersagt wird. Ein ähnliches Verbot in ihrem Land wünscht die Mehrheit der Bevölkerung in Deutschland (71 %), Großbritannien (62 %) und Spanien (59 %). Die meisten US-Bürgerinnen und -Bürger sind allerdings gegen ein solches Verbot: 65 Prozent lehnen ein Verbot des Ganzkörperschleiers in der Öffentlichkeit ab, 28 Prozent sprechen sich dafür aus (PEW 2010). Der Unterschied zwischen den Einstellungen in Westeuropa und den USA lässt sich aus der Tatsache erklären, dass in den USA größerer Wert auf individuelle Freiheit gelegt wird, während die Menschen in der EU traditionell stärker auf staatliche Regelungen setzen.

In der Debatte werden vor allem zwei Gründe für ein Schleier-Verbot angeführt. Der erste besagt, dass Menschen in öffentlichen Schulen erkennbar sein sollten. Der Gesichtsschleier könne nicht nur genutzt werden, um seine Identität zu verbergen, er könne auch zur Planung und Ausführung terroristischer Angriffe missbraucht werden und stelle folglich eine Gefahr für die nationale Sicherheit dar.

Die französische Justizministerin Michele Alliot-Marie verwies darauf, dass man in der Französischen Republik „unverschleiert" lebe – eine Erklärung, die von einem ungewöhnlichen und grenzüber-

> *Unterstützt man Rechtspopulisten in ihren Bemühungen, Frauen gegen ihren Willen zu befreien, begibt man sich aufs Glatteis.*

schreitenden Bündnis von Feministinnen, Linken und Konservativen unterstützt wurde, für die die Akzeptanz des Ganzkörperschleiers gleichbedeutend damit ist, vor dem fundamentalistischen Islam einzuknicken (Mittelstaedt und Simons 2010).

Der französische Politiker Jacques Myard, von dem der Entwurf des französischen Gesetzes stammt, löste in London eine Debatte aus, als er seinen Ruf nach einem Burka-Verbot mit dem Verweis auf den Terroranschlag in London rechtfertigte: „Es gibt einen guten Grund, warum London den Spitznamen Londonistan erhielt – die Stadt ist voll von islamischen Extremisten." Auf die Frage, ob Großbritannien ebenfalls ein Burka-Verbot einführen sollte, erwiderte Myard: „Selbstverständlich. Nur so kann der Extremismus unter Kontrolle gehalten werden" (*Daily Express* 2010).

Dieser Diskurs erwuchs aus der Ausbeutung islamfeindlicher Gefühle und der steigenden Angst vor Terrorismus nach den Anschlägen vom 11. September und den Terroranschlägen in Europa im Laufe des vergangen Jahrzehnts. Das Argument jedoch, verschleierte Frauen stellten eine größere Gefahr für die öffentliche Sicherheit dar als andere Menschen, ist durch keinerlei Fakten belegt. Im Gegenteil: Verschleierte Frauen sieht man nur äußerst selten unter den Terroristen, die zumeist europäisch gekleidete junge Männer sind. Dennoch ist es den Rechtspopulisten gelungen, die verschleierte Frau als Symbol des islamischen Terrors darzustellen (s. Abb. 1).

Die zweite Begründung, die hier näher untersucht werden soll, besagt, dass der Schleier Zeichen der Unterdrückung der Frau durch den Mann sei und somit einen Verstoß gegen die Menschenrechte von Frauen und gegen die Gleichberechtigung der Frauen darstelle – zwei Kernwerte der EU. Dies scheint auf den ersten Blick überzeugender zu sein als die erste Begründung. Wenn Rechtspopulisten ihren Kampf gegen Burkas und Kopftücher mit Werten wie Gleichberechtigung, Meinungsfreiheit und Säkularismus begründen, werden sie von vielen Feministinnen, in der islamischen Welt und darüber hinaus, unterstützt.

Deutschland scheint derzeit das einzige Land in Westeuropa

zu sein, in dem es keine starke rechtspopulistische Partei gibt, die offensiv gegen den Islam und moslemische Einwanderer agitiert. Das bedeutet jedoch nicht, dass es keine Kopftuch-Debatte gibt. Im Gegenteil: Das Kopftuchverbot wird in Deutschland vehement von Politikerinnen türkischer Herkunft gefordert. Die Frauenrechtlerin Necla Kelek erklärt, dass Burkas „nichts mit Religion oder Religionsfreiheit zu tun haben". Das Kleidungsstück, so Kelek, komme einzig und allein aus einer Ideologie, in der „Frauen nicht das Recht haben, Menschen zu sein" (*Spiegel Online*, Juni 2010). Ekin Deligöz, Abgeordnete der Grünen, sagte, es sei unter Umständen besser für moslemische Frauen in Deutschland, kein Kopftuch zu tragen. „Das Kopftuch ist ein politisches Symbol", so Deligöz (Mittelstaedt und Simons 2010), die sich dabei auf den feministischen Grundsatz „Das Private ist politisch" beruft.

In Deutschland dreht sich die Diskussion nicht ausschließlich um den Gesichtsschleier (der hier selten ist), sondern ganz allgemein um das Kopftuch, das viele moslemische Frauen tragen. In ihrem Buch „Die große Verschleierung. Für Integration, gegen Islamismus" (2010) nennt Alice Schwarzer, eine der führenden deutschen Feministinnen, das Kopftuch „Flagge und Symbol der Islamisten", das „seit den 1980er Jahren einem Kreuzzug ins Herzen Europas folgt."

Seyran Ates, profilierte Anwältin in Berlin, sieht das Kopftuch als Instrument zur Behinderung von Frauen. „Das Kopftuch ist keine Quelle körperlicher Schmerzen, aber es verhindert, dass Frauen ihren freien Willen ausüben", behauptet sie. „Es schafft ein bestimmtes Bild von Frauen, das im Widerspruch zu Demokratie und Geschlechtergerechtigkeit steht" (Mittelstaedt und Simons 2010).

Aber nicht alle Feministinnen unterstützen das Verbot. Als Jacques Myard, führendes Mitglied von Präsident Sarkozys regierender UMP, das Burka-Verbot mit dem Hinweis verteidigte, der Schleier verberge die blau geschlagenen Augen von Frauen, die Opfer häuslicher Gewalt geworden seien, konterten einige Feministinnen: „Wenn die französischen Behörden wirklich häusliche Gewalt verhindern möchten, indem sie die Verletzungen der Opfer sichtbar machen, wo ist dann das Verbot von Make-up und

Sonnenbrillen?" (Randy 2010). Ähnliche Argumente kann man zum mangelnden Interesse am Thema Prostitution vorbringen, denn Prostitution ist ein wesentlicher Beleg dafür, dass Frauen in der Gesellschaft eine untergeordnete Rolle spielen – und Ähnliches gilt für die politische Teilhabe von Frauen im Allgemeinen.

Die Rechtslage

Die linken Parteien und die Grünen, die traditionell Frauenrechte unterstützen, haben sich in den meisten Ländern nicht dem Ruf nach einem gesetzlichen Schleier-Verbot angeschlossen. Die französischen Sozialisten weigerten sich, über den Parlamentsbeschluss abzustimmen, mit der Begründung, zwar gefiele auch ihnen die Burka nicht, sie seien „aber nicht der Meinung, dass das Burka-Verbot den besten Weg zur Befreiung der Frau" darstelle. Der Kern ihrer Begründung ist klar: Dem Verbot würden zu viele Menschen- und Bürgerrechte zum Opfer fallen.

Im Juli 2010 lehnte das spanische Parlament mit den Stimmen von Zapateros Sozialistischer Arbeiterpartei ein Verbot von Gesichtsschleiern in der Öffentlichkeit ab. „Wir möchten verhindern, dass wir Frauen in dieser Situation in ein doppeltes Gefängnis werfen", so Eduardo Madina, Generalsekretär der regierenden Sozialistischen Partei im Unterhaus des Parlaments (AP 2010).

Die Partei Bündnis 90/Die Grünen in Deutschland, die ein weit gefasstes Verständnis von Multikulturalismus vertritt, und die Mitglieder hat, die das Kopftuch tragen, wurde von der bekannten türkischstämmigen Anwältin Seyran Ates kritisiert. Ates, ehemaliges Mitglied der Grünen, warf der Partei vor, die Unterdrückung der Frau im Islam, die durch das Kopftuch zum Ausdruck komme, zu zurückhaltend zu behandeln, und in der Frauenfrage, im Vergleich zu anderen Themen, nicht entschieden genug Stellung zu beziehen. Die Grünen, so Ates, hätten Angst, sich klar für die Frauen auszusprechen, gewährten den Moslems einen zu hohen „Kulturbonus" und opferten die Rechte der Frauen der Vorstellung des Multikulturalismus (2009). Trotz der breiten Unterstützung, die ein gesetzliches Verbot des Schleiers in der europäischen Öffentlichkeit genießt, stellt sich nach wie vor die Frage, ob ein solches Verbot die richtige Maßnahme zur Durchsetzung von Frauenrechten ist. Können Frauen befreit werden, indem man sie kriminalisiert? Ist das Burka-Verbot in der Öffentlichkeit gleichzusetzen mit dem Burka-Zwang der Taliban?

Menschenrechtsorganisationen haben sich gegen ein Burka-Verbot ausgesprochen, da sie befürchten, eine solche Maßnahme sei der falsche Weg, islamische Frauen zu befreien. „Es ist offensichtlich, dass viele moslemische Frauen in Europa den Schleier aus eigener Entscheidung tragen", resümiert Judith Sunderland von Human Rights Watch (2010):

> „Für Frauen, die zum Tragen des Schleiers gezwungen werden, würde ein Verbot die Möglichkeit, Hilfe und Unterstützung zu erhalten, einschränken, wenn nicht gar völlig zunichte machen. Ein Verbot würde sie unter Umständen ans Haus fesseln und sie noch mehr von der Gesellschaft isolieren. Anstatt sie noch mehr unter Druck zu setzen, müssten europäische Regierungen diese Frauen unterstützen und ihnen einen besseren Zugang zu Bildung, Recht und Arbeit verschaffen."

Laut HRW wird ein Verbot zu einer weiteren Stigmatisierung des Islam und von Moslems allgemein führen.

Auch Amnesty International ist gegen ein Burka-Verbot, da laut Menschenrechtskonventionen niemand das Tragen einer bestimmten Kleidung verboten werden darf. Frauen sollten nicht in einigen Ländern zum Tragen der Burka oder des Niqab gezwungen und in anderen Ländern dafür bestraft werden (McKenzie 2010).

Die Menschenrechts-Lobby wird von der Parlamentarischen Versammlung des Europarats (PACE) unterstützt, die eine Resolution verabschiedet hat, in der die EU-Mitgliedstaaten aufgefordert werden, kein Burka-Verbot oder „ein Verbot anderer religiöser oder besonderer Kleidung" zu erlassen. Gesetzliche

Beschränkungen seien jedoch unter Umständen erforderlich, so die Resolution weiter, „aus Sicherheitsgründen oder wenn die öffentlichen oder beruflichen Funktionen einer Person ihre religiöse Neutralität erfordert oder wenn ihr Gesicht sichtbar sein muss". In einer im Juni 2010 einstimmig angenommenen Resolution (PACE 2010) erklärte die Versammlung, dass die Verschleierung von Frauen oft als „ein Symbol der Unterwerfung der Frau durch den Mann wahrgenommen" werde, dass ein allgemeines Verbot jedoch die Rechte derjenigen Frauen einschränke, die „wahrhaftig und aus freien Stücken" einen Schleier tragen wollen.

Die PACE-Resolution steht für Religionsfreiheit und Menschenrechte – also für Werte, die im Mittelpunkt der Burka-Debatte stehen (oder stehen sollten). Zu verhindern, dass Frauen die Kleidung tragen können, die sie tragen möchten, und sie dafür zu bestrafen, ist antifeministisch. Das Burka-Verbot steht im Widerspruch zu Rechten und Freiheiten, die in Europa selbstverständlich sein sollten: persönliche Freiheit, Religionsfreiheit und das Recht auf Selbstbestimmung.

Der deutsche Terrorexperte Yassin Musharbash, dessen Vater aus Jordanien stammt, ist gegen ein Burka-Verbot:

„Trotzdem ist ein Burka- und Niqab-Verbot sinnlos. Denn es greift ein Symptom an, lässt jedoch die Ursache außer Blick. Es geht aber um die Burka in, nicht auf den Köpfen. Für eine tatsächlich unter die Burka gezwungene Frau wird ein Verbot vermutlich nur bedeuten, dass sie das Haus nicht mehr verlässt. Dass es einen erzieherischen oder aufklärerischen Effekt auf ihren Ehemann ausübt, wird wohl kaum jemand ernstlich behaupten. Dass sie selbst sich durch das legislative Statement unterstützt fühlt, ist eine gewagte Vermutung. (...) Solche Vorschläge haben zudem den Vorteil, dass sie nicht nur die Frauen betreffen – und auch nicht nur jene Familien, in denen die Frau eine Burka trägt. Nicht jede Frau unter Niqab oder Burka fühlt sich unterdrückt. Und das Gefängnis, in dem einige moslemische

Frauen zweifellos leben, kann auch unsichtbar sein. Es besteht nicht aus Stoff, sondern aus Ideen" (Musharbash 2010).

Für die Rechtspopulisten sind Frauenrechte nicht das Ziel, sie sind lediglich Mittel zum Zweck und dienen dazu, enttäuschte Wählerinnen und Wähler anzuziehen. Der beste Beleg dafür ist, dass Frauen in den rechtspopulistischen Parteien sehr schwach vertreten sind. In den Ländern, in denen sie im Parlament sitzen, ist der Frauenanteil der jeweiligen Fraktionen fast immer niedriger als bei anderen Parteien.

Im Jahr 2007 errang die erfolgreichste rechtspopulistische Partei der Schweiz, die Schweizerische Volkspartei SVP, 61 Sitze im Nationalrat. Unter den Abgeordneten sind aber nur fünf Frauen – ein Anteil von acht Prozent im Vergleich zu durchschnittlich 29 Prozent bei den anderen im Schweizer Parlament vertretenen Parteien. In der Partei von Geert Wilders sind vier der 24 Abgeordneten Frauen (16 %), während der Prozentsatz der weiblichen Abgeordneten im niederländischen Parlament bei 40,7 Prozent liegt. Bei den Schwedendemokraten sind zwei der 20 Abgeordneten Frauen, also 10 Prozent; der Anteil der weiblichen Abgeordneten im schwedischen Parlament liegt bei etwa 45 Prozent. Selbst die Dänische Volkspartei, der eine Frau vorsteht und bei denen sich der Anteil der weiblichen Abgeordneten auf 37,5 Prozent beläuft, kommen nicht ganz auf den durchschnittlichen Anteil von Frauen im Folketing, nämlich 38 Prozent. Die Situation in den Ländern Mittel- und Osteuropas ist vergleichbar: In der ungarischen Regierungskoalition sind nur 22 der 262 Abgeordneten Frauen (8 %). Die weit rechts angesiedelte Jobbik-Partei hat zwar eine Vorsitzende, aber nur 6,5 Prozent der Abgeordneten sind Frauen – im Vergleich zu 30 Prozent bei der neuen Grünen Partei LMP![1]

Es gibt keine zuverlässigen Daten darüber, wie sich die Wählerschaft der rechtspopulistischen Parteien zusammensetzt.

— — —

[1] Sämtliche hier genannten Zahlen stammen von den Websites der jeweiligen Parteien bzw. Parlamente.

Das Wenige, was an Forschungsergebnissen zur Verfügung steht, deutet aber darauf hin, dass in den rechtspopulistischen Parteien auf allen Ebenen, von der Parteiführung über die Mitglieder bis zur Wählerschaft, wesentlich weniger Frauen zu finden sind als bei anderen Parteien. Das gilt sowohl absolut als auch relativ. Verschiedene Studien zeigen eine Geschlechterkluft in der Wählerschaft, das heißt, wesentlich weniger Frauen als Männer wählen rechtspopulistische Parteien. Das Verhältnis scheint bei einem Drittel Frauen zu zwei Drittel Männern zu liegen (Mudde 2007). Cas Mudde, Autor von „Populist Radical Right Parties in Europe", zufolge sind „radikal-rechtspopulistische Parteien echte Männerparteien" (2007).

Vor diesem Hintergrund kann man die in jüngster Zeit aufgekommenen Slogans für Frauenrechte als Versuch der Rechtspopulisten werten, verstärkt Wählerinnen an sich zu binden, die nicht aus ethnisch-nationalistischen Gründen islamfeindlich sind, die sich aber von liberal-demokratischen Argumenten zur Verteidigung europäischer Frauenrechte ködern lassen. Dies könnte die wichtigste Herausforderung werden, denen sich die anderen Parteien im Rahmen der Burka-Debatte stellen müssen.

Scheinheiligkeit

Vergleicht man die Ansätze in den westeuropäischen Ländern mit Mittel- und Osteuropa, stellt man fest, dass es in Letzteren keine einheitliche rechtspopulistische Position zu Frauenrechten gibt. Gleichberechtigung, Feminismus und Trennung von Kirche und Staat werden nur dann bemüht, wenn sie zum „Kulturkampf" gegen den Multikulturalismus passen, für den die moslemischen Einwanderer stehen. Gleichzeitig neigen die Rechtspopulisten in Mittel- und Osteuropa dazu, als Beweis ihres neuen nationalen Selbstvertrauens, das auf traditionellen Werten beruht, Frauenrechte aufzuweichen.

Sowohl westeuropäische als auch mittel- und osteuropäische Rechtspopulisten wollen Frauen kriminalisieren und ihre persönliche Freiheit einem „Allgemeinwohl" opfern, das sie selbstverständlich entsprechend ihrer eigenen, konservativen Ansichten definieren. Dieser Ansatz mutet ein wenig kolonialistisch an, sieht er doch weiße europäische, nicht-moslemische Männer als die Retter und Beschützer unwissender und unaufgeklärter moslemischer Frauen, die nicht selbst entscheiden können, was gut für sie ist.

Menschenrechtler weisen darauf hin, dass in der Burka-Debatte das vorgebliche Ziel der Gleichberechtigung unter dem Gesichtspunkt persönlicher Rechte und persönlicher Freiheit sehr fragwürdig ist. Unterstützt man Rechtspopulisten in ihren Bemühungen, Frauen gegen ihren Willen zu befreien, begibt man sich aufs Glatteis. Grüne und Feministinnen sollten versuchen, diese Heuchelei aufzudecken und zu zeigen, dass europäische Normen für Frauenrechte und allgemeine persönliche Freiheiten in erster Linie durch Rechtspopulisten in Frage gestellt werden.

Jede moslemische Frau, jede Frau – und jeder Mann – sollte das Recht haben, die Kleidung zu tragen, die sie oder er für ange-messen hält. Alle sollten über ihren Körper, ihr Leben und ihre Religion entscheiden können, ganz unabhängig davon, ob wir diese Entscheidung verstehen, unterstützen, damit einverstanden sind oder nicht. Die beste Antwort auf den „Kulturkampf" liefert Ian Buruma: „Mit Werten zu leben, die wir nicht teilen, das ist der Preis, den wir zahlen, um in einer pluralistischen Gesellschaft leben zu dürfen" (Buruma 2010).

/

LITERATUR

AFP (2010): Swedish TV station refuses to air hateful ad. *Swedish Wire*, 27. August, unter: http://www.swedishwire.com/component/content/article/2-politics/5954swedish-tv-station-refuses-to-air-hateful-far-right-campaign-ad

AP (2010): No burqa ban in Spain – for now. *News24*, 21. Juli 2010, unter: http://www.news24.com/World/News/No-burqa-ban-in-Spainfor-now-20100721

Ananda, Rady (2010): Behind the French veil ban: The Doha debate. *People's Voice*, 25. Oktober 2010, unter: http://www.thepeoplesvoice.org/TPV3/Voices.php/2010/10/25/behind-thefrench-veil-ban-the-doha-deba

Assemblée Nationale (2010): Project de loi interdisant la dissimulation du visage dans l'espace public, 13. Juli 2010, unter: http://www.assemblee-nationale.fr/13/ta/tao524.asp

Ates, Seyran (2009): Liberale Muslime gehören nicht an den Nazi-Pranger. *The*

European, 28. September 2009, unter: http://www.theeuropean.de/seyran-ates/863-der-streit-um-das-kopftuch

Barber, Tony (2010): Immigration: Tensions unveiled. *Financial Times*, 15. November 2010, unter: http://www.ft.com/cms/s/o/fd54377c-f104-11df-bb17-00144feab49a.html

BBC (2009): Sarkozy speaks out against burqa. 22. Juni 2009, unter: http://news.bbc.co.uk/2/hi/8112821.stm

Buruma, Ian (2010): Burqa ban in France: The new fashion in civil rights. *Project syndicate*, 8. Februar 2010, unter: http://www.project-syndicate.org/commentary/buruma34/English

Daily Express (2010): Britain 'needs to ban the burkha to beat terrorism'. 16. Oktober 2010, unter: http://www.express.co.uk/posts/view/205669/Britain-needs-to-ban-theburkha-to-beat-terrorism

Decker, Oliver u.a. (2010): Die Mitte in der Krise. Rechtsextreme Einstellungen in Deutschland. Berlin 2010, unter: http://library.fes.de/pdf-files/do/07504.pdf

Engstrom, Par (2010): European Identity Struggles in the Age of Austerity, in: Human Rights and Human Welfare. November 2010, unter: http://www.du.edu/korbel/hrhw/roundtable/2010/panel-c/11-2010/engstrom2010c.html

Gallina, Nicole (o.J.): Political Elite Behavior in Eastern Central Europe: Provoking Populism and Nationalism? Fribourg o.J, unter: http://commonweb.unifr.ch/artsdean/pub/gestens/f/as/files/4760/21686_122505.pdf

Guardian (2010): Angela Merkel: German multiculturalism has 'utterly failed'. 17. Oktober 2010, unter: http://www.guardian.co.uk/world/2010/oct/17/angela-merkel-germanmulticulturalism-failed

Ivarsflaten, Elisabeth (o.J.): What unites right-wing populists in Western Europe? Re-examining grievance mobilization models in seven successful cases. Oxford o.J, unter: http://www.nuffield.ox.ac.uk/politics/papers/2006/ivarsflaten_cpsforthcoming.pdf

Krivosik, Lukas (2008): Kulturna vojna. *Pravé spektrum*. 2008, unter: http://www.prave-spektrum.sk/print.php?180

McKenzie, A. D. (2010): Burqa ban may prove counter-productive. *iPs News*, Mai 2010, unter: http://ipsnews.net/news.asp?idnews=51546

Mittelstaedt, Juliane von, und Simons, Stefan (2010): Religious provocation or a woman's rights? Europe's fear of the burqa, in: *Spiegel Online*, 19. Juli 2010, unter: http://www.spiegel.de/international/europe/0,1518,707251,00.html

Mudde, Cas (2007): Populist Radical Right Parties in Europe. Cambridge 2007.

Musharbash, Yassin (2010): Wieso ein Burka-Verbot sinnlos ist. *Spiegel Online*, 1. April, unter: http://www.spiegel.de/politik/deutschland/0,1518,686960,00.html

Onufer, Andrej (2010): Slota: Jedinou aktivitou Cigánov je rozmnoŽo vanie sa. *Aktuálne. sk*, 8. April 2010, unter: http://aktualne.centrum.sk/domov/politika/clanek.phtml?id=1205518

Parliamentary Assembly of the Council of Europe (PACE), (2010): Resolution 1743: Islam, Islamism and Islamophobia in Europe. Straßburg, 23. Juni 2010, unter: http://assembly.coe.int/Main.asp?link=/Documents/AdoptedText/ta10/ERES1743.htm.

Pew Research Center's Global Attitudes Project (2010): Widespread Support for Banning Full Islamic Veil in Western Europe. 8. Juli 2010, unter: http://

pewglobal.org/2010/07/08/widespread-support-for-banning-fullislamic-veil-in-western-europe/.

Schwarzer, Alice (2010): Die große Verschleierung: Für Integration, gegen Islamismus. Köln 2010.

Spiegel Online (2010): Continent of fear: The rise of Europe's right-wing populists. 28. September 2010, unter: http://www.spiegel.de/international/europe/0,1518,719842,00.html

Spiegel Online (2010): The burqa debate: Are women's rights really the issue? 24. Juni 2010, unter: http://www.spiegel.de/international/europe/0,1518,702668,00.html

Sunderland, Judith (2010): How not to liberate women: Restrictions on women wearing the veil in public life are as much a violation of their rights as is forcing them to wear a veil. Human Rights Watch, 24. April 2010, unter: http://www.hrw.org/en/news/2010/04/26/how-not-liberate-women.

Sweden Democrats Official Commercial (2010), unter: http://youtu.be/m9VuW6vhV-E

Tyler, John (2009): Wilders wants headscarf tax. *Radio Netherland Wordwide*, 16. September 2009, unter: http://www.rnw.nl/english/article/wilders-wants-headscarf-tax

Populistischer Realismus

■ Vox Populi und das Postpolitische
Von Merijn Oudenampsen

Das rasche Entstehen und die dauerhaften Wahlerfolge rechtspopulistischer Bewegungen in Europa sind beunruhigend. Die
zunehmende Beteiligung rechtspopulistischer Parteien an
Regierungskoalitionen in Europa deutet darauf hin, dass ihre pola-
risierende Politik als dauerhafter Teil der politischen Landschaft
hingenommen wird. Zugleich zeigt sich, dass der rechtspopulistische
Diskurs und, damit verbunden, Ressentiments, die auf religiöse,
ethnische und kulturelle Identitäten aufbauen, sehr viel mehr
Resonanz finden, als es die großen Medien und die etablierten
Parteien wahrhaben wollen, ja dass dieser Diskurs in gewissem Sinn
hegemonial wird. Solche Entwicklungen sind in der Tat beunruhigend. Was alles jedoch noch schlimmer macht, ist, dass es der Linken
anhaltend an strategischen und analytischen Antworten gebricht.
Stuart Hall schrieb bereits vor langer Zeit über den Populismus von
Margaret Thatcher: „Die Rechte ist teilweise immer auch die, die sie
gerade ist, weil die Linke ist, was sie ist" (1983) – oder, in diesem Fall,
was sie nicht ist.

Im Großen und Ganzen kennt die Reaktion der Linken zwei
Formen: Widerspruch und Anpassung. Beide sind gleichermaßen
problematisch. Widerspruch neigt dazu, sich aufs hohe Ross zu
schwingen. Er versucht, die Irrationalität der populistischen Politik
zu verhöhnen, ihre demagogischen Vereinfachungen sowie ihre
fremdenfeindliche Haltung zu verurteilen und dem eine kenntnis-
reiche, feinsinnige und weltbürgerliche Form der Politik entgegen-

zusetzen. Unbewusst – manchmal aber auch sehr bewusst – wird so eine Trennlinie gezogen zwischen kultivierten, gebildeten Wählergruppen, die sich für ein rationales und vielschichtiges Bild der Gesellschaft entscheiden, und den ungebildeten Unterschichten, die für die populistische Alternative stimmen. Diejenigen, die die Populisten wählen, werden dabei häufig mit gedankenlosen Konsumenten gleichgesetzt, denen jenes Gefühl für politische Verantwortung fehlt, das notwendig ist, um an der modernen Demokratie wirklich teilhaben zu können.[1] Im schlimmsten Fall neigt diese Widerspruchshaltung dazu, das populistische Ressentiment der kleinen Leute und das elitäre Ressentiment der oberen Klassen einander entgegenzusetzen. Diese Reaktion ist problematisch, da sie in ihrer Ablehnung rechtspopulistischer Phrasen die Teilung der politischen Landschaft in progressive Elite und konservatives einfaches Volk übernimmt und bekräftigt.

Der Ansatz, sich anzupassen, versucht hingegen, einen Teil der populistischen Wählerschaft zurückzugewinnen, indem er einige der Fragen aufgreift, die von populistischen Politikern aufgeworfen wurden. Dieses Entgegenkommen geht generell von der Vorstellung aus, dass die Lösungen der Populisten für soziale Probleme extrem und unrealistisch seien, dies aber nicht bedeute, dass diese Probleme nicht existierten. Dieser Ansatz möchte demnach die populistischen Lösungsansätze für gesellschaftliche Missstände durch moderatere und realistischere Rezepte ersetzen. Auf diese Art wird versäumt, sich die Frage zu stellen, wie soziale Probleme von Populisten formuliert und in welche Zusammenhänge sie von ihnen gestellt werden, und stattdessen wird lediglich bezweifelt, dass die von ihnen vorgeschlagenen Lösungen ernst gemeint und umsetzbar seien. Beispielsweise stimmt man so der kulturalistischen Einordnung von Einwanderungs- und Integrationsproblemen zu und gibt den

— — —

1   In seinem sehr anregenden und polemischen Buch „Hatred of Democracy" (2005) bezeichnet der französische Philosoph Jacques Rancière Assoziationen dieser Art als Ausdruck einer zunehmenden antidemokratischen und elitären Haltung, die in Europa sowohl auf der Rechten wie auf der Linken zu finden ist.

Herkunftsländern hierfür die Schuld, ohne dabei die verbundenen sozioökonomischen Fragen zu beachten. Dieser zweite Ansatz weist zwar das populistische Bild der politischen Landschaft, die Teilung in eine progressive Elite und ein konservatives Volk, zurück, ist aber dennoch problematisch, da er gesellschaftliche Fragen in der Form aufgreift, die ihr die rechten Populisten gegeben haben – und so in die Falle des rechten Programms tappt.

Die herkömmliche Reaktion der Linken auf den Populismus ist nicht nur von zweierlei Art, erschwerend kommt hinzu, dass die Ansätze nicht bloß verschieden, sondern gegensätzlich sind. Der Widerspruch neigt dazu, die weniger gebildeten Wähler aus den unteren Schichten zu verprellen, deren Teilhabe aber – fast ist es überflüssig, das zu erwähnen – Voraussetzung für jede Art von emanzipatorischer Politik ist. Der Ansatz der Anpassung tendiert umgekehrt dazu, die widerstrebenden Wählergruppen voneinander zu entfremden, da er dem Populismus auf kultureller Ebene entgegenkommt. Diese Spaltung innerhalb der Linken hindert sie entscheidend daran, in der gegenwärtigen politischen Debatte anders als defensiv und reaktiv zu handeln.

In diesem Beitrag soll versucht werden, eine Alternative aufzuzeigen, und zwar eine, die sich weder die vom Populismus vertretene Sicht der Politik zu eigen macht noch seine Interpretation gesellschaftlicher Probleme. Geschehen soll dies anhand der Schriften von Chantal Mouffe und Ernesto Laclau, deren Entwürfe einer radikal pluralistischen Demokratie zu den wenigen Ansätzen gehören, die sich gegen den Rechtspopulismus bieten. Das Besondere ihrer Arbeiten über den Populismus ist die Einsicht, dass die Politik im Allgemeinen und der Populismus im Besonderen nicht einfach wertneutral die Wirklichkeit darstellen, sondern durch ihren Diskurs aktiv unser Bild von der Wirklichkeit formen. Wie wir sehen werden, kann allein ein Verständnis für Politik als Kampf um die Deutungsmacht und die Definition der Realität uns den Weg zu einer gangbaren Alternative zum Rechtspopulismus öffnen.

Postpolitische Politik

In diesem Abschnitt werden wir uns auf eine ganz bestimmte Erklärung für das Erstarken des politischen Populismus in Europa konzentrieren, die von der belgischen Politikwissenschaftlerin Chantal Mouffe (2005, 2006) stammt. Ihr Erklärungsansatz kreist um das Verschwinden des ideologischen Konflikts nach dem Fall der Berliner Mauer. Selbstverständlich gibt es weitere Faktoren, die aber aufgrund des beschränkten Raums hier nicht behandelt werden.

Mouffes Thesen zur Politik stützen sich auf die in der politischen Theorie gängige, hilfreiche Unterscheidung zwischen „Politik" – die sich auf Politik als diskretes Milieu bezieht, also Parteipolitik oder institutionalisierte Politik – und dem „Politischen", das sich auf eine Logik widerstrebender politischer Zuschreibungen und Selbstzuschreibungen bezieht, die in allen Bereichen der Gesellschaft zu finden und für „Politik" konstitutiv sind. Um die Allgegenwart des letztgenannten Konzepts zu fassen, bietet sich der eingängige feministische Slogan „Das Persönliche ist politisch" an.

Grund für das Erstarken des Populismus in Europa ist nach Mouffe die „postpolitische" Natur der liberalen Demokratie von heute. Der Ausdruck „postpolitische Politik" bezieht sich auf ein politisches Milieu in dem es keine politischen und ideologischen Konflikte gibt. Nach dem Fall der Berliner Mauer ist die Polarisierung zwischen links und rechts, bis dahin der bestimmende Gegensatz in der Politik, so gut wie verschwunden. Sozialdemokratische Parteien warfen ihre ideologische Grundhaltung zugunsten einer pragmatischen, (neo-)liberalen Praxis über Bord, die als Dritter Weg bekannt wurde. Es war eine Bewegung zur politischen Mitte – oder der „radikalen Mitte" – von Leuten wie Tony Blair, Bill Clinton und Anthony Giddens, die die politische Kultur der 1990er Jahre bestimmte. In den folgenden Jahren wurde Politik mehr und mehr Expertensache, technokratisches Regieren und Management von Öffentlichkeit und somit zur Domäne eines bestimmten Politikertyps, der sich eines speziellen politischen Fachjargons bediente. Diese postpolitische Politik wurde von Francis Fukuyama als das „Ende der Geschichte" und als ultimativer Triumph des Liberalismus über all seine Gegenspieler bezeichnet. Für Mouffe hingegen bedeutete die Vertreibung des Politischen aus der Politik, die ab 1989 stattfand, dass Rechtspopulisten die Möglichkeit bekamen, die politische Landschaft radikal neu zu bestimmen. Politik wurde nicht mehr durch sozioökonomische Trennlinien zwischen links und rechts definiert, sondern durch einen kulturellen Gegensatz zwischen einer weltbürgerlichen multikulturellen „Elite" und einem eher konservativen, nationalistischen „Volk".

Im Großen und Ganzen kennt die Reaktion der Linken zwei Formen: Widerspruch und Anpassung. Beide sind gleichermaßen problematisch.

Die These, die Mouffe anhand einer detaillierten Auseinandersetzung mit John Rawls und Jürgen Habermas entwickelt, lautet, dass die Unfähigkeit der liberalen Demokratie, die politischen Gegensätze zu verstehen und aufzunehmen, teilweise den gegenwärtigen Erfolg der Rechtspopulisten erklärt. Mouffe führt diese Unfähigkeit, mit Gegensätzen umzugehen, auf die der liberalen Sicht von Politik zugrundeliegenden Begrenzungen zurück. Grob gesagt, ist im Wirtschaftsliberalismus die soziale Harmonie und „das größte Glück der größten Zahl" logisches Ergebnis des freien Wettbewerbs zwischen eigennützigen, vernünftigen Akteuren. Das ähnelt stark dem politischen Liberalismus, bei dem das beste Ergebnis durch den freien Austausch von Meinungen und Interessen und den Wettbewerb zwischen ihnen zustande kommt. Das Resultat sollte ein vernünftiger Konsens sein, der das Gemeinwohl ausgewogen widerspiegelt. Eine der großen Schwierigkeiten dieser Sicht ist, dass sie auf der Vorstellung beruht, sowohl Wähler wie auch Politiker handelten vernünftig und durchdacht gemäß ihrer Interessen. Hier vollzieht die liberale Sicht von Politik eine strikte Trennung zwischen Öffentlichem und Privatem. Im öffentlichen und im politischen Bereich tauchen Politiker dieser Theorie zufolge nur als vernunftgesteuerte Verhandlungsführer auf, die über technische und über Verfahrensfragen diskutieren. Ihre Gefühle, ihre Ethik, Moral und Religion, so die Annahme, lassen sie zu Hause, im privaten Bereich. Das führt dazu, dass die äußerst umstrittenen Fragen der Identität aus der politischen Sphäre ausgeklammert werden. Mouffe verfolgt diesen Ansatz zurück zu dem liberalen politischen Theoretiker Rawls, dessen Gedanken in den vergangenen Jahrzehnten auf das liberale Denken und dessen politische Theorie großen Einfluss hatten:

> „Rawls erklärt, dass ‚eine liberale Sicht die strittigsten Fragen von der politischen Themenliste streicht'. Hierdurch wird eine Grenze gezogen zwischen dem, was in einer liberalen Gesellschaft verhandelbar ist, und dem, was nicht verhandelbar ist. Und hierdurch wird eine Trennung vollzogen zwischen dem, was in den privaten und dem, was in den öffentlichen Bereich gehört." (2006)

Seit Ende der 1990er Jahre ist diese Trennung von öffentlich und privat (von den Rechtspopulisten als politische Korrektheit, Zensur oder liberales Tabu bezeichnet) zunehmend angegriffen worden, entweder im Namen der freien Meinungsäußerung oder weil eine unmittelbare Bedrohung durch den islamischen Fundamentalismus (nach dem 11. September) gegeben sei – und schließlich ist sie unter diesem Ansturm zusammengebrochen. Seither stehen umstrittene Fragen der Identität im Mittelpunkt der öffentlichen Debatte.

Ein weiteres erhebliches Problem, auf das Mouffe hinweist, ist, dass ein vernünftiger Konsens undemokratisch ist. Alles, was unter bestimmten politischen Machtverhältnissen nicht in den Bereich des Verhandelbaren fällt, wird aus dem Bereich des Politischen schlichtweg ausgeschlossen, da es ihm an politischem „Realismus" mangele. Das Ergebnis ist eine politische Situation, in der alle Parteien unterschiedliche Aromen ein und derselben Marke von Politik verkaufen und die Wählerinnen und Wähler so gut wie keine Möglichkeit haben, sich für eine Alternative zum Gegebenen zu entscheiden. Die populistischen Parteien erhalten so ein Monopol auf die Systemalternative.

Mouffe legt dar, dass Politik wesentlich mehr umfasst, als vernünftig Interessen gegeneinander abzuwägen. Das Politische ist ontologisch: Es beschreibt die Identität einer Gemeinschaft und ihrer Menschen. Das schließt Gefühle mit ein, die „Leidenschaften und Gemütsbewegungen" (Mouffe 2006) der Politik. Das bedeutet aber auch, dass Konflikte und Gegensätze unvermeidlich sind. Da Identitäten sich stets im Verhältnis zu anderen Identitäten bilden, bezeichnet jede Gemeinschaft ein „Wir", indem sie ein „Sie" benennt. Mouffe behauptet, mit dem Verschwinden des Gegensatzes zwischen Links und Rechts müssten Gegensätze entlang anderer Linien aufbrechen, etwa der ethnischen Zugehörigkeit, der Religion und anderen Formen kultureller Identität. Die ideologische Implosion nach dem Fall der Berliner Mauer führte dazu, dass ein Kampf der Ideologien gegen einen Kampf der Zivilisationen ausgetauscht wurde. Mouffe kommt in ihrer Untersuchung zu dem Schluss, die Linke müsse sich neu erfinden, indem sie zu einer Politik der ideologischen Auseinandersetzung zurückkehrt und den sozio-ökonomischen Links-Rechts-Gegensatz als wesentliche Trennlinie in die politische Debatte zurückholt. Ich werde darauf am Ende meines Beitrags zurückkommen.

Mouffe leitet in ihrer Liberalismuskritik viel von Carl Schmitt ab, einem umstrittenen deutschen Rechtsphilosophen, dessen Werk für die rechtliche Legitimation des Naziregimes eine wichtige Rolle spielte. Schmitt war ein entschiedener Kritiker des liberalen Konzepts von Politik. Für ihn war die Tendenz liberaler Politik, Konflikte zu „de-eskalieren und zu neutralisieren" (Schmitt 2007) – also sie in die Sphäre des Privaten abzuschieben – ein Versuch, Politik überhaupt abzuschaffen. Nach Schmitt ist Konflikt der Politik ebenso eingeboren wie dem Menschlichen. Es sei Teil der menschlichen Natur, Gruppen nach dem Prinzip der Unterscheidung von Freund und Feind, zwischen uns und den Anderen zu schaffen. Diese Unterscheidung, so Schmitt, macht das Wesen des Politischen aus, und es wird sich immer wieder geltend machen, gleich wie entschieden die liberale Demokratie auch versucht, es zu verdrängen:

„Die spezifisch politische Unterscheidung, auf welche sich die politischen Handlungen und Motive zurückführen lassen, ist die Unterscheidung von *Freund* und *Feind*. [...] Der politische Feind braucht nicht moralisch böse, er braucht nicht ästhetisch hässlich zu sein; er muss nicht als wirtschaftlicher Konkurrent auftreten, und es kann vielleicht sogar vorteilhaft scheinen, mit ihm Geschäfte zu machen. Er ist eben der andere, der Fremde, und es genügt zu seinem Wesen, dass er in einem besonders intensiven Sinne existenziell etwas anderes und Fremdes ist, so dass im extremen Fall Konflikte mit ihm möglich sind..." (Schmitt 2007)

Worauf Schmitt verweist, ist, dass eine Politik, die auf miteinander im Konflikt liegenden kollektiven Identitäten aufbaut, notwendig mächtiger und verführerischer ist als eine Politik, die auf der liberalen Vorstellung eines vernünftigen Konsenses aufbaut, einfach weil Konflikte, zusammen mit Gefühlen und Leidenschaften, eingewurzelte Teile des Politischen sind. In Schmitts Philosophie kann der Konflikt sehr schnell extreme Formen annehmen, weshalb er als ein „gefährlicher Denker" bekannt ist. Der alltägliche Feind, mit dem man Geschäfte machen kann und der doch existenziell anders ist, kann sehr schnell zum „absoluten Feind" werden. Diese Gestalt ist das absolut Böse, jemand, mit dem man nicht spricht und den man weder gerecht noch menschlich behandeln muss. Den Feind zu verteufeln, wird zu einem kategorischen Imperativ. Auf diese Art nimmt der Konflikt existenzielle Form an und wird zu einem Kampf auf Leben und Tod. Zu Schmitts Lebzeiten, während des Naziregimes, wurden zum einen die Kommunisten, zum anderen die Juden auf diese Weise entmenschlicht und verteufelt. Der absolute Feind rechtfertigte, Schmitt zufolge, den totalen Krieg und machte es erforderlich, den Ausnahmezustand auszurufen und per Notstandsverordnung zu regieren, wodurch die Exekutive sich die Befugnisse der Legislative und der Rechtsprechung aneignet. Außerdem bedeutete der totale Krieg, dass man nicht mehr an internationale Menschenrechtskonventionen gebunden war. So konnte die Rechtsordnung umgangen werden.

Schmitt wird heute auf unterschiedliche Art gelesen. Chantal

Mouffe versucht, „mit Schmitt gegen Schmitt" zu denken (Mouffe 2005), das heißt, von Schmitts Liberalismuskritik und seinen Thesen zur Konfliktbereitschaft des und zum Widerstreit zwischen den Menschen zu lernen, ohne dabei Schmitts manichäisches Freund-Feind-Denken zu übernehmen. Sie verwandelt Schmitts Feind in einen „Gegner", dessen Ideen bekämpft werden, dessen Recht, sie zu artikulieren, aber dennoch geachtet wird. Schmitts Widerstreit wird zu Mouffes „Agonismus", bei dem der Konflikt vorhanden ist, jedoch innerhalb des Rahmens der gesetzlichen Ordnung bleibt.

Es gibt jedoch gegenwärtig auch eine andere Lesart von Schmitt. Autoren wie Simon Critchley weisen auf den Einfluss von Schmitt auf die Politik des neokonservativen Lagers hin, wo der Islam als „absoluter Feind" neu erfunden worden ist. Um die praktischen Folgen dieser Philosophie zu erkennen, brauchen wir nur auf die Politik der Regierung Bush nach dem 11. September zu schauen. Es ist, als habe sie Schmitts Werk als Leitfaden benutzt. Beinahe wörtlich von Schmitt stammt die Parole „Wer nicht für uns ist, ist gegen uns", das heißt, hier gibt es nur Freund oder Feind, und die moslemischen Fundamentalisten sind das absolute Übel, das es zu vernichten gilt, ein Feind, den man foltert (in der juristischen Grauzone von Guantanamo Bay), mit dem man aber nicht spricht oder verhandelt. Im „Krieg gegen den Terror" wurde die Macht der Exekutive durch alle möglichen Notverordnungen beständig erweitert – auf Kosten der Legislative und der Judikative (vgl. Turner 2002, Chebab 2007). Es überrascht kaum, dass Schmitt von Neokonservativen in den Vereinigten Staaten sehr geschätzt wird, und auch holländische Neokonservative wie Afshin Ellian und Bart Jan Spruyt (vgl. Schuyt 2006) , die beide eng mit Geert Wilders verbunden sind, zitieren ihn zustimmend.

Die Ähnlichkeiten zwischen Schmitts Denken und der politischen Praxis der Rechtspopulisten liegen klar zutage: Man hat „das Volk" mit Hilfe einer doppelten Freund-Feind-Unterscheidung neu erfunden. Zum einen wird einem naturalisierten „Wir" ein immigrantisches Anderes, ein „Sie" gegenübergestellt. Zum anderen wird „das Volk" als Gegenpol zur liberalen Elite in Politik und Medien definiert.

Diese neue politische Spaltung, mit der der Rechtspopulismus Erfolg hatte, verläuft zwischen volksnahem, nationalistischem Konservatismus und dem fortschrittlichen Weltbürgertum der postpolitischen Elite. Dieser grundsätzlich polarisierenden Natur des Populismus möchte ich mich jetzt zuwenden.

Die demokratische Kluft

Zum Wesen des politischen Populismus gehört, dem Philosophen Ernesto Laclau zufolge, seine Neigung, die politische Gemeinschaft in unterschiedliche Blöcke aufzuspalten:

> „Ein institutionalistischer Diskurs zielt darauf, die Grenzen des diskursiven Systems mit den Grenzen der Gemeinschaft zusammenfallen zu lassen. [...] Beim Populismus findet das Gegenteil statt: Eine ausschließende Grenze teilt die Gesellschaft in zwei Lager. In diesem Fall ist „das Volk" etwas weniger als die Gesamtzahl der Mitglieder der Gemeinschaft: Es ist nur eine Teilkomponente, die dennoch danach trachtet, als einziges legitimes Ganzes verstanden zu werden." (2005)

Nehmen wir einen Fall von heute. Bei den US-Wahlen 2008 haben wir zwei verschiedene Arten beobachten können, an „das Volk" zu appellieren. Ein deutliches Beispiel für einen institutionalistischen Diskurs ist der von Obama. Er wendet sich an die gesamte amerikanische Bevölkerung, wobei der amerikanische Traum das einigende Symbol ist. Auf der Website von Obamas Wahlkampagne konnte man Sticker finden wie Latinos für Obama, Farmer für Obama, Schwule für Obama, Hundehalter für Obama. Für alle Arten von Gruppen, die man sich überhaupt vorstellen kann, gab es Aufkleber und Facebook-Seiten. Niemand wurde von vornherein ausgeschlossen. Auf der anderen Seite des politischen Spektrums wandten sich John McCain und Sarah Palin ebenfalls an „das Volk", aber in einer vollkommen anderen Manier. Sie appellierten an das „Wahre

Amerika" (ähnliche Begriffe sind „Small Town America", das Herzland und die schweigende Mehrheit), das man dem Falschen Amerika der liberalen Elite an der Ost- und Westküste entgegensetzte. Hier sehen wir die populistische Logik am Werk: Eine Teilkomponente (das reine, unverdorbene ländliche Amerika – oder das der Vororte) wird zu einem Symbol, das für die USA als Ganzes steht. Der logische Schluss bei dieser Art von politischem Diskurs ist, dass Teile der Allgemeinheit nicht zum „Volk" gehören und damit auch keine politische Legitimation genießen.

Derselbe populistische Mechanismus liegt auch virtuellen Kategorien und Figuren zugrunde wie „Otto Normalverbraucher", „der Mann auf der Straße", „der Normalbürger" und die „hart arbeitenden Bürger, die sich an die Gesetze halten und ihre Steuern bezahlen". Es handelt sich hier um symbolische Elemente, die repräsentativ für das Ganze sein sollen und denen andere Elemente gegenübergestellt werden (z. B. die linke/liberale Elite, moslemische Einwanderer oder Bedürftige), denen die politische Legitimität entzogen wird. Ein Beispiel dafür, wie der holländische Populismus auf diese Art Grenzen absteckt, ist die Rede „Die beiden Niederlande", die Geert Wilders während der Haushaltsdebatte 2009 hielt:

> „Balkenendes Land ist ein Land, das aus zwei Niederlanden besteht. [...] Auf der einen Seite steht unsere Elite mit ihren sogenannten Idealen: Multikulturelle Gesellschaft, extrem hohe Steuern, die irrsinnige Klimahysterie, die unaufhaltsame Islamisierung, der Brüsseler Superstaat und sinnlose Entwicklungshilfe [...] Es handelt sich um die Linke vom Amsterdamer Grachtengürtel und deren selbstgefällige Anhänger. Die zweiten Niederlande, das sind die Leute, die die Rechnung bezahlen müssen, im buchstäblichen wie im übertragenen Sinn. Die bedroht und ausgeplündert werden. Die unter der Verwüstung leiden, welche die Straßenterroristen angerichtet haben. Die sich wegen der hohen Steuern abquälen müssen und sich die Niederlande

sozial gerechter wünschen. Das sind die Leute, die unser Land aufgebaut haben."

Eine Grenze teilt das Land in zwei Lager: die Niederlande der linken Elite und diejenigen der „einfachen" Steuerzahler, „das Volk". Der „Plebs" – ein relativ benachteiligter und unterschätzter Teil der Gemeinschaft – wird zum einzig legitimen „Populus" erklärt. Der Einsatz dieser populistischen Technik ist keine bloße Besonderheit der Rechten, wie dieses Zitat von John Edwards bei den Vorwahlen der Demokraten im Jahr 2004 zeigt:

> „Heute, unter George Bush, gibt es zwei Amerikas, nicht eins. Ein Amerika macht die Arbeit, ein anderes heimst die Erträge ein. Ein Amerika zahlt Steuern, ein anderes Amerika bekommt Steuererleichterungen. Das erste Amerika: das Amerika der Mittelklasse, dessen Sorgen und Nöte von Washington längst vergessen sind; das zweite Amerika: das Amerika der Sonderinteressen, dem Washington die Wünsche von den Lippen abliest. Ein Amerika, das hart kämpfen muss, um über Wasser zu bleiben, ein anderes Amerika, das sich alles kaufen kann, sogar einen Kongress und einen Präsidenten."

Die Grenzlinie, die auf diese Art zwischen der Elite und dem Volk gezogen wird, bezeichnet Laclau als „innere Grenze". Dieser Begriff einer politischen Grenze weist eine interessante Ähnlichkeit mit dem Gedanken der „demokratischen Kluft" zwischen Bürgern und Politikern auf. Man begegnet dieser Sichtweise häufig: Grund für den Erfolg des Populismus ist die immer größer werdende „Vertrauenslücke" zwischen Volk und politischem System. Laclau jedoch macht eine Gegenrechnung auf: Der Populismus ist nicht so sehr der Ausdruck dieser Kluft, er zielt vielmehr darauf, sie zu erzeugen. Man sollte bedenken, dass Populisten in der Regel keine Gelegenheit auslassen, zu zeigen, dass sie nicht Teil der regierenden Elite mit ihren Hinterzimmergesprächen, ihren liberalen

Umgangsformen sind; und beständig bläuen sie uns ein, wie weit die Realität, in der Politiker und Staatsbeamte leben, von der „Wirklichkeit auf der Straße" entfernt ist – was immer damit gemeint sein mag. Man findet diese Art von Diskurs sogar bei Berlusconi, der, obgleich er an der Regierung war, es immer wieder verstand, so zu tun, als gehöre er nicht dazu.

Allein ein Verständnis für Politik als Kampf um die Deutungsmacht und die Definition der Realität kann uns den Weg zu einer gangbaren Alternative zum Rechtspopulismus öffnen.

Wenn wir Laclaus Argumentation weiter folgen, ist es so, dass die demokratische Kluft schon per Definition nie ganz geschlossen werden kann. Seiner Ansicht nach ist die Gesellschaft nicht „totalisierbar". Sie kann nicht einfach sauber auf einen universellen gemeinsamen Nenner gebracht oder simpel in soziale Klassen mit einander ergänzenden Bedürfnissen untergliedert werden. Folglich kommt Laclau zu dem Schluss, dass es so etwas wie „die Gesellschaft" nicht gebe, eine überraschende Variante des berühmten Satzes von Margaret Thatcher.[2] Die Gesellschaft als Ganzes könne dementsprechend auch nie repräsentiert werden, denn immer gebe es politische Forderungen seitens der Bevölkerung – demokratische Ansprüche, sagt Laclau –, die politisch nicht vertreten werden, was zu politischer Unzufriedenheit führe. So lange sich diese Unzufriedenheit auf verschiedene Schultern verteilt – so lange man sie „differentiell" behandeln kann, so Laclaus Begriff –, entstehe kein wirklich großer Konflikt. Anders gesagt, solange die demokratische Kluft aus vielen ganz unterschiedlichen Klüften „eigener Art" besteht, die miteinander nichts zu tun haben, kann sich diese Unzufriedenheit nicht herauskristallisieren. Solange sich die Unzufriedenheit der Menschen über Verkehrsstaus nicht mit ihrer Unzufriedenheit über heruntergekommene Stadtviertel vermengt, solange die Unzufriedenheit über die Bürokratisierung nicht mit der über Verbrechen einhergeht, ist politische Unzufriedenheit über die ganze Gesellschaft verteilt und findet keinen Kristallisationspunkt.

––– ––– –––

2   „There is no such thing as society", Margaret Thatcher im Gespräch mit *Women's Own Magazine*, 31. Oktober 1987. (Anm. d. Red.)

Sobald aber eine ganze Reihe von Ansprüchen unerfüllt bleiben und zwischen diesen Ansprüchen durch einen politischen Diskurs eine Verbindung hergestellt wird – Laclau nennt das eine „Äquivalentenkette" –, kann es geschehen, dass einer dieser Ansprüche sich als Symbol für alle anderen unerfüllten Ansprüche durchsetzt. Laclaus Theorie zufolge ist das die Stunde des Populismus. Beim Populismus geht es folglich um die Transformation einzelner demokratischer Klüfte in eine kollektive Kluft, um einen Kristallisationspunkt für politische Unzufriedenheit. Die populistische Methode lädt eine Person oder ein Problem mit symbolischer Bedeutung für andere nicht befriedigte Ansprüche auf und bringt so verschiedene Handlungsstränge zusammen und konzentriert sie in einer Person oder einem Slogan. Die sogenannte Verschwommenheit des populistischen Diskurses ist daher kein Zeichen seiner Schwäche. Gerade wegen seiner Verschwommenheit kann es dem Populismus gelingen, eine sehr heterogene Wählerschaft mit ebenso unterschiedlichen Ansprüchen zu einen.

Aus der Lektüre von Laclau können wir lernen, dass der Populismus nicht so sehr dem Willen des Volkes eine Stimme gibt – da es im Wesentlichen eine virtuelle Einheit ist. Es geht vielmehr darum, „das Volk" erst zu bilden, und zwar indem eine innere Grenze gezogen und Bilder und Erzählungen geschaffen werden. Dazu gehört vor allem auch die negative Identifikation, der Ausschluss bestimmter Gruppen aus der Gemeinschaft, das sogenannte „konstitutive Äußere". „Das Volk" nimmt Gestalt an, indem es bestimmte Gruppen ausschließt, indem es festlegt, was es nicht ist. Sich vom liberalen Establishment abzugrenzen oder von der „entfremdeten Elite" und „den Anderen"– im Rechtspopulismus im Regelfall Moslems (Terroristen) oder Einwanderer – schafft eine Identität für ansonsten gestaltlose und äußerst heterogene Wählerschaften, die positiv keine greifbare Ideologie oder politische Ausrichtung miteinander teilen. Zum zweiten zielt die symbolische Politik des Populismus auf die Aneignung und Politisierung kultureller Symbole ab, die diese begrenzte Idee vom „Volk" ausdrücken können. Man denke dabei an die Politisierung der Boston Tea Party, durch die versucht wird, das amerikanische Wesen auf den Widerstand gegen Steuern und Staat zu reduzieren, oder an die Art und Weise, in der alle wichtigen europäischen populistischen Parteien (die von Berlusconi, Wilders, Bossi, Haider/Strache oder Dewinter) ein sehr spezielles und begrenztes Bild des jeweiligen nationalen Erbes vermitteln.

Interpellation

Wir haben das Werk von Laclau und Mouffe hier Revue passieren lassen, um zu einem Verständnis des Populismus zu kommen – einem Verständnis nicht als neutraler Ausdruck real existierender Widersprüche, sondern als Kampf um die Deutungsmacht über die gesellschaftliche Wirklichkeit, das heißt als Versuch, „uns" von „ihnen" zu scheiden und eine innere Grenze abzustecken. Bislang haben sich die meisten Reaktionen auf den Populismus nur wenig damit auseinandergesetzt, wie er die Realität darstellt und ummünzt. Was die beiden Arten zu reagieren angeht, die ich zu Beginn des Aufsatzes skizziert habe, so verwirft die Widerstandshaltung die populistische Fiktion rundweg, ohne sich aber näher mit ihr zu beschäftigen, während der Ansatz, sich anzupassen, tendenziell unkritisch die Vorstellung übernimmt, die Populisten sprächen im Namen des Volkes.

Der einflussreiche englische Kulturwissenschaftler Stuart Hall zeigte in seiner Untersuchung zum Populismus von Margaret Thatcher Ende der 1970er Jahre, wie es diesem Populismus gelang, die Art und Weise zu beeinflussen und zu verändern, in der die Menschen ihren eigenen Alltag interpretierten – und zwar durch die Boulevardpresse und durch konkrete Kampagnen und Eingriffe. Er warnte davor, im Populismus bloß Phrasen und Demagogie zu sehen:

> „Sein Erfolg und seine Wirksamkeit bestehen nicht darin, das naive Volk zu täuschen, sondern in der Art, wie wirklich vorhandene Probleme benannt werden, durchlebte

Erfahrungen, reale Widersprüche – und wie er dabei zugleich in der Lage ist, dies in die Logik eines Diskurses einzuordnen, der sie systematisch auf eine Linie mit der Politik und den Klassenstrategien der Rechten bringt." (1983)

Vieles an den Analysen Halls aus jener Zeit, etwa die politische Ausschlachtung einer moralischen Panik, die sich um Überfälle durch Jugendliche Einwanderer drehte oder das Schüren weit verbreiteter Ängste über den Zustand von Recht und Ordnung, sind heute so aktuell wie damals, da rechtspopulistische Bewegungen in Europa mit ähnlichen Themen einen Gutteil ihres Repertoires bestreiten. Hall nannte diese Technik, die öffentliche Meinung zu beeinflussen, „Interpellation", nach einem Begriff des französischen Philosophen Louis Althusser. Hall beschreibt Interpellation als einen Prozess der ideologischen Anwerbung, bei dem das Alltagsverständnis der Menschen in einen bestimmten politischen Interpretationsrahmen eingefügt wird, wobei man auf konkrete, tatsächlich existierende Situationen zurückgreift. Vieles davon enthält der neuere (aber begrenztere) Begriff des *Framing*.

Ein Beispiel hierfür ist die Art und Weise, wie in den Niederlanden die Debatte über Immigration und Integration durch den Rechtspopulisten Geert Wilders neu kodiert wurde. Ihm gelang es durch seine anhaltenden Polemiken, von Jugendlichen mit Migrationshintergrund begangene Verbrechen mit der Unvereinbarkeit „des rückständigen Islam" und des „aufgeklärten Westens" zu verbinden. Während die soziologische Forschung Delinquenz unter Jugendlichen mit Migrationshintergrund allgemein als ein Problem beschreibt, das durch die sozioökonomische Marginalisierung in den Städten verursacht wird, haben Wilders und andere es stets an die Kultur und Religion in den Ursprungsländern gekoppelt.

Schon in den 1970ern fand Hall heraus, dass die Rechte in dieser Praxis des *Framing* geschickter war als die Linke. Nach Hall ist dies auf Seiten der Linken auf ein übermäßig einfaches, vernunftbasiertes und individualistisches Bild davon zurückzuführen, wie Menschen gesellschaftliche Wirklichkeit erfahren. Die Linke, beklagte Hall, habe vergessen, dass man, wenn man die politischen Interessen von Menschen vertreten will, immer auch um die Formen kämpfen müsse, die ihr politisches Denken annimmt.

Eine ähnliche Schlussfolgerung, was das *Framing* der gesellschaftlichen Wirklichkeit betrifft, ergibt sich aus dem Werk von Chantal Mouffe. Sie beschreibt wie der 11. September den Rechtspopulisten die Möglichkeit gab, die bestehende gesellschaftliche Wirklichkeit umzuinterpretieren und eine neue politische Grenze zu ziehen, nämlich zwischen einem aufgeklärten jüdisch-christlichen Westen und einem rückständigen fundamentalistischen Islam. Hierdurch wurde es auch möglich, die innenpolitische Landschaft neu zu definieren. Die rechtspopulistischen Bewegungen schafften es durch beständiges polemisches Sperrfeuer, den Konflikt auf eine neue politische Trennlinie zu lenken: auf den Gegensatz zwischen einer weltbürgerlichen, multikulturalistischen Elite und dem konservativen, nationalistischen Volk. Das Besondere an Chantal Mouffes Werk und ihrer Interpretation von Carl Schmitt ist, dass sie den Konflikt als für die Demokratie unabdingbar beschreibt und darauf hinweist, dass es strategisch wichtig ist, die Art des politischen Gegensatzes zu fassen. Sie folgert daraus, dass eine pluralistische Linke, will sie die politische Initiative zurückgewinnen, versuchen sollte, die Bedeutung kultureller Gegensätze zurückzudrängen und Probleme in sozioökonomische Erklärungsmuster zu fassen – wodurch der Widerstreit zwischen Links und Rechts wieder zur politischen Hauptkampflinie würde.

Jüngste politische Entwicklungen haben einem solchen Unternehmen zusätzlich Auftrieb gegeben. Der Volksaufstand in Ägypten hat das Bild des Rechtspopulismus von einem Islam, der grundsätzlich mit Demokratie nicht vereinbar ist, untergraben. Die Finanzkrise und die Stabilitätspolitik in ganz Europa bieten die Gelegenheit – und zeigen, wie nötig es ist –, politische Ansätze für einen gemeinsamen Kampf gegen eine neue Welle neoliberaler Kürzungen zu finden. Nie war für die Linke die Zeit günstiger als jetzt, sich neu zu erfinden.

/

LITERATUR

Chebab, Ahmad (2007): The Unitary Executive and the Jurisprudence of Carl Schmitt. Theoretical Implications for the 'War on Terrorism'. Forschungspapier, Detroit 2007.

Critchley, Simon (2007): Crypto-Schmittianism: The Logic of the Political in Bush's America, in: Infinitely Demanding, Ethics of Commitment, Politics of Resistance, S. 133-148. London 2007.

Edwards, John (2004): Two America's, Wikiquote English Edition, unter: http://en.wikiquote.org/wiki/John_Edwards#Two-Americas.

Hall, Stuart (1983): The Great Moving Right Show, in: The Politics of Thatcherism, hg. von Stuart Hall and Martin Jacques, S. 19-39. London 1983.

Laclau, Ernesto (2005): On Populist Reason. London 2005.

Mouffe, Chantal (2005): On the Political. London 2005. Deutsch: Über das Politische. Frankfurt 2007.

Mouffe, Chantal (2006): The Return of the Political. London 2006.

Rancière, Jacques (2005): Hatred of Democracy. London 2005.

Schmitt, Carl 2007 [1927]. The Concept of the Political. Chicago 2007. Deutsch: Der Begriff des Politischen. Berlin, 1963.

Schuyt, Kees (2006): Democratische deugden, groepstegenstellingen en sociale integratie. Amsterdam 2006.

Turner Bryan (2002): Sovereignty and Emergency: Political Theology, Islam and American Conservatism, in: *Theory, Culture & Society* 19 (4), S. 103-119.

Wilders, Geert (2008): Rede in der Haushaltsdebatte (APB) am 17. September 2008, unter: http://www.pvv.nl/index.php?option=com_content&task=view&id=1288&Itemid=1

Eine Spirale von Lärm und Aufmerksamkeit

■ **Über die nicht immer ganz widerwillige Symbiose von Rechtspopulismus und Medien**
Von Robert Misik

Die Aufmerksamkeitsökonomie des heutigen Medienbusiness begünstigt das Entstehen populistischer Stimmungen und den Aufstieg anti-etablierter politischer Formationen. Boulevardmedien, private Fernsehanstalten und in jüngster Zeit auch Onlinemedien stehen in harter Konkurrenz um Quoten und Klicks. Die schräge These, die bizarre Provokation, der Skandal und die Inszenierung von Politik als Duell sind wichtig für diesen Kampf um Beachtung. Politische Diskussionen müssen zum „Zweikampf" werden, Krach und Krawall haben Entertainment-Effekt. Auch wenn einem das nicht gefällt – dem kann man sich kaum entziehen.

Den rechtspopulistischen Meinungsmachern und Politikern ist dabei die Rolle der provokanten Quergeister, der Tabubrecher, der Krachmacher zugedacht, der Gegenseite die der faden Gutmenschen, der blutleeren Apparatschiks, der Etablierten. Politiker „etablierter" Parteien sind in einer solchen Konstellation von Beginn an in der Defensive, eine Defensive, aus der sie kaum herauskommen können: Sei es, weil sie aus Rücksicht auf Amt und Diplomatie vorsichtig formulieren müssen; sei es, weil sie aus Angst, etwas zu sagen, was gegen sie ausgelegt werden könnte, gar nichts sagen und sich in nebulöse Satzkaskaden hineinreden; sei es, weil ihnen Spin-Doktoren einreden, sie müssen möglichst knackige PR-Botschaften in 50-Sekunden-Soundbites senden – am besten im Stil sinnfreier Waschmittelwerbung; sei es, weil die komplexen Probleme von Regierungspolitik sich schlechter zu knalligen Sätzen verdichten lassen als radikal-oppositionelle Attacken; oder sei es, weil sie sich in jahrzehntelanger Gremienarbeit und durch selbstreferentielle Politdiskurse das normale Sprechen abgewöhnt haben (sehr oft ist all das zusammen der Fall).

In dieser Konstellation ist der Rechtspopulist, der vorgibt, er rede „Klartext", er sage, „was die einfachen Leute denken", schon auf der Gewinnerstraße, bevor die Scheinwerfer überhaupt eingeschaltet sind. In der totalen Kommunikationsgesellschaft, schreibt die Politikwissenschaftlerin Dina Elmani, entscheidet Kommunikation

> „in allen Lebensbereichen über Erfolg und Misserfolg jeglichen Handelns und niemand kann ihr entrinnen. Das öffentliche Gehör stumpft ... ab, es zählt nur mehr das Argument, das mit der lauteren Stimme vorgebracht wird. Daraus resultiert eine Lärm-Aufmerksamkeitsspirale, die sich aus Lautstärke und Unterhaltungsfaktor ableitet ... wobei das wichtigste Kriterium der Spaßgesellschaft offensichtlich der Faktor ‚Unterhaltung' geworden ist. Und genau diesem Metier hat sich der heutige Populismus verschrieben – er ist laut, provoziert, fällt aus der Reihe und damit auch auf und bietet Unterhaltung auf einer langweiligen, spröden Politbühne, obwohl er Ängste und Unsicherheit schürt" (Elmani 2003).

Die Symbiose von Medien und Populisten

Die Medien werden so zu Verbündeten der Rechtspopulisten – oft wider Willen, manchmal absichtlich und kalkuliert. Am Offensichtlichsten ist das noch bei den Printmedien aus der Abteilung Boulevard mit ihrem Massenpublikum. Sie geben sich als das Sprachrohr des kleinen Mannes, der einfachen Leute, der „regular folks", und sind damit schon von ihrer medial-politischen

Agenda der Position der Rechtspopulisten ziemlich nahe, so dass der politische Populismus vom Medienpopulismus flankiert, im Einzelfall auch durch diesen ersetzt wird. Auch die Medienpopulisten geben vor, den echten Sorgen der normalen Menschen Ausdruck zu verleihen, die in einem angeblich abgehobenen Politikbetrieb nicht mehr ausreichend zur Sprache kommen würden.

Aber auch durchaus „kritische" Medien geraten in eine eigentümliche Symbiose mit den populistischen Wort- oder Parteiführern. Rechtspopulistische Politiker inszenieren sich als „echt", als „authentisch", gleichzeitig als „erfrischend anders" und werden gerade so zu Stars. Die Medien verkaufen mit dem Star ihre Auflage. Sie heben den umstrittenen Populisten auf die Titelseite, was ihnen merkbare Verkaufszuwächse bringt, die Star-Aura des Populisten gleichzeitig aber wieder verstärkt. Dabei ist nahezu irrelevant, ob sie den Populisten anhimmeln oder dämonisieren.

Feiern sie ihn, kann es ihm recht sein. Warnen sie vor ihm und brandmarken sie seine Gefährlichkeit, kann es ihm genauso recht sein – dann ist er in seiner Rolle als „Tabubrecher" bestätigt, der vom gesamten Establishment bekämpft wird, inklusive des Medienestablishments. Kritische Berichterstattung wird dann als „Verfolgung", als Missbrauch der Pressefreiheit charakterisiert, die ihn, den rechtspopulistischen Politiker, der unbequeme Wahrheiten ausspricht, mundtot machen will. Weshalb der rechtspopulistische Radau-Oppositionelle den Medien, von denen er profitiert, gerne auch androht, er würde in den Redaktionen schon für Ordnung sorgen, wenn er denn einmal an die Macht käme. Und wo das tatsächlich geschieht, wo Rechtspopulisten an einflussreiche Regierungsstellen gelangen, versuchen sie das tatsächlich – man denke nur an die Orbán-Regierung in Ungarn. Auf spezielle Art geschah das in Italien (wo Berlusconi ohnehin als Eigentümer wichtiger Medien den Durchgriff hat), aber auch in Österreich gab es unter der ÖVP-FPÖ-Regierung massiven Druck auf Journalisten des öffentlich-rechtlichen Fernseh- und Radiosenders ORF.

Die Spirale von Provokation und Skandalisierung

Der Aufstieg der Rechtspopulisten ist jedenfalls immer auch eine politisch-mediale Aufschaukelung von Provokation – Skandalisierung – noch mehr Provokation – noch mehr Skandal. Dies führt dazu, dass der rechtspopulistische Politiker im Gespräch bleibt, während die „normalen" Politiker mit ihren Sachthemen und der langwierigen Suche nach Kompromissen unterhalb der Aufmerksamkeitsschwelle dahinkrebsen. Der rechtspopulistische Politiker konzentriert damit einen überproportionalen Anteil von Aufmerksamkeit auf sich, so dass das politische Klima als Ganzes sukzessive verroht und sich radikalisiert, was ihm wiederum günstig ist. Freilich ist der populistische Politiker selbst in einer Spirale des „Mehr" gefangen. Er muss die Dosis stets erhöhen: Eine Aussage, die gestern noch als provokant galt, ist heute schon bekannt und regt deswegen niemanden mehr auf, weshalb sie durch eine noch ärgere Provokation getoppt werden muss. Mehr noch: Die Strategie von Skandal und Skandalisierung ist mit der Zeit bekannt und führt zu einer Ermüdung des Publikums – weshalb noch ärger provoziert werden muss, um überhaupt die Erregungsschwelle zu überschreiten. Der Populist verabreicht Gift in kleinen, aber immer wachsenden Dosen, er ist aber selbst ein Getriebener seiner Strategie.

Die FPÖ, erst unter Jörg Haider, jetzt unter Heinz-Christian Strache, hat diese Strategie zur Meisterschaft gebracht. Ein beliebtes Mittel war es, in Wahlkämpfen skandalöse Plakate zu affichieren, worauf öffentliche Empörung ausbrach und alle Medien über die Plakate und die Empörung berichten mussten, so dass sich alles um die Themen drehte, die die Rechtspopulisten setzten. Mittlerweile ist aber ein derartiger Gewöhnungseffekt eingetreten, dass es selbst den FPÖ-Textern schwer fällt, sich ausreichend „noch skandalösere" Plakate auszudenken. Mittlerweile bleibt die Empörung oft schon aus, was gewiss ein schlechtes Zeichen für die politische Kultur des Landes, aber paradoxerweise auch für die Rechtspopulisten ein Problem ist, weil es ihre Strategie unterläuft.

Exzentriker in der Politik

Es ist eine banale Feststellung, dass heute Politik in einem hohen Maße Inszenierung ist und die Frontleute der Parteien und politischen Bewegungen in den Lichtkegel der Aufmerksamkeit geraten und nicht

Der Aufstieg der Rechtspopulisten ist jedenfalls immer auch eine politisch-mediale Aufschaukelung von Provokation – Skandalisierung – noch mehr Provokation – noch mehr Skandal.

nur politische Funktionäre, sondern auch Persönlichkeiten und Celebrities sein müssen – ein Sachverhalt, der gerne mit Begriffen wie „Personalisierung" und „Amerikanisierung" beschrieben wird und der politische und mediale Ursachen hat. Zu den politischen Ursachen zählt: Die Bindekraft politischer „Lager" nimmt ab, dagegen orientieren sich die Wähler verstärkt an den handelnden Personen. Zu den medialen Ursachen zählt: Medien erzählen ihre Geschichten lieber anhand von Menschen, weniger gerne anhand von Daten, Fakten und Gesetzesvorhaben. Jeder weiß das, darüber muss man nicht viele Worte verlieren. Dieser Strukturwandel ist Populisten günstig. Populistische Parteien sind in aller Regel auf eine Führungsperson zugeschnitten. Gewiss, diese Person kann relativ talentlos und auf fast schon schmerzhafte Weise „normal" sein, wie Sarah Palin, Heinz-Christian Strache oder der Schweizer Christoph Blocher. Auch Viktor Orbán ist, als Person, eher ein normaler Typ. Aber es kann auch nicht übersehen werden, dass viele Frontleute der Rechtspopulisten recht eigentümliche Persönlichkeiten waren und sind. Pim Fortuyn in Holland, Jörg Haider, Silvio Berlusconi, Umberto Bossi, der Hamburger Kurzzeit-Populistenführer Ronald Schill, der niederländische Anti-Islam-Anführer Geert Wilders – sie sind eher extravagante Figuren, Exzentriker in der Politik, Menschen, von denen man nicht genau weiß, ob sie eher zum Lachen oder zum Fürchten sind.

Sie sind auf bizarre Weise auf ihr „Ich" konzentriert. In der medialen Darstellung changieren sie auf frappierende Weise zwischen „gefährlich" und „man darf sie nicht zu ernst nehmen". Deshalb ist, was für andere Politiker politisch tödlich wäre, für sie nicht einmal peinlich. Sie tun und sagen Dinge, für die jeder andere ohne Zweifel im Handumdrehen für verrückt befunden würde. Sie sind Schauspieler, die gerade deshalb so authentisch wirken, weil sie sich ihrem Schauspieler-Ich so vorbehaltlos, so „echt" hingeben –, weil es die Schaustellerei begnadeter Ich-Darsteller ist. Sie verfügen über einen Authentizitätsbonus, der durch ihre Ich-Fixiertheit, ihre narzisstische Eigenliebe getragen wird. Ihre Macken, ihre Sucht nach Aufmerksamkeit, ihre Respektlosigkeit, ihr Vorwitz, ihre Ignoranz gegenüber Gepflogenheiten und Realitäten, mit einem Wort, all jene Charaktereigenschaften, in denen sich ihre Exzentrik erweist, heben sie vom Typus des politischen Funktionärs ab, der im schlimmsten Fall nicht mehr ist, als das Amt, das er bekleidet. Was politische Kommentatoren vorschnell „personales Charisma" nennen, ist eine Subjektivität, die es diesen politischen Exzentrikern erlaubt, obzwar sie meist an der Spitze von Parteien stehen, diese hinter sich verschwinden zu lassen – und so das antipolitische Ressentiment zu lukrieren. Es ist dieses Changieren, das praktisch immer zu ihren Gunsten ausschlägt: Gehen sie zu weit, das heißt, weiter, als es selbst ihrem Stammpublikum lieb ist, so sind sie immer noch – ja, gerade dann! – Typen, die sich etwas trauen.

Dass sie, in solch eminenten Sinn, „Figuren" sind, macht sie zu paradigmatischen Gestalten einer auf Personen fixierten Polittainment-Kultur, in der also Entertainment und Politikberichterstattung in eins fallen.

Tabus und Pseudotabus

Rechtspopulistische Meinungsmacher und Politiker behaupten nicht nur, dass sie „Klartext" reden und „die Wahrheit" aussprechen, wohingegen etablierte Politiker und Mainstream-Medien um den heißen Brei redeten, sie behaupten zudem, dass Politik und Medien auf nachgerade verschwörerische Weise „Tabus" errichten – dass sie vorschreiben, was gesagt und gedacht werden muss. Sie würden den normalen Bürgern verbieten, zu sagen, was sie wirklich denken, zu sagen, „was Sache ist". Und der Populist, sei er Buchautor, Kommentator oder Parteiführer, würde die Wahrheit stellvertretend für die zum Schweigen verdammte Mehrheit aussprechen. Dafür wiederum ziehe er sich den Hass der Tabuhüter zu. Die Populisten würden also unterdrückte Meinungen aussprechen. Dass dies auch ohne populistische Politiker im engen Sinn funktioniert, zeigte die deutsche BILD-Zeitung am Höhepunkt der Sarrazin-Debatte, als sie mit dicken fetten Lettern von ihrer Titelseite schrie: „Das wird man ja noch sagen dürfen! – BILD kämpft für Meinungsfreiheit."

Die plakative Behauptung von Tabus und die medial inszenierte Durchbrechung derselben ist ein argumentativer Dreh- und Angelpunkt populistischer Phrasen. Solche „Pseudotabu-Debatten" folgen dem von Alexander Hensel so schön beschriebenen Mechanismus:

> „Zunächst wird die eigene politische Position zum Tabu stilisiert. So kann die ... kollektive Ablehnung von Tabus aktiviert werden. Dies ermöglicht, etwaige Kritik der eigenen Position zu diskreditieren, indem diese als bloße Verteidigung des vorgeblichen Tabus beschrieben wird. Als solche kann sie, ungeachtet ihres Inhalts, als Angriff auf Pluralismus und Meinungsfreiheit umgedeutet werden. Der Pseudotabubrecher selbst inszeniert sich demgegenüber als intellektuell redlicher Querdenker und mutiger Verteidiger dieser demokratischen Werte. ... Zweitens zieht ein inszenierter Tabubruch meist ein hohes Maß an Publizität nach sich. ... Drittens kann die inhaltliche Position des Pseudotabubrechers immunisiert werden, indem jegliche Kritik seiner Position in eine Verteidigung des konstruierten Tabus umgemünzt wird" (Alexander Hensel u.a. 2011).

Das ist natürlich unredlich, weil der Pseudotabubrecher gerade das, was er wie einen Popanz vor sich herträgt – die „Meinungsfreiheit" –, dementiert: Die Gegenmeinung wird diskreditiert, der Kritiker des Tabubrechers unmöglich und damit mundtot gemacht. Das ist insofern durchaus bizarr, als sich die populistischen Pseudotabubrecher immer als Kämpfer gegen „Sprechverbote der politischen

Correctness" gerierten. In gewissem Sinn hat aber die „Politische Correctness" die Seiten gewechselt – so dass es mittlerweile oft als politisch inkorrekt gilt, dem populistischen „Klartext"-Redner auch nur zu widersprechen. Mittlerweile jedenfalls wird das „Recht auf Meinungsfreiheit" verdammt oft mit dem Recht verwechselt, nicht kritisiert zu werden. Das Anmaßende an dieser Operation fällt nicht immer gleich auf, weil die so Sprechenden für sich in Anspruch nehmen, sie würden als einzige „Klartext" reden, während alle anderen um den heißen Brei herumreden, lügen usw. Wenn in solch einem Sinn von „Meinungsfreiheit" geredet wird, geht es aber natürlich nicht um „Meinungsfreiheit", sondern darum, in einer diskursiven Konstellation einen Vorteil gegenüber Andersdenkenden zu erzielen. „Meinungsfreiheit" ist dann nicht die Grundlage, auf der argumentiert wird, sondern selbst ein Totschlagargument, das besonders dann gute Dienste leistet, wenn man selbst nicht in der Lage ist, plausibel und vernünftig zu argumentieren. Motto: Wer meine Meinung nicht teilt, beschneidet meine Meinungsfreiheit.

Die These von der „Einschränkung der Meinungsfreiheit durch politische Correctness" leistet den populistischen Politikern und ihren publizistischen Helfern jedenfalls gute Dienste. Natürlich kann man einwenden, dass es die von ihnen behaupteten Tabus gar nicht gibt, dass heutzutage ohnehin alles gesagt werden kann und auch gesagt wird, und dass gerade in einer medialen Welt, die vom Skandal lebt und von provokanten Thesen, noch die bizarrste Meinung in die entlegensten Wohnzimmer geliefert wird.

Aber wenn man sich mit dem Populismus auseinandersetzen, wenn man sein Wirken verstehen und sich Gegenstrategien über-legen will, dann soll man immer auch die Frage stellen, ob und inwie-fern er nicht doch recht hat. Gibt es, auch wenn es keine Meinungen gibt, die zu äußern verboten wäre, heute nicht doch so etwas in den liberalen westlichen Demokratien wie einen Pluralismus im Rahmen des Erlaubten? Gibt es so etwas wie einen Korridor der erlaubten Meinungen, sagen wir von rechtskonservativ bis sehr gemäßigt linksliberal, innerhalb dem die „ernstzunehmenden" Urteile verortet sind? Vielleicht ist es doch so: Wer sich außerhalb dieses enger werdenden Korridors positioniert, der kann durchaus seine Meinung äußern, er kann auch einen hübschen Haufen Aufmerksamkeit auf sich ziehen, ja, er wird es womöglich sogar zu einer großen Nummer im Medienbusiness bringen, aber er wird immer mit einem Bein eine Lachnummer sein. Man wird ihn Quergeist nennen, oder Spinner. Vielleicht gibt es eine feine, unsichtbare, aber stets zu beachtende Linie, innerhalb derer sich die „ernsthaften" Meinungen zu bewegen haben, jene, die als „seriös" geadelt werden wollen. Und womöglich ist in diesem Sinne die Behauptung von „Tabus" durch die Populisten nicht gänzlich falsch.

Was für andere Politiker politisch tödlich wäre, ist für populistische Politiker nicht einmal peinlich.

Theatralisierung und Entideologisierung

Mit gewissem Recht könnte man die These formulieren, dass sich der rechte Populismus in einer Ära der Theatralisierung von Politik der totalen Inszenierung hingibt. Er nützt die Medien schamlos aus, während „normale" Politik, sowohl die etablierter Regierungsparteien als auch die seriöser Oppositionsparteien, die Theatralisierung immer mit einem gewissen Vorbehalt betreibt. Seriöse Politiker bekümmert es, wenn sie politische Fragestellungen grob simplifizieren, obwohl sie über die Komplexität von Problemen Bescheid wissen – ja, oft macht es ihnen dieses Bescheidwissen unmöglich, ihre Positionen ausreichend zu simplifizieren. Seriöse Politiker wollen, selbst wenn sie sich Massenstimmungen anzu-schmiegen versuchen, doch immer auch die Bürger von etwas überzeugen, ihre Meinungen verändern, und somit sind sie versucht, die Medien für eine komplizierte Operation zu nützen und nicht bloß dafür, sich optimal in Szene zu setzen und den Wählern das zu geben, was diese gerade hören wollen. Sie können Gegner anpran-gern, sie können kritisieren, was in ihren Augen schlecht läuft, aber sie dürfen sich auch nicht in reinem Negativismus verlieren. Seriöse Politiker sind zudem in ein Netz von Zwängen verwoben: Sie müssen kantig und unverwechselbar sein, aber doch kompromissbereit und lösungsorientiert, am besten verbindlich und gleichzeitig konfliktbereit. Man erwartet, dass sie unideologisch und sachorientiert sind, gleichzeitig sollen sie aber doch auch zu ihren Grundsätzen stehen. Sie sollen kraftvoll, energisch und vital erscheinen, aber keineswegs machtgierig und egoistisch; sie sollen das Gemeinwohl voran- und das Parteiinteresse zurückstellen, aber wehe sie sind Umfaller, die Parteipositionen vorschnell aufgeben. Erst recht gilt das, wenn sie einer Regierung angehören und sowohl in Richtung Galerie spre- chen, aber zeitgleich und vielleicht primär in Richtung Bürokratie und Politikapparat wirken müssen. Und wehe, diese Quadratur des Kreises gelingt ihnen nicht, dann werden sie medial an den Pranger gestellt.

Aber selbst wenn es ihnen, ohnedies mehr schlecht als recht, gelingt, haben sie sofort einen Nachteil: Sie haben in viele Rollen zu schlüpfen, können aber keine Rolle voll ausfüllen.

Es ist offensichtlich, dass die rechtspopulistischen Politiker es in dieser Hinsicht viel einfacher haben. Sie können sich eine Rolle auf den Leib schneidern und diese weitgehend durchziehen. Ideologie im strengen Sinn behindert sie selten, und wenn ja, werfen sie sie, sobald sie stört, gerne über Bord. Gegenüber der „etablierten Politik" nehmen sie die Rolle des Robin Hood ein. Sie schaffen ein „Wir" der kleinen Leute, das sie in einer vertikalen Unterscheidung nach Oben hin gegenüber den Eliten und in einer horizontalen Unterscheidung meist gegen ethnisch andere – die Ausländer, den Islam etc. – in Stellung bringen. Reiner Negativismus und eine maximale Konfliktstrategie ist ihr Lebenselixier. Im medialen Bild, das durch diese Inszenierung produziert wird und das auch auf diese Inszenierung wieder zurückwirkt, sind sie „volle" Charaktere, leicht zu begreifen, leicht darzustellen. Sie sind, jedenfalls nach außen hin, in keinem Widerspruch verfangen.

Inszenierung, Theatralisierung und Medialisierung bestimmt heute sowohl das Handeln von Politikern etablierter und seri- öser Parteien als auch das populistischer Total-Oppositioneller. Aber diese Gemeinsamkeit darf die Differenzen nicht verdecken: Inszenierung und Theatralisierung sind bei den „normalen" Politikern eine Strategie, der „Glaubwürdigkeitskrise" der Politik zu begegnen, und das hat deshalb immer auch den Hauch des Bemühten, des händeringend Hilflosen; noch die beste Inszenierung kann den Verlust an Anerkennung praktisch nie vollständig einholen. Der Rechtspopulist hingegen ist der Gewinner dieser Glaubwürdigkeitskrise und seine mediale Inszenierung ist für ihn das Mittel, den Profit möglichst vollends einzufahren.

Medien und Rechtspopulismus – ein Resumé und ein „Was tun?"

In der politischen und wissenschaftlichen Debatte stehen sich, geht es um „Rechtspopulismus und Medien", grob gesprochen zwei Deutungsschulen gegenüber. Schule Eins betont die politischen Gründe des populistischen Moments – die schwindende Integrationswirkung traditioneller Parteien, die Entideologisierung der Politik und das Reißen kommunikativer Fäden zwischen Parteipolitik und Bürgern. Diese Schule Eins würde also am ehesten so formulieren: Die massenmedialen Logiken, die oben beschrieben sind, gereichen den Populisten zum Vorteil, sie sind aber nicht die Ursache für den Aufstieg des Populismus. Gäbe es bessere Zeitungen, weniger skrupellose Boulevardblätter und wäre das Fernsehen nicht zum Sensationalismus verkommen – die Populisten würden dennoch ihren Aufstieg erleben. Schule Zwei unterstreicht dagegen die Bedeutung der Medien, die Komplizenschaft der medialen Lärmmaschine mit den Populisten. Fluchtpunkt dieser Argumentation: Ohne Medien wären die Populisten nichts.

Kurzum: Schule Eins betont das politische Primat des Problems, die medialen Mechanismen geraten hingegen zum relativ belanglosen Hintergrundrauschen. Schule Zwei legt allen Ton auf die mediale Ordnung des Diskurses – und insinuiert damit, Politik könne ohnehin nichts tun. Diese strenge Dichotomie ist unfruchtbar und wirklichkeitsfremd, wie so oft, wenn man Argumente übertrieben zuspitzt. In der konkreten Wirklichkeit ist beides wahr.

Populistische Stimmungen gewinnen an Macht, wenn die kommunikativen Fäden reißen, die die politischen Repräsentanten

mit der Bevölkerung verbinden. Von einer „Sprachstörung" redete
Joachim Gauck, der gemeinsame Präsidentschaftskandidat
der deutschen Sozialdemokraten und Grünen. Der britische
Politikwissenschaftler Colin Crouch hat in diesem Zusammenhang
von „Postdemokratie" gesprochen, ein Begriff, der institutionelle
Veränderungen, mediale und politische Konstellationen und politische Emotionslagen zusammenfasst. Crouch:

> „Wir haben Demokratie, wir haben die Institutionen, aber
> eigentlich interessieren sie niemanden mehr so richtig. Die
> Bürger wählen, aber eigentlich wissen viele nicht, wen sie
> wirklich wählen sollen. Die Demokratie existiert weiter,
> aber jenseits davon hat die Demokratie ihre vitalen Energien
> verloren." (2004)

Wie denken die verdrossenen Bürger über „die Politik"? Hier gibt
es, erstens, jene, die der Parteienanordnung als solcher zunehmend reserviert gegenüber stehen, die sie etwa so charakteri-
sieren würden: Hier gibt es eine unbegründete und überholte
„Parteilichkeit", nichts als Gezänk, kleinliche Streitereien um Vorteile
im politischen Spiel. Hier gibt es, zweitens, jene Bürger, die den Staat
als bürokratisches Monstrum betrachten, das von „den Parteien"
gekapert wurde, um es sich an seinen Futtertrögen gut gehen zu
lassen. Motto: Die leben auf unsere Kosten. Und dann gibt es, drittens, die einheimischen Unterprivilegierten. Diese sind, keineswegs
mehr nur instinktiv, sondern sehr manifest, der Auffassung, dass sich
im Grunde niemand für sie interessiert; dass sie links liegen gelassen
werden; dass keiner weiß, wie es ihnen wirklich geht in ihren „stig-
matisierten Wohnvierteln"; dass sie eigentlich keine der etablierten,
demokratischen Parteien repräsentiert. Das hat auch zu tun mit
der sozialen Zusammensetzung des politischen Personals der
allermeisten demokratischen Parteien. Dieses rekrutiert sich, längst
auch bei „Arbeiterparteien" wie der Sozialdemokratie, meist auch
bei den Spitzenfunktionären konservativer Volksparteien (sofern sie
nicht aus dem ländlich-bäuerlichen Milieu stammen), bei Grünen

und Liberalen sowieso, aus Akademikern, Angehörigen der oberen Mittelschicht, Beamten. Kurzum: Aus Menschen, die von ihren gesamten Lebensumständen und ihrem personalen Habitus, ihrer Art, sich zu kleiden, zu sprechen und sich zu bewegen, mit diesen Unterprivilegierten nichts mehr zu tun haben. In der Sprache des populistischen Ressentiments klingt das dann so: *„Die" leben ja ganz anders. „Die" leben ja ganz wo anders. „Die" haben ja gar keine Ahnung, wie es uns geht.* Das ist der Kern des Populismus: *dieses Wir-Gegen-Sie-Setting, diese symbolische Ordnung von „Wir, die normalen, einfachen Leute" gegen „Die, die Eliten, die da Oben, die Politiker".* Insofern ist der Populismus eine populare Revolte, anti-elitär und genuin politisch. Nichtsdestoweniger sind viele dieser Ressentiments, mögen sie auch einen wahren Kern haben, nicht nur medial geschürt, sondern medial produziert. Es ist nicht so, dass sie gewissermaßen „roh" vorhanden wären und dann medial aufgebauscht würden – eine solche Vorstellung unterstellt Linearität, wo eher die Vorstellung der Gleichzeitigkeit und Wechselwirkung angebracht wäre.

Demokratische Politik kann auf die Art wie Medien berichten und welche Stimmungen sie schüren kaum direkt Einfluss nehmen – und schon gar nicht darauf, welchen Zorn sie zu ihrem ökonomischen Nutzen ausbeuten. Also: Auf die medialen Ursachen kann Politik nur sehr vermittelt einwirken. Auf die politischen Ursachen schon eher.

Wenn der Populismus *auch* eine – manche mögen meinen: pervertierte – Form der populare Revolte gegen den Elitismus in Politik und Wirtschaft ist, dann hat er aber einen Kern, den demokratische Politik ernst nehmen muss, ja, der für demokratische Politik sogar fruchtbar gemacht werden kann.

Dass Politik sich oft in kleinlichem Parteiengezänk erschöpft – ist wahr. Dass der etablierte politische Apparat selbstreferentiell geworden ist, sich in seiner Sprache mit seinen Themen beschäftigt und den Bürgern allenfalls dann seine Ergebnisse zu „verkaufen" versucht – ist wahr. Dass in politischen Parteien über Codes kommuniziert wird und der, der hier erfolgreich sein will, sich diese Codes antrainieren muss, und dann oft nicht mehr in der Lage ist, auf normale Weise mit normalen Leuten zu sprechen – ist wahr. Dass Politiker dann oft versuchen, „Übersetzungsleistung" zu erbringen und den Leuten ihre Erfolge in PR-Sprache anzupreisen – ist wahr. Dass sie deshalb oft mit Recht als unauthentisch erscheinen – ist wahr.

Dass das politische Personal der meisten Parteien sich auf politische „Professionals" verengt hat, die allesamt dem oberen Mittelstand angehören – ist wahr.

Die Fragen, die das auch für die Parteien der demokratischen Linken aufwirft, liegen auf der Hand. Ist ihre politische Sprache nicht viel zu oft auf ihren Binnendiskurs orientiert? Vorsicht, Rücksicht und natürlich auch das Wissen um die Komplexität der Dinge hindern sie viel zu oft daran, „Klartext" zu reden. Es ist auch keine allzu gute Idee, die frei flottierenden Anti-Establishment-Emotionen einfach den Populisten zu überlassen. Womöglich müssen Progressive erst wieder lernen, von ihren Werten zu sprechen, und nicht nur von praktischen Lösungen oder von Interessenskonflikten. Schließlich sind Progressive ja die einzige Kraft, die einen Begriff von Gemeinnutz hat und die von einer geteilten Moralität angetrieben wird. Wenn das „populistische Moment" ein Symptom dafür ist, dass breite Teile der Bevölkerung auch einfach die Hoffnung verloren haben, dann zeigt das aber: Die Mitte-Links-Parteien müssen klare, konkrete Ziele formulieren, für die man sich begeistern kann, etwa das Ziel einer Gesellschaft, in der alle gleiche Chancen haben und alle ihre Talente entwickeln können. Übrigens kann man das auch auf folgende Weise plakativ formulieren: „Wir brauchen jeden und jede!" Aber die Linke ist viel zu defensiv geworden und sie hat für dieses „auf zu neuen Zielen" praktisch keine Sprache mehr.

All dies befeuert auch die antipolitischen Ressentiments in den Medien, die der Populismus dann ausbeuten kann. So entsteht der Humus, auf dem der rechte Populismus gedeiht.

/

LITERATUR

Crouch, Colin (2004): Post-democracy. Cambridge 2004.

Elmani, Dina (2003): Den Medien ihre Populisten. Den Populisten ihre Medien. Unter: http://textfeld.ac.at/text/461/.

Hensel, Alexander, Daniela Kallinisch, und Katharina Rahlf (2010): Parteien, Demokratie und gesellschaftliche Kritik. Stuttgart (hrsg.) 2011, S. 243.

Die Phantasie an der Macht

■ Die gesellschaftlichen und politischen Bedingungen des italienischen Medienpopulismus

Von Marco Jacquemet

Im Frühjahr 1994 – dem Jahr, in dem Berlusconi zum ersten Mal Ministerpräsident wurde – arbeitete der Kameramann Vittorio Storaro an der Restaurierung und der amerikanischen Fassung des „Konformisten", Bernardo Bertoluccis erstem großen Publikumserfolg aus dem Jahr 1970. Die Titelfigur Marcello Clerici (gespielt von Jean-Louis Trintignant), ist ein (homo)sexuell unterdrückter Mann, dessen Sehnsucht nach Normalität ihn 1938 dazu bringt, der Faschistischen Partei beizutreten und bei der Ermordung seines ehemaligen Philosophieprofessors mitzumachen. Die neue Fassung enthält auch den „Tanz der Blinden" (eine Sequenz, die in der ursprünglichen US-Fassung fehlte), eine passende Metapher für das italienische Bedürfnis, einhellig dem neuesten Trend zu folgen – gleich welchem.

Von der Mode bis hin zur Politik ist die italienische Gesellschaft regelrecht davon besessen, im Trend zu liegen und Trends zu setzen. Menschen versuchen herauszufinden, was „in" ist, bevor andere es entdecken und sich dem Trend anpassen. Zugleich entwickeln sie ein Bedürfnis, als „Trendsetter" gesehen und von anderen nachgeahmt zu werden. Die Spannung zwischen dem Bedürfnis des Trendsetters nach Abgrenzung und den Versuchen der anderen aufzuholen, wird durch eine Ideologie gesteuert, die gleichzeitig Abweichung und Wiedererkennungswert produziert. Pikanterweise ist die Abweichung an sich nicht akzeptiert, es sei denn, sie führt wiederum zu Konformität.

Die Medien haben dieses kulturelle Muster verstärkt. In einer Kultur, in der die Medien die gesellschaftliche Realität formen und gesellschaftliche Macht nicht mehr allein durch Wissen bestimmt wird, sondern durch das Vermögen, unterschiedliche Bereiche des Wissens miteinander zu verbinden, werden Menschen nach ihrer Fähigkeit bewertet, mittels kompatibler Normen zu kommunizieren, den gängigen Skripten und standardisierten Diskursen zu folgen und vielleicht gelegentlich selbst welche zu schaffen. Geselligkeit wird so zu der Praxis, Beziehungen aufzubauen und Individuen in einer ständig im Flux befindlichen diskursiven Infosphäre miteinander zu verbinden. In der Medienwelt übernehmen jene Einzelnen oder Gruppen im jeweils aktuellen Konformismus die Führung, die als erste die entstehende neue diskursive Formation erkennen. Der Hype um einen neuen Trend muss sofort erkannt, akzeptiert und verinnerlicht werden. Daran ist die ganze italienische Gesellschaft beteiligt: Es handelt sich um eine asymptotische Bewegung zwischen Aus-der-Reihe-Tanzen, um den Wandel zu schaffen oder zu erkennen, und der schnellen Rückkehr in Reih und Glied, um nicht zu weit abzuweichen und auf diese Weise inkompatibel zu werden. Enorme Mengen an Energie werden auf das Wettrennen um die Gleichheit verwendet, darauf, gleich zu sein und doch den anderen einen (konformistischen) Schritt voraus.

In Italien ist dieser Prozess der Konformität auf der politischen Ebene sogar noch deutlicher. Um die gegenwärtige Liebesbeziehung der Italiener mit Berlusconi zu verstehen, muss man vor allem die Rolle untersuchen, die soziale Verbände (von Familienverbänden bis zu Mediengesellschaften) dabei spielen, seinen Politik-Appeal zu produzieren. Dieser Beitrag geht dementsprechend auf eine gesellschaftliche Realität ein, die von der Fähigkeit Berlusconis und seiner Medien beherrscht wird, nämlich die Grenze zwischen dem Bild und der Realität zu verwischen. In diesem Zusammenhang werden wir zuerst auf die Beziehung zwischen Machtverhältnissen und Medienpolitik eingehen und uns dann der postpolitischen Sprache zuwenden, die das neue Regime benutzt, um seine neuartige Form des Medienpopulismus zu gestalten.

Konformismus

Seit dem Römischen Reich war Politik in Italien der Weg zu Macht und Geld. Auch heute ist Italien ein Land, in dem verwickelte Netzwerke und Familienbande – wie zu Zeiten des Feudalismus – immer noch mehr zählen als Verdienste oder die Position, ganz gleich, ob es sich darum handelt, Arbeit oder einen Kredit zu bekommen. Die Italiener haben ein sehr ausgeprägtes Verständnis für die Dynamik der Macht, ein scharfsinniges Gespür dafür, wem man folgen muss und wen man ablehnen kann, ohne dass es einem schadet. In diesem Zusammenhang folgt das öffentliche Handeln einer opportunistischen Logik, die aus jeder möglichen Gelegenheit Vorteile ziehen will, um sich das größte Stück vom Kuchen (sichere Arbeit, politischer Einfluss, Besitz) zu sichern. Tut man das nicht, kommt automatisch einer der Konkurrenten zum Zug, häufig derjenige, der einem im Rang am nächsten steht. Dieses Gesellschaftsmodell führt zu einer Ideologie strategischen und taktischen Handelns, in der derjenige als *furbo* (schlau, clever, gerissen) gilt, dem es gelingt, die auf Wechselseitigkeit beruhenden Rechte und Pflichten einer konkreten gesellschaftlichen Beziehung zum eigenen Vorteil zu nutzen. Im Gegensatz dazu ist eine Person *fesso* (einfältig, dumm, naiv), die nicht verhindert, dass andere die eigene Schwäche ausnutzen. Es versteht sich von selbst, dass der *furbo* gerühmt und bewundert wird, während der *fesso* eine lächerliche Figur abgibt.

Diese Beschreibung könnte darauf schließen lassen, dass Egoismus und Zynismus jederzeit den Sieg davon tragen. Eine solche Interpretation würde aber die Rolle unterschätzen, die, geht es darum, Ressourcen zu verteilen, in dieser stark geschichteten Gesellschaft der Ruf spielt. Der Ruf, den ein Einzelner genießt, hängt ab vom gesellschaftlichen Status der Familie, vom Respekt (*rispetto*), den man ihr zollt und der sich zusammensetzt aus ihrer Ehre und ihrem Ansehen (*stima*), was dadurch bestimmt wird, wie die Gemeinschaft die Versuche der einzelnen Familienmitglieder beurteilt, ihre Normen zu erfüllen. Die Gemeinschaft setzt die Normen, und der Einzelne kann Identität und Selbstachtung nur aufbauen, wenn er diese Normen erfüllt. Grundlage dieses gesellschaftlichen Ethos ist die Konformität.

Die Gesellschaft des Spektakels hat die traditionellen Technologien des Konformismus durch spektakuläre Medientechnologien ersetzt, etwa durch die Enthüllungsgeschichten der Boulevardpresse, Interviews, Parlamentsanfragen, die im Radio und Fernsehen übertragen werden, und durch Talkshows. In diesen spätmodernen Zeiten muss sich die Ideologie des Konformismus, um richtig zu funktionieren, auf eine Ideologie des Medien-Charismas stützen. Die traditionelle Ideologie der charismatischen Fürsorge, einer Art von Lehensverhältnis, die Grundlage des Glaubens an einen charismatischen Führer ist, liefert den Grund, Autorität und Verhalten eines Anderen als verbindliches Modell zu akzeptieren. Heute reicht dies jedoch nicht mehr aus. Um Konformität zu schaffen, muss das persönliche Charisma medienkompatibel und mit politischer Fürsorge verbunden sein.

In der Gesellschaft des Spektakels werden die Energien der Vorstellungskraft vom wirklichen Leben in eine Traumwelt des Spektakels umgeleitet – auf eine Ebene, die Guy Debord als „ungelebtes Leben" bezeichnet hat. Das Spektakel ist zu einer tätigen Produktivkraft geworden, die hyperspektakuläre Simulationen fördert. Als Berlusconi an die Macht kam, spottete die Linke über seine oberflächlichen Parolen und verstand nicht, dass diese Oberflächlichkeit seine Stärke war. In der Gesellschaft des Spektakels werden politische Zwänge und schwierige politische Entscheidungen durch eine simulierte Welt ersetzt, in der der äußere Schein vorherrscht und Macht von glatten, glänzenden Oberflächen zerstreut wird. Je weniger ideologischen Ballast eine politische Formation in einem solchen Zusammenhang mit sich trägt, desto eher ist sie in der Lage, jedes beliebige Image anzunehmen, jede beliebige Maske zu tragen, jede Erwartung zu erfüllen und Projektionsfläche für alles und jedes zu sein. Politischer Konsens wird ersetzt durch Umfragen (Zustimmungswerte, Wählerbefragungen, Wahlprognosen), und diese Ergebnisse stärken die Machttechnologien des Hyperspektakels. Um zu herrschen, muss Berlusconi nicht regieren, da die durchdachte Zustimmung einer Mehrheit zu bestimmten Gesetzen oder Vorhaben nicht mehr erforderlich ist. Um die Unterstützung der Mehrheit der Wähler zu bekommen, die mehr und mehr in Phantasiewelten leben, braucht man deren wohlüberlegte Zustimmung nicht mehr. Es genügt, ihre gesellschaftlichen Phantasien zu steuern. Die italienische Linke und die internationale Gemeinschaft sind empört über die Unverantwortlichkeit der politischen Klasse, die mit Berlusconi entstanden ist, aber genau dieser unverantwortliche und arrogante Stil ist es, der Berlusconi bei den Massen beliebt macht, bei denen, die glauben, sie könnten wie er *furbi* werden, das heißt, auch sie könnten in den Genuss wirtschaftlicher Vorteile und eines gesellschaftlichen Aufstiegs kommen, wenn sie den Regeln des Hyperspektakels folgen.

Verordneter Optimismus und sexuelle Exzesse

Die videokratische Macht im heutigen Italien wird nicht durch eine Redekunst ausgeübt, die zu überzeugen weiß. Sie zielt nicht darauf, Zustimmung zu gewinnen, die auf Sachkunde beruht; eher ist sie darauf aus, Gefühle und Stimmungen zu schaffen. Wohlüberlegte Zustimmung setzt voraus, dass über einen grundlegenden Sinngehalt Einigkeit besteht. In der Gesellschaft des Hyperspektakels aber hat politische Kommunikation wenig mit einem Sinn zu tun und umso mehr damit, eindringliche imaginäre Lebenswelten zu schaffen.

Herkömmlich hat politische Propaganda als Überredungsmaschine funktioniert – sie hat ein Programm vorgestellt, Ziele und Werte, die die Mehrheit der Bevölkerung teilen sollte. In Italien ist dieses Modell aktuell weder vorherrschend noch hat es Erfolg. Politische Botschaften, die mit aus der Werbung übernommenen Techniken vermittelt werden, erzeugen heute die öffentliche Meinung auf dem Weg der Phantasie. Statt selbstbezüglichen Regeln zu folgen, schaffen sie mit kürzesten Clips und markanten

Sprüchen imaginäre Welten. Die Bilder einer Politikerkarriere können in schneller Abfolge aneinandergereiht und aufgenommen werden und so ein neues Bild ergeben, das unmittelbar mit den verstandesmäßigen und sinnlichen Erwartungen der Mehrheit von Mediennutzern verknüpft ist.

Berlusconis Siege waren die Siege eines Kommunikationsstrategen, der verordneten Optimismus ausstrahlt. Sein unverwüstlicher Optimismus hat die Mehrheit der Wähler für ihn gewonnen. Während die Linke eine Verwüstung des moralischen Lebens beschwor, die an Samuel Beckett gemahnt, förderte Berlusconi einen politischen Selbstbetrug („Eine Million neue Jobs!"; „Eine Brücke nach Sizilien!"), der seinen eigenen privaten Exzessen ähnelte.

Mit seinen Fernsehsendern und seinen optimistischen Statements gelang es ihm, soziale Ängste zu dämpfen, Ungewissheit zu trivialisieren und den Blickwinkel vom Unglück weg und hin in Richtung zuversichtlicher Phantasien zu verschieben. Viele totalitäre Regimes haben von dieser Art verordneter Zuversicht Gebrauch gemacht. Die Kulturpolitik der Nazis beruhte auf dem beständigen Preis des deutschen Glücks. Goebbels Stärke bestand darin, die Verfolgung der Verlierer mit der lebhaften Hysterie der Gewinner zu vermischen. „Kraft durch Freude" war Goebbels' Schlussfolgerung, und so machte er den Nationalsozialismus zu einer Kulturbewegung, die Zuversicht schaffen sollte.

Ganz im Geiste Goebbels' erklärte Berlusconi in einem Fernsehinterview, man müsse „Kraft selbst spüren, um sie auf Andere übertragen zu können. Stärke ist ansteckend, ebenso Zuversicht. Ich bin mit einem Spruch aufgewachsen, den ich meinen Mitarbeitern immer wieder vorsage: Du musst die Sonne in deinem Herzen spüren." In diesem Geist haben Berlusconis Sender eine Phantasiewelt geschaffen, die die Suche nach Vergnügen zum politischen Programm machen.

Berlusconi zieht den Normalbürger an: Der bewundert den Selfmademan, seine Cleverness im Umgang mit Legalität und Illegalität, seine Missachtung der Gesetze und Vorschriften und sein Geschick, immer davonzukommen. Er gab zu, der illegalen

Freimaurerloge P2 angehört zu haben, wurde aber nicht strafrechtlich verfolgt. Er bereicherte sich und nutzte die Protektion durch korrupte Politiker wie Benito Craxi, aber im Unterschied zu diesem wurde er weder angeklagt noch musste er ins Exil gehen. Berlusconi wird als *furbo* und als Glückspilz angesehen, zwei Eigenschaften, die in Italien für überlebensnotwendig gelten.

Um die Unterstützung der Mehrheit der Wähler zu bekommen, braucht man deren wohlüberlegte Zustimmung nicht mehr. Es genügt, ihre gesellschaftlichen Phantasien zu steuern.

Wie bei Mussolini – und anders als bei Hitler – betrachten die Leute Berlusconi als „einen von uns", als jemanden, der nicht vollkommen anders ist als die meisten, höchstens ein bisschen besser. Berlusconi spricht dieselbe Sprache, die auch ungezählte Angestellte sprechen, die in der täglichen Tretmühle stecken, oder Geschäftsleute, die von Steuern erdrückt werden, oder junge Leute, die Angst um ihre Zukunft haben. Er weiß, wie man Dinge einfach darstellt: Wenn er gewählt werde, sagte er 2001, werde er in den ersten sechs Monaten eine Million neue Jobs schaffen, die Steuern um 30 Prozent senken, das Defizit jährlich um zwei Prozent drücken und die derzeitig 200 Steuergesetze auf zehn zusammenstreichen – runde Zahlen für ein einfaches Programm.

Mit der Mittelklasse verbindet Berlusconi seine unternehmerische Energie, seinen extremen Pragmatismus und seinen gut gelaunten Zynismus. Nur sein grenzenloser Narzissmus hebt ihn auf eine höhere Stufe. „Jeden Morgen", sagte er auf einer Tagung, „schaue ich in den Spiegel und wiederhole laut: ‚Ich mag mich, ich mag mich, ich mag mich.' Denken Sie daran: Wenn Sie sich selbst mögen, werden andere Sie auch mögen." Während des Wahlkampfs 2001 antwortete er einem Klatschjournalisten, der auf prickelnde Details aus war: „Mein größter Fehler? Nun … dass ich die Wahrheit sage. Einen anderen wüsste ich nicht." Sein vergnügter Ton und seine Zuversicht entspringen seinem Narzissmus. Viele Menschen stößt diese Haltung nicht ab, sie sehen darin eher einen sympathischen Zug.

Berlusconi spielt die Rolle des älteren Bruders. Man darf nicht vergessen, dass in Italien die Beziehung zum Bruder (für Männer wie für Frauen) innerhalb der Familie die unproblematischste ist. Die belustigte, nachsichtige Reaktion der Öffentlichkeit im Hinblick auf die Sex-Skandale, in die Berlusconi 2010 verwickelt war, zeigt, dass ein Großteil der Italiener (besonders die Männer) bereit sind, ihrem großen Bruder die Verletzung moralischer Normen nachzusehen, die Politiker eigentlich beachten sollten. Dem italienischen Psychoanalytiker Massimo Recalcati zufolge verkörpert Berlusconi die hypermoderne Erscheinungsform der Macht in Italien, bei der grenzenloses, exzessives Vergnügen (sexuell, ästhetisch, hedonistisch) eine der wenigen Quellen für persönliche und politische Erfüllung ist. Berlusconis Beliebtheit hat durch die Enthüllung seiner sexuellen Eskapaden kaum gelitten, mag durch seine offene Protzerei sogar zugenommen haben. In der Dämmerstunde der politischen Ideale, die die Moderne bestimmt haben, verändert Berlusconi so die Vorstellung davon, was von einem politischen Führer zu erwarten ist. Was Berlusconi einer medialen Öffentlichkeit, die von seinen sexuellen Ausschweifungen begeistert ist, zu bieten hat, stimmt völlig mit der in Italien vorherrschenden Konsumgesellschaft überein: anhäufen, konsumieren und um jeden Preis gewaltige Mittel und Energiemengen verbrauchen. Der große Bruder, dem jeder nacheifern will, darf sich grenzenlos und ausschweifend amüsieren. Was er tut, ist nicht länger Privatsache, es ist der Öffentlichkeit Modell, das es nachzuahmen, das es zu bewundern gilt.

Die Zustimmung zu Berlusconi findet ihre Erklärung in den libidinösen Antrieben der italienischen Medien, in denen man Medienpersönlichkeiten dabei zusehen kann, wie sie sich im Namen der gesamten Öffentlichkeit vergnügen. Berlusconi zeigt den meisten italienischen Männern (und einigen Frauen) die Möglichkeiten des hemmungslosen Vergnügens auf: „Warum soll man das Vergnügen einschränken, warum soll nicht jeder seinen Spaß haben? Warum?" Der Zusammenbruch der ideologischen Werte des italienischen Katholizismus und Kommunismus in den vergangenen Jahrzehnten bringt viele italienische Männer dazu, Berlusconis exzessives und hemmungsloses Vergnügen zu beneiden und zu vergöttern. Sie identifizieren sich mit ihm und seinem Wohlstand und bewundern seinen Erfolg bei den vielen jungen Frauen, die er gegen tausende von Euros, Autos oder Wohnungen haben kann. Berlusconi stimuliert zutiefst das männliche Verlangen (und besonders das der italienischen Männer). Der Historiker Sandro Bellassai schrieb in der Tageszeitung *Il Manifesto*, er repräsentiere „die sexuelle Autobiographie des männlichen Teils der Nation" (Bellassai 2011).

Berlusconi hat es stets geschafft, seine Privatangelegenheiten zu Fragen des öffentlichen Interesses zu machen. Vor allem hat er seine politische Macht zum persönlichen Vorteil genutzt, wie etwa als er Gesetze durchdrückte, um die unzähligen Verfahren gegen ihn und seine Firmen zu verhindern. Er vermengt seine privaten mit den öffentlichen Interessen, indem er seine Zuarbeiter (seine Manager, Anwälte, Buchhalter, Journalisten, sogar seinen Zahnarzt) ins Parlament wählen lässt. Und schließlich stilisiert er sich selbst als „Sultan", der sich in der Gesellschaft von *veline* gehen lässt, jenen spärlich bekleideten jungen Frauen, die vielen italienischen TV-Shows als dekorativer Softporno-Hintergrund dienen. Da er seine Wählerschaft sehr genau kennt, hat er sogar mehr oder weniger erfolgreich versucht, diese sexy Frauen zu Politikerinnen zu machen. Dabei hat er einige Triumphe erzielt: Eine dieser *veline*, das Kalendergirl Mara Carfagna, wurde 2009 nicht nur ins Parlament gewählt, sondern von Berlusconi auch zur Ministerin für Gleichstellung gemacht.

Umfragen zeigen: Mehr junge Italienerinnen wollen gut bezahlte TV-Mädchen werden als Ärztinnen, Anwältinnen oder Unternehmerinnen. Auf Überwachungsaufnahmen der Polizei ist zu hören, wie sich Frauen nicht nur über Berlusconis Stehvermögen und seinen körperlichen Verfall beklagten, sondern auch, dass sie den alten Mann auch deshalb für 5000 € pro Nacht verwöhnten, da sie sich für die Zukunft mehr erwarteten. In den Abhörprotokollen der Polizei, die im Lauf des Sexskandals auftauchten, scheint es, als seien Dutzende dieser jungen Frauen von ihren Familien und Freunden dazu ermutigt worden, so nah wie möglich an Berlusconi heranzukommen, damit er Hilfe bei Geschäften und Karrieren leistet. In einer Patronagegesellschaft bleibt Berlusconi der Ober-Pate, und sehr viele Italiener verstehen dies nur zu gut.

Wie alle Paten und großen Brüder kann aber auch Berlusconi despotisch sein. Die Menschen, die für ihn arbeiten, müssen lernen, mit seinen Befehlen und Macken zu leben, etwa seinem Abscheu vor Gesichtsbehaarung. Als Berlusconi den AC Mailand kaufte, verlangte er von allen Spielern, dass sie sich täglich rasierten und verbot Bärte, Schnurrbärte und langes Haar (nur für Weltstar Ruud Gullit mit seinen Dreadlocks wurde eine Ausnahme gemacht). Dasselbe geschah bei seinen Fernsehsendern – kein einziger bärtiger Mann war auf dem Bildschirm zu sehen. Alle seine Angestellten mussten eine „Fininvest-Uniform" tragen, die später auch für die Kandidaten von Forza Italia zur Norm wurde: blauer Anzug, kurzes Haar und immer eine Krawatte. Bei den Parlamentswahlen 1993 bekamen sämtliche Kandidaten einen Aktenkoffer mit Forza-Italia-Broschüren (die Antworten auf alle denkbaren Wählerfragen enthielten), einer italienischen Flagge und Anstecknadeln in denselben Farben sowie drei Krawatten.

Berlusconi war einer der ersten Politiker, die erkannten, dass in einer Welt, die sich immer mehr an den Oberflächen orientiert, die äußere Erscheinung das ultimative Mittel ist, die Bedeutung des Einzelnen zu bestimmen. Reporter mokieren sich über Berlusconis manische Aufmerksamkeit für kleinste Details, aber die Art, wie er auf ein korrektes Äußeres achtet – etwas, das er im Mediengeschäft gelernt hat – verschafft ihm gegenüber seinen politischen Gegnern einen klaren Vorteil, besonders bei Fernsehdiskussionen.

Seine Entscheidung, schöne junge Frauen zur Wahl antreten zu lassen, ist nur der letzte Schritt in einer seit Jahrzehnten zu beobachtenden Strategie, das politische Leben in Reality-TV zu verwandeln. In den vielen Jahren seines öffentlichen Lebens hat Berlusconi die Grenze zwischen Bild und Realität verwischt. Anders gesagt: Er hat eine glänzende Karriere hingelegt, indem er die grundsätzliche italienische Wahrheit beachtete, dass das Bild die Wirklichkeit ist. Alle Italiener wissen natürlich, dass der 74-jährige Großvater körperlich nicht mehr in der Lage ist, nächtelang Orgien mit Dutzenden für ihn ausgesuchten jungen Frauen zu feiern, aber sie jubeln ihm zu und feuern ihn an. Er hat die Herrschaft des Imaginären über das Symbolische wieder in Kraft gesetzt.

Berlusconi hat die Logik der Werbung verinnerlicht und die kommunikativen Techniken der Werbewelt auf die politische Kommunikation übertragen.

Postpolitische Sprache

Warum identifizierte sich die Mehrheit der italienischen Bevölkerung mit einer Herrschaft, die von Sprache einen willkürlichen Gebrauch macht, sie paradox und mehrdeutig verdreht, so dass sie jederzeit Berlusconis Interessen dienen kann? Was ist mit der politischen Sprache geschehen, und warum scheint Berlusconi die Sprache des Postpolitischen so genau zu verstehen, während dies der Linken abgeht?

Man darf nicht vergessen, dass der Mann aus der Werbung kommt, dass er sein Vermögen bei einer Firma namens Publitalia gemacht hat (das italienische Wort für Werbung, *pubblicità*, kombiniert mit Italien). In der Werbung ist das Prinzip der Glaubwürdigkeit außer Kraft gesetzt, und linguistische Zeichen haben einen mehrdeutigen Wert. Werbung muss nicht exakt sein; ihre Zeichen operieren in einer Welt des Imaginären. Die Sprache der Werbung schafft sich ihren eigenen Bezugsrahmen, evoziert, simuliert und entfaltet ihn. Berlusconi hat die Logik der Werbung verinnerlicht und die kommunikativen Techniken der Werbewelt auf die politische Kommunikation übertragen.

Die Mehrheit der Italiener wuchs in einer Fernsehkultur auf, in einer Zeit, als das Fernsehen zum vorherrschenden, hemdsärmeligen Medium wurde, mit seinen vulgären und schlüpfrigen Anspielungen und einer zweideutigen und aggressiven Sprache. Aus diesem Grund sind sie nicht nur auf Berlusconis Sprache unmittelbar eingestimmt, auf seine Worte und Gesten, sondern auch auf seine Abneigung gegen Regeln im Namen einer spontanen, regellosen Energie. Berlusconis Sprache scheint am besten dazu geeignet, die Wahrheit lächerlich zu machen, anstatt sie zu leugnen oder sie umzumodeln. Seine Absicht ist es, das Heuchlerische der politischen Regeln zu entlarven. Für Berlusconi kann die Bedeutung von Worten jederzeit neu gefasst werden, so sehr, dass er seine eigenen Aussagen am nächsten Tag umstandslos verleugnet. In seiner Rolle als Ministerpräsident hat Berlusconi oft genug so getan, als würde er den Worten von Präsident Giorgio Napolitano zustimmen, auch wenn für jeden klar auf der Hand lag, dass dies in direktem Widerspruch zu seinem Handeln oder den Gesetzesinitiativen seiner Regierung stand. So wird die politische Sprache entwertet, lächerlich gemacht, in einem semantischen Labyrinth gefangen gehalten, in dem jedes Wort auch sein genaues Gegenteil bedeuten kann.

Die politischen Zuschauer (die Wähler) sprechen begierig auf diese Enthüllung der Heuchelei politischer Sprache an. Sie erkennen die Falschheit und Heuchelei seiner Worte, aber sein Augenzwinkern und seine einnehmende Haltung gefallen. An seiner Hemdsärmeligkeit, Vulgarität und seinen hohlen Lügen Anstoß zu nehmen, hat keine Wirkung. Ganz im Gegenteil stärkt es Berlusconi und sein Regime, da die Wähler ihn nicht nur besser verstehen als seine politischen Gegner, sondern auch mit ihm fühlen.

Die politische Sprache hat zu allen Zeiten die Wirklichkeit verfälscht und die Willkür und Arroganz der Reichen und Mächtigen bemäntelt. Paradoxerweise enthüllt Berlusconi eben diese Heuchelei. Er ist der reiche und mächtige Mann, der allen zeigt, dass das Gesetz überhaupt keine Macht hat; er ist der reiche und mächtige Mann, der über die Heuchelei jener lacht, die vorgeben, jeder sei vor dem Gesetz gleich. Jeder weiß aus eigener Erfahrung ja genau, dass vor dem Gesetz eben nicht alle gleich sind, dass sich die Reichen und Mächtigen teure Anwälte leisten, ihre Interessen durchdrücken und Machtpositionen besetzen können, die für die Mehrheit der Bevölkerung unerreichbar sind. Normalerweise ist das jedoch hinter dem Schleier der Paragraphenreiterei und juristischen Kniffen verborgen. Berlusconi hingegen sagt ganz offen: „Ich tue, was ich will, und ich lache über die Gesetzesvertreter, die meinen Willen mit ihrem Regelkram einschränken wollen."

Jetzt, wo die Macht, Gesetze zu machen und außer Kraft zu setzen, in seinen Händen liegt, zeigt er allen die Machtlosigkeit des Gesetzes. Wie Humpty Dumpty in „Alice hinter den Spiegeln" weiß Berlusconi, dass es nicht darauf ankommt, was die Worte bedeuten, sondern wer über sie verfügt und wer der Stärkere ist.[1] Darüber, wie Gesetze ausgelegt werden, entscheidet der Meister und nicht der Magistrat.

Berlusconi modelt die italienischen Institutionen Schritt für Schritt um, ganz allmählich folgt eine sprachliche Umdeutung auf die andere. Eine satte Mehrheit der Italiener teilt seine Ansichten, ohne dabei zu bemerken, dass er sie nach und nach ihrer bürgerlichen Freiheiten beraubt. Um die bürgerlichen Freiheiten abzuschaffen, muss sich ein autoritäres Regime normalerweise an die Macht putschen und gewaltsam eine Diktatur errichten. Doch kann das kaum unbemerkt vor sich gehen, weder national noch international. Die Menschen mögen dann zwar nicht in der Lage sein, das Regime offen zu bekämpfen, aber sie haben doch gemerkt, was geschehen ist und können Widerstand leisten. Durch Berlusconi ist die semantische Definition eines Staatsstreichs neu gefasst worden: Statt staatliche Strukturen auf einen Schlag und gewaltsam zu ändern, nutzt er eine Unzahl kleiner, kaum wahrnehmbarer Änderungen staatlicher Institutionen (gestern die öffentlichen Medien, heute die Gerichtsbarkeit, morgen die Macht der Provinzen). Werden diese Institutionen, eine nach der anderen, in einem langsamen Prozess, beinahe in homöopathischen Dosen, umgebaut, ist es schwierig, die Zeichen einer diktatorischen Herrschaft zu erkennen und gegen sie eine demokratische Opposition zu mobilisieren. Berlusconis Medienpopulismus hat diktatorische Herrschaft, ein antiquiertes und plumpes Werkzeug, nicht nötig. Wenn ein zum Politiker mutierter Medienmogul staatliche Institutionen nach Belieben umbauen kann, indem er absolute Kontrolle über techno-linguistische Mechanismen ausübt (von Sendern über Klatschmagazine,

---

1   In Lewis Carrolls „Alice hinter den Spiegeln" sagt Humpty Dumpty zu Alice: „Wenn ich ein Wort verwende [...] bedeutet es eben genau das, was ich will, das es bedeutet. Nicht mehr und nicht weniger." (Anm. d. Red.)

von Werbeagenturen über Umfrageinstitute), dann braucht er keine
irgendwie geartete Diktatur zu errichten.

/

LITERATUR

Bellassai, Sandro (2011): Il Nocciolo Politico del Desiderio Maschile, in: *Il Manifesto*, 8.
Februar 2011.

Berardi, Franco, Marco Jacquemet und Gianfranco Vitali (2009): Etheral Shadows:
Communication and Power in Contemporary Italy. New York 2009.

Bocca, Girgio (2003): Picccolo cesare. Mailand 2003.

Blondet, Maurizio (1995): Elogio di catilina e Berlusconi. Il Chercio 1995.

Ginsborg, Paul (2005): Silvio Berlusconi: Television, Power, and Patrimony. London
2005.

Jones, Tobias (2003): The Dark Heart of Italy. London 2003.

Shin, Michael und John Agnew (2008): Berlusconis Italy: Mapping Contemporary
Italian Politics. Philadelphia 2008.

Stille, Alexander (2007): The Sack of Rome: Media + Money + Celebrity = Power =
Silvio Berlusconi. London 2007.

Stille, Alexander (2010): The Corrupt Reign of Emperor Silvio, in: *New York Review of
Books*, 50 (5), 2010, S. 18-22.

Die Politik von Angst und Zugehörigkeit

■ Der Nährboden des Populismus
Von Barbara Hoheneder

Anna ist alleinerziehende Mutter und arbeitet in Teilzeit als Kellnerin. Wenn sie arbeitet, ist ihr vierjähriger Sohn im Kindergarten. Einen Tag, bevor wir uns im Bus begegnen, hat die Landesregierung angekündigt, dass Kindergartenplätze nicht mehr kostenfrei sein werden. „Das liegt daran, dass die Einwanderer ihre Kinder nicht in den Kindergarten schicken wollen", sagt sie. Ihr Argument überrascht mich. „Das hat überhaupt nichts mit den Einwanderern zu tun", sage ich. „Und außerdem müssen nur Familien mit gutem Einkommen bezahlen. Alleinerziehende Mütter wie du haben gar nichts zu befürchten." Aber ich kann Anna nicht überzeugen. Mit 700 Euro im Monat muss sie ganz genau rechnen. Extrakosten für den Kindergarten könnte sie wahrscheinlich nicht tragen. Sie wägt ihre Möglichkeiten ab. „Wenn ich für meinen Sohn bezahlen muss, dann weiß ich nicht, wie ich über die Runden kommen soll", sagt sie. „Ich müsste den Job hinschmeißen." Meine Versuche, sie zu beruhigen, verpuffen. Wir sprechen einfach nicht dieselbe Sprache. Ich erzähle von Regierungsetats, spreche über das Vorhaben der Landesregierung, die steigenden Kosten für öffentliche Wohlfahrt und Gesundheit zu dämpfen, sage, dass die Steuereinnahmen wegen der Wirtschaftskrise gesunken sind. Anna lächelt: „Du redest wie ein Politiker", sagt sie. „Die finden immer eine Ausrede. Sie machen Versprechungen, die sie von vornherein nicht halten wollen." Sie hat Tränen in den Augen.

Vor fünf Jahren hatte die Sozialdemokratische Partei (SPÖ)

der Steiermark Wahlkampf geführt. Eine der Parolen war dabei die kostenfreie Kinderbetreuung für alle. Damit errangen die Sozialdemokraten einen beeindruckenden und überraschenden Sieg in einer österreichischen Provinz, die die Konservativen jahrzehntelang als ihre Pfründe betrachtet hatten. Die SPÖ hielt ihr Versprechen und investierte stark in die Kinderbetreuung. Alle Kinder würden von der Vorschulerziehung profitieren, sagte sie. Kostenfreie Kinderbetreuung sollte auch die sprachlichen Fähigkeiten von Einwandererkindern verbessern, bevor sie in die Schule kamen. Vielleicht war es dieser Teil der Begründung, der Anna zu dem Glauben verleitete, die kostenlose Kinderbetreuung komme vor allem den Einwanderern zugute.

Ich bin sicher, dass Anna keine überzeugte Rassistin ist. Aber ich glaube, ihr Beispiel ist ein Beleg dafür, wie schwierig das Leben für Millionen von Menschen geworden ist, für die selbst kleine Kürzungen der öffentlichen Ausgaben eventuell der Tropfen sind, der das Fass zum Überlaufen bringt.

Goldenes Zeitalter

Über Jahrzehnte konnten die Europäer stolz auf eine originär europäische Erfindung sein: den Kapitalismus mit menschlichem Gesicht. Nach den Schrecken zweier Weltkriege und der Shoah scharten sich die Europäer um einen neuen politischen und moralischen Imperativ. Nie wieder sollten Millionen von Menschen ein Leben am Rande der Gesellschaft führen müssen. Nie wieder sollte es Raum für faschistische Propaganda geben. Nie wieder sollten Menschen ausgeschlossen werden von öffentlicher Wohlfahrt, von Bildung und von Teilhabe am kulturellen Leben. Der Erfolg des „europäischen Sozialmodells" war dramatisch und von historischer Bedeutung. In den 1960ern gab es in Europa Vollbeschäftigung, zum ersten Mal in der neueren Geschichte überhaupt. Die Gewerkschaften kämpften erfolgreich um die Umverteilung des Wohlstands. Die politischen Rechte der Beschäftigten wurden erweitert. Die Europäer lebten in einer Ära der Hoffnung. Ihr materielles Leben verbesserte sich. Viele konnten sich jetzt Konsumgüter wie Kühlschränke, Waschmaschinen und Autos leisten. Armut schien der Vergangenheit anzugehören.

Heute mag diese Ära des Nachkriegswohlstands wie ein „goldenes Zeitalter" wirken, ermöglicht durch den großzügigen Marshallplan der USA und Glücksfälle der wirtschaftlichen Entwicklung. Der wirtschaftliche Erfolg der Nachkriegszeit war jedoch keineswegs ein Wunder. Möglich wurde er durch eine Reihe politischer und ökonomischer Grundsätze, die J. M. Keynes in den 1930ern formuliert hatte. In Zeiten von Wirtschaftskrisen, schrieb Keynes, müssten Staaten intervenieren und künstlich Nachfrage schaffen, um die sozialen und wirtschaftlichen Folgen der Krise zu lindern, müssten staatliche Investitionen steigen. Keynes' berühmtes Buch, *Allgemeine Theorie der Beschäftigung, des Zinses und des Geldes* (1936), beeinflusste nicht nur Franklin D. Roosevelts Kampf gegen die verheerende Große Depression der 1930er Jahre, sie wies auch den Weg zur Erholung Europas nach dem Zweiten Weltkrieg.

Neoliberale Wirtschaftswissenschaftler waren über den Boom in den Jahrzehnten nach dem Krieg nicht eben glücklich. Obwohl sie in Denkfabriken wie der Heritage Foundation bestens untergekommen waren, war ihr politischer Einfluss bestenfalls marginal. Der österreichische Nobelpreisträger Friedrich von Hayek und sein amerikanischer Kollege Milton Friedman zogen aus der Jahrhundertkatastrophe des Schwarzen Freitags von 1929 radikale Schlüsse. Im Gegensatz zur herkömmlichen Meinung der Zeit, die von Keynes Lehrsätzen beherrscht wurde, gaben sie dem Staat die Schuld. Die Finanzmärkte, so ihre Sicht, sollten besser unbehelligt bleiben. Staatliche Eingriffe, eine aktive Beschäftigungspolitik und eine künstlich gesteigerte Nachfrage würden nur die Inflation anheizen. Friedman und seine „Chicago Boys"[1] gaben sich nicht leicht geschlagen. Ende der 1960er, nach dreißig Jahren als Mauerblümchen der Wirtschaftswissenschaften, begann sich das Blatt zu ihren Gunsten zu wenden.

---

1   Friedman lehrte Wirtschaftswissenschaften an der University of Chicago.

Paradoxerweise arbeitete ihnen gerade der Erfolg der Nachkriegs-gesellschaften in die Hände. Hohe Inflationsraten und die strikte Steuerung der Finanzmärkte führten dazu, dass die Rentiers mit der herrschenden Lehrmeinung in Wirtschaftsfragen immer unzufriedener wurden. Darüber hinaus wurde die Modernisierung der Industrie durch die Gewerkschaften gehemmt, die damals auf der Höhe ihrer Macht waren. Unternehmer in Italien, Frankreich und Großbritannien wollten unbedingt die Macht der Gewerkschaften und ihrer politischen Verbündeten brechen.

Unternehmer, Investoren und Aktionäre suchten folglich nach Alternativen zu Keynes – und Milton Friedman war genau der Mann, den sie brauchten.

Friedman und seine Kollegen hatten mehr anzubieten als nur ein paar neue ökonomische Ideen. Im Kern hatten sie im Lauf der Jahre eine radikal andere Fassung der *conditio humana* entwickelt, der Grundbedingungen der menschlichen Existenz. Alle menschlichen Handlungen, so erklärten sie, werden durch rationale, ökonomische Entscheidungen angetrieben – mit einem einzigen, alles beherrschenden Motiv: der maximalen persönlichen Bereicherung (s. Friedman und Friedman 1980). Die Beziehungen zwischen den Einzelnen werden entsprechend durch die Gesetze des Wettbewerbs bestimmt, und sie gehen davon aus, dass diese mächtigen Gesetze des Marktes weltweit und in allen Bereichen gültig sind. Heirat und Freundschaft, selbst die privatesten Beziehungen zwischen Menschen, werden durch das Eigeninteresse bestimmt. Freier Wettbewerb zur Erzielung des maximalen individuellen Gewinns sei nicht nur die natürliche Grundlage des menschlichen Lebens, es sei auch der einzige Weg, Frieden und Wohlstand zu sichern, und folglich müssten staatliche Eingriffe unter allen Umständen beschränkt werden. Konservative wie Margaret Thatcher in Großbritannien und Ronald Reagan in den USA waren die ersten, die das neoliberale Programm zu ihrer Sache machten. Ab Mitte der 1980er Jahre wurde die wirtschaftliche und soziale Deregulierung zum wichtigsten Ziel aller Reformen.

Eigenartigerweise aber waren die neoliberalen Empfehlungen

keineswegs so erfolgreich, wie ihre Vertreter glaubten – der österreichische Wirtschaftswissenschaftler Stephan Schulmeister hat dies belegt (2006). 1971 schaffte die amerikanische Regierung den Goldstandard ab, etwas, das die Neoliberalen schon lange gefordert hatten. Als aber der

Nach dem Zusammenbruch der Sowjetunion und der meisten ihrer europäischen Satelliten war das neoliberale Denken die einzige große politische Erzählung, die es noch gab.

Markt den Wechselkurs des US-Dollars zu bestimmen begann, verlor er ein Viertel seines Wertes, und über Nacht büßten dadurch die ölfördernden Länder einen erheblichen Teil ihrer Einnahmen ein. Ihre prompte Reaktion, höhere Ölpreise, hatte verheerende Auswirkungen. Die Weltwirtschaft wurde von einer Rezession heimgesucht, der ersten in der Nachkriegsgeschichte, und die Inflations- und Arbeitslosenraten schossen in die Höhe.

Die erste weltweite Rezession bedeutete das Ende einer Ära. Die führenden Industrienationen änderten eine nach der anderen ihren Kurs, und bald wurden eben die politischen Strategien, die die Krise verursacht hatten, zu ihrer vielversprechendsten Kur. Man betrieb Austeritätspolitik und kürzte Sozialleistungen. Die gesetzlichen Beschränkungen für die Finanzmärkte wurden aufgehoben, und die Folgen waren ermutigend. Neue Finanzprodukte versprachen üppige Profite, die Börsen boomten, Investoren zogen ihr Geld aus der Realwirtschaft ab und investierten begeistert in neue Finanzprodukte. Nach oben schien es keine Grenzen zu geben, zumindest nicht für jene, die Geld genug hatten, um zu spekulieren. Für die Mehrheit der Bürgerinnen und Bürger sah die neue Ära weniger rosig aus. Das Wirtschaftswachstum verlangsamte sich, die Arbeitslosigkeit stieg. Die Steuereinnahmen der Regierungen schrumpften, einfach deshalb, weil die Riesenprofite, die auf den Finanzmärkten erzielt wurden, steuerfrei waren.

Der Neoliberalismus feierte seinen internationalen Siegeszug. Nach dem Zusammenbruch der Sowjetunion und der meisten ihrer europäischen Satelliten war das neoliberale Denken die einzige große politische Erzählung, die es noch gab. Ihre Folgen für das europäische Sozialmodell waren verheerend. Nicht nur, weil Regierungen die Sozialsysteme und die Gesundheitsfürsorge beschnitten, sondern auch, weil der Neoliberalismus die Legitimation der Regierung und der demokratischen Strukturen zu untergraben begann. Die Regierungen waren jetzt die Feinde. Ihre Repräsentanten wurden als ein Haufen inkompetenter Wichtigtuer verspottet, deren Maßnahmen den Fortschritt der freien Märkte und der auf ihnen tätigen Akteure hemmten. Überraschenderweise schien das die Politiker des Mainstreams nicht zu stören. Ohne großes Aufheben gaben sie zu, dass sie in der Tat als Manager unfähig und private Unternehmen weit besser dazu geeignet seien, öffentliche Institutionen zu führen. Eisenbahnen, Energieversorgung und öffentlicher Wohnungsbau wurden umgehend privatisiert, obwohl sie in vielen europäischen Ländern ein wichtiger Teil einer „Infrastruktur der sozialen Gerechtigkeit" waren. Für die politische Elite waren diese gewaltigen Transaktionen durchaus attraktiv. Die Privatisierung half ihnen nicht nur, das Staatsdefizit zu reduzieren, ohne Steuern erhöhen zu müssen, der Ausverkauf öffentlicher Vermögenswerte brachte ihnen auch den Beifall der Märkte und bestimmter Medien. Das Paradox bestand darin, dass die Politiker der großen Parteien mit dem Verkauf an die finanziell potentesten Anbieter auch einen Großteil ihrer Macht abgaben.

Privatisierung wurde um die Jahrhundertwende zum Megahit. Margaret Thatchers Slogan, „Es gibt keine Alternative", wurde von Generationen von Politikern nachgebetet. Gewerkschaften und Parteien, die dem neoliberalen Glaubensbekenntnis widersprachen, wurden einfach beiseitegeschoben. Wer immer davor warnte, der Ausverkauf öffentlichen Eigentums könne die soziale Ungleichheit vergrößern, wurde als armer Irrer angesehen. Die sozialdemokrati-schen Parteien hatten als erste darunter zu leiden. Sie hatten dem neoliberalen Angriff wenig entgegenzusetzen, hatten sie sich doch zu sehr daran gewöhnt, dass in Westeuropa wenigstens die Hälfte der Wähler für sie stimmte. Um wenigstens einen Teil ihrer früheren Stärke zu retten, taten sozialistische Politiker alles, um marktfreund-liche Punkte in ihre Programme aufzunehmen. Anfangs schienen sie damit Erfolg zu haben – ab Mitte der 1990er waren die Sozialisten in

Deutschland, Frankreich und Großbritannien wieder an der Macht. Sozialistische Führer wie Tony Blair und Lionel Jospin galten als moderne Reformpolitiker, die den globalen Märkten nicht länger im Weg stehen wollten. Die Unterschiede zwischen Konservativen, Liberalen und Sozialisten schrumpften und wurden so gering, dass viele Wähler den Unterschied nicht mehr erkennen konnten. Die Bürgerinnen und Bürger reagierten, indem sie sich aus der Politik zurückzogen, da sie spürten, dass sich die Regierungspolitik nicht ändern würde, gleich, wer die Wahlen gewinnt.

Es war nicht allein die geringe Wahlbeteiligung, die die Legitimation der demokratischen Institutionen unter-grub. Seit den 1980ern haben Parlamente, Regierungen und Behörden Zuständigkeiten an die Europäische Union und an globale Finanzinstitutionen abgetreten. Makroökonomische Entscheidungen wurden nicht mehr von nationalen Regierungen getroffen, sondern von einer Elite anonymer Technokraten. Die Macht hatte so kein Gesicht, keine Anschrift mehr. Komitees und Gremien hatten einen großen Teil der Entscheidungsverfahren an sich gerissen, ohne dabei von Parlamenten oder der Öffentlichkeit kontrolliert zu werden.

Teufelskreis

Die wachsende Abneigung gegen das politische Establishment bahnte der populistischen Rechten den Weg. Frankreich war das erste Land in Europa, das ihre beispiellose Anziehungskraft zu spüren bekam. 1983 gewann Jean Marie Le Pens Front National bei Parlamentswahlen elf Prozent der Stimmen, das bis dahin beste Ergebnis für eine Partei der extremen Rechten.

Der politische Mainstream war erschüttert. Innerhalb weniger Jahre wurde Einwanderung zu einem wichtigen Thema der Innenpolitik, nicht etwa, weil die Wählerschaft über Nacht rassistisch geworden wäre, sondern weil Le Pen in Frankreich, Silvio Berlusconi in Italien und Jörg Haider in Österreich die Immigranten mit Erfolg für alles und jedes verantwortlich machten.

Man würde es sich jedoch zu leicht machen, reduzierte man den Erfolg der Rechtspopulisten allein auf die Anziehungskraft ihrer Hetzreden gegen ausländische Arbeitskräfte und Asylsuchende. Ihr Erfolgsrezept war wesentlich ausgeklügelter. Man könnte sagen, dass die Führer der extremen Rechten die ersten waren, die begriffen hatten, wie tief die Spaltung zwischen Elite und Wählerschaft reichte und dass die Globalisierung zu einer Zweidrittelgesellschaft geführt hatte, in der es dem besser ausgebildeten Teil der Bevölkerung gut ging, diejenigen ohne ausreichende Ausbildung aber der Unterklasse angehörten, ohne Hoffnung, jemals dem Teufelskreis von Arbeitslosigkeit, Verschuldung und sozialer Exklusion entkommen zu können.

Die extreme Rechte hatte begriffen, dass die „Waisen der Globalisierung", wie der britische Historiker Robert O. Paxton (2006) die Mitglieder der neuen Unterklasse nennt, die Sprache der Politik nicht mehr verstehen. Folglich mussten sie einen neuen Weg finden, um die politikverdrossenen Massen zu erreichen.

Ihre Antwort fiel überraschend einfach aus: Man mache persönliche Erfahrung zu einem politischen Argument, und die Menschen verstehen, wovon man spricht. Jörg Haider in Österreich und Pim Fortuyn in den Niederlanden waren die Großmeister dieser Privatisierung der politischen Debatte. Haider und Fortuyn sprachen nicht über die Gesundheitsreform, sondern über ihren letzten Aufenthalt im Krankenhaus. Sie sprachen nicht über die Finanzierung des Wohlfahrtssystems, sondern erzählten Geschichten über Menschen, die betrügerisch von Arbeitslosenhilfe lebten. Die Sprache der extremen Rechten ist die Sprache des Stammtischs, und Menschen erkannten sich in diesen Beispielen. Wenn Politiker der extremen Rechten mit Führern der politischen Mitte diskutierten, redeten sie wie der Mann auf der Straße. Das gab vielen Menschen das Gefühl, endlich sei da wer, der ihre Sprache spreche.

Private Begründungen in öffentliche Debatten einzuführen, hat noch einen weiteren großen Vorteil, die Tatsache nämlich, dass solche Gründe schwer zu widerlegen sind. Generationen von

Mainstream-Politikern haben dies schmerzlich erfahren müssen, als sie versuchten, persönlichen Geschichten politische Argumente entgegenzuhalten. Ein solcher Ansatz lässt sie von normalen Menschen entfremdet und abgehoben erscheinen.

Die Führer der extremen Rechten waren die ersten, die begriffen hatten, wie tief die Spaltung zwischen Elite und Wählerschaft reichte.

Die Helden des Volkes dagegen sind immun gegen vernünftige Argumente und guten Geschmack. Je mehr die anderen Parteien Führer wie Le Pen, Fortuyn und Filip Dewinter angriffen, desto leichter wurde es für sie, sich als die wahren Volkstribune hinzustellen. Es scheint fast unmöglich, diese Bindung aufzubrechen. In Italien wurde die extreme Rechte 1994, in Österreich im Jahr 2000 in die Regierung gewählt. Ihre Regierungsbilanzen fielen verheerend aus. Bar jeder Regierungserfahrung, nutzte Haiders „Buberlpartie", wie sie bald genannt wurde, ihre Zeit an der Macht gut. Die Einkünfte aus der Privatisierung öffentlicher Unternehmen wurden schamlos auf die Konten der Partei und der wichtigsten Führungskräfte verteilt. Viele haben gehofft, dieses System der Korruption und der Vetternwirtschaft würde hinreichen, sie von ihren Anhängern zu entfremden. Das war auch so, aber nur für sehr kurze Zeit. Heute ist Österreichs Freiheitspartei unter neuer Führung wieder da, und sie ist schlimmer als zuvor.

Österreichs FPÖ ist nicht die einzige Partei, die wiederholt unfähige Führer, politische Skandale und Korruptionsfälle überlebt hat.

Was Berlusconi & Co. immer wieder gerettet hat, ist vielleicht die wichtigste politische Waffe der extremen Rechten, ihr Versprechen von Gemeinschaft und Zugehörigkeit. Die postmoderne, neoliberale Politik hatte das Individuum als einzig verlässliche Kraft in der Geschichte hingestellt. Ideen wie Solidarität und Glück in der Gemeinschaft galten als veraltet und überflüssig, wobei man von der Tatsache absah, dass die klassische politische Philosophie Europas von Aristoteles bis Hannah Arendt den Menschen als ein politisches Wesen definiert, das seine wahre Erfüllung findet, indem es sich politisch engagiert und Verantwortung übernimmt.

Die extreme Rechte erfand die Gemeinschaft im negativen Sinne neu – durch Ausschluss und indem nationalistische Gefühle aufgewiegelt und gegen alles gelenkt wurden, was fremd ist: Immigranten und Asylsuchende, die politische Elite, die europäische Integration. All dies, sollten wir glauben, war die eigentliche Ursache dafür, dass so viel schief lief, und dass wir Fremde im eigenen Land geworden waren. Diese Begründung griff, da sie für fast jedes Problem der Welt eine Erklärung bot, seien es sinkende Sozialausgaben (faule Einwanderer), steigende Lebenshaltungskosten (der Euro) oder unpopuläre Politik (die korrupten Politiker).

Die Parteien der extremen Rechten, ob sie nun an der Regierung waren oder nicht, lebten gut von der Angst der Bürgerinnen und Bürger und der ihrer politischen Gegner. Bis jetzt hat keine der traditionellen europäischen Parteien ein Rezept dafür gefunden, wie sich der Siegeszug der extremen Rechten aufhalten ließe. Der belgische *cordon sanitaire* wurde lange als äußerst prinzipienfester Umgang mit der extremen Rechten gepriesen. Den Erfolg von Filip Dewinters Vlaams Belang hat diese Blockadepolitik aber nicht aufgehalten. Auch durch den Versuch in Österreich, Jörg Haiders FPÖ in die Regierung aufzunehmen, ist es nicht gelungen, die Partei zu neutralisieren.

Optimismus

Um den Aufstieg der extremen Rechten aufzuhalten, werden taktische Manöver nicht reichen. Der einzige Weg, Berlusconi, Geert Wilders und ihre Gesinnungsgenossen zu besiegen, besteht meiner Ansicht nach darin, die politischen und gesellschaftlichen Verhältnisse zu bekämpfen, die ihr Nährboden sind. Einige der besten Kritiker des Neoliberalismus haben einen New Deal für Europa vorgeschlagen, eine Reihe politischer und wirtschaftlicher Reformen mit vorrangig einem Ziel, der Neuerfindung eines europäischen Sozialmodells, das auf Gleichheit, Menschenrechten und demokratischen Grundsätzen beruht.

Die Voraussetzungen, diese Debatte zu führen, sind

heute so gut wie schon lange nicht mehr. Der Zusammenbruch der Finanzmärkte 2008 und die darauf folgenden staatlichen Notprogramme gegen einen kompletten Finanz- und Wirtschaftscrash, haben hinreichend gezeigt, dass die neoliberalen Dogmen nicht funktionieren. Zum ersten Mal seit Jahrzehnten scheint ein neuer politischer Konsens möglich, dafür, die Finanzmärkte zu regulieren und eine Transaktionssteuer einzuführen. Jenseits der wirtschaftlichen Gründe ist die Besteuerung der Finanzmärkte auch eine Frage der sozialen Gerechtigkeit, da dies die einzige Möglichkeit ist, diejenigen, die für die Finanzkrise verantwortlich sind, wenigstens einen Teil der Rechnung bezahlen zu lassen. In weiten Teilen der Politik scheint die Unterstützung für eine neue globale Wirtschaftsordnung zu wachsen.

Grüne Parteien mit ihrer Tradition des Umweltschutzes, ihrem Einsatz für Menschenrechte in aller Welt und für die Gleichberechtigung gesellschaftlicher und ethnischer Minderheiten bringen gute Voraussetzungen für eine Debatte über politische und wirtschaftliche Alternativen zum Neoliberalismus mit. Eine der schwierigsten und dringlichsten Aufgaben ist es, neu zu bestimmen, welche Bereiche wieder Gemeingut sein sollen. Doch auch gesellschaftliche Institutionen, ihre Aufgaben und Finanzierung, müssen neu gedacht werden, damit Politik wieder interessant und reizvoll wird. Eine Voraussetzung für einen neuen Begriff von Gemeinschaft, ihre Aufgaben und Kosten, wird es sein, die neoliberale Position zu entzaubern, der zufolge Regierungen die natürlichen Feinde individueller Freiheit sind.

Europa braucht eine offene und unvoreingenommene Debatte darüber, wie viel Geld notwendig ist, um unsere kaputten Sozialsysteme zu reparieren. Wir werden dabei, da bin ich mir sicher, erfreuliche Entdeckungen machen, zum Beispiel die, dass der Kampf gegen sozialen Ausschluss ohne Weiteres bezahlbar ist – ohne dadurch die Wirtschaft zu ruinieren oder das freie Unternehmertum ernsthaft einzuschränken. Menschen können ohne Hoffnung nicht leben, weder privat noch politisch. Wenn wir das europäische Sozialmodell neu bestimmen wollen, müssen wir unsere sozialen und kulturellen Normen festlegen und sagen, wie viel wir dafür ausgeben wollen, soziale Randständigkeit abzuschaffen. Durch eine solche Debatte könnten Hoffnung und Zuversicht wieder Einzug halten in die europäische Politik. Menschen wie Anna würde dies Grund geben zu glauben, dass Politik ihr Leben zum Besseren verändern kann. Wenn wir unsere Infrastruktur der Gerechtigkeit wieder aufbauen, dann würden wir uns dadurch vor der wichtigsten aller europäischen Traditionen verbeugen, der Überzeugung nämlich, dass es Demokratie ohne Gleichheit und Brüderlichkeit nicht geben kann.

/

LITERATUR

Friedman, Milton und Rose D. Friedman (1980): Chancen, die ich meine. Ein persönliches Bekenntnis. Berlin/Frankfurt/Wien 1980.

Keynes, John Maynard (1936): Allgemeine Theorie der Beschäftigung, des Zinses und des Geldes. München/Leipzig 1936.

Paxton, Robert O. (2006): Anatomie des Faschismus. München 2006.

Schulmeister, Stefan (2006): Das neoliberale Weltbild – wissenschaftliche Konstruktion von „Sachzwängen" zur Förderung und Legitimation sozialer Ungleichheit. In: Schwarzbuch Neoliberalismus und Globalisierung, hg. von Friedrich Klug und Ilan Fellmann, *Kommunale Forschung in Österreich*, Nr. 115, S. 153-175. Linz 2006.

Freiheit und Sicherheit im 21. Jahrhundert

■ Grüne Alternativen
Von Dirk Holemans

Der Populismus ist wie eine Frucht, die in Zeiten der Unsicherheit und der damit verbundenen Angst vor der Zukunft gedeiht. Die Menschen sehen, wie sich ihre Gesellschaft und ihr soziales Umfeld rasch verändern, und erkennen, dass es nie mehr so stabil sein wird, wie es war. Klassische politische Parteien scheinen unser Vertrauen nicht länger zu verdienen, da sie und die Staaten, in denen sie aktiv sind, zu Handlangern des internationalen Neoliberalismus geworden sind. Den Populisten in Europa bereitet das einen mehr als fruchtbaren Boden. Die Populisten versprechen dabei, was niemand, der mit Vernunft zu Werke geht, zu versprechen wagt, die Rückkehr nämlich zu einer sicheren und stabilen Lage, die in Reinform zwar nie existierte, die von den Menschen aber mehr denn je ersehnt wird. Wie der Rattenfänger von Hameln scheinen Populisten die besondere Gabe zu besitzen, Menschen zu verführen. Sie sprechen tief sitzende Gefühle der Unsicherheit an und die existenzielle Angst vor der Zukunft, an der viele Menschen in Europa zu leiden scheinen. Den simplen Antworten und Trugbildern, die die Populisten verbreiten, pflichten wir natürlich nicht bei, dennoch müssen wir ihre Fähigkeit berücksichtigen, Bürgerinnen und Bürger auf affektive – und somit effektive – Weise an sich zu binden. Das zeigt uns, dass eine nur vernunftbasierte „grüne" Zukunftsvision, sei sie auch noch so gut durchdacht, nicht genügt. Grüne Politik muss neben soliden Inhalten auch Hilfe und Bindung anbieten, eine die Emotionen ansprechende „Story" haben, eine identitätsstiftende Vision, die den

Bürgerinnen und Bürgern Sinn und Bedeutung vermittelt, damit sie bereit sind, sich darauf einzulassen. Eine derartige Erzählung, so der Historiker Tony Judt in seinem Buch „Dem Land geht es schlecht – Ein Traktat über unsere Unzufriedenheit", war das Projekt des sozialen Wohlfahrtsstaats, das im 20. Jahrhundert viele Menschen in vielen europäischen Ländern zusammenbrachte. Es ist kein Zufall, dass gerade in Zeiten, in denen der Wohlfahrtsstaat abgebaut wird, Populisten in vielen europäischen Ländern vermehrt Zulauf bekommen.

Wie also kann grüne Politik eine Story liefern, die den Menschen hilft, sie an die Grünen bindet und ihre Gefühle anspricht? Möglich ist dies nur, so die These dieses Kapitels, wenn die grüne Zukunftsvision mit flankierenden Konzepten, etwa dem der Resilienz, und mit dem konkreten Handeln von Menschen und Gemeinwesen verbunden wird. Nur wenn die Menschen diese neuen politischen Inhalte erfahren und ihnen konkrete Form geben, werden sie populistischen Versuchungen nicht länger zum Opfer fallen, sie sogar ablehnen, weil sie erkennen, dass der Populismus auf ihr kollektives Engagement und ihre eigene Stimme nichts gibt.

Freiheit und Sicherheit

Wenn in unserer sich verändernden Gesellschaft Unsicherheit ein wesentliches Zeichen der Zeit ist, dann ist es wichtig, sich damit auseinanderzusetzen. Hierzu betrachten wir die entscheidenden Konzepte Freiheit und Sicherheit und die Art und Weise, wie der Soziologe Zygmunt Bauman dieses Begriffspaar zu einem analytischen Rahmen entwickelt hat (Bauman 1997, 1999). Ausgangspunkt ist dabei Sigmund Freuds Werk „Das Unbehagen in der Kultur", in dem er die These vertritt, die moderne Zivilisation zu Beginn des 20. Jahrhunderts sei ein Kompromiss zwischen Freiheit und Sicherheit. Damals bot die moderne Zivilisation Freiheit von Angst, das heißt Sicherheit vor Gefahren durch die Natur und durch andere Menschen. Wenn wir von einem Kompromiss sprechen, bedeutet dies jedoch, dass auch die Zivilisation der individuellen Freiheit

Zwänge auferlegt, und dieses Opfer an persönlicher Freiheit war Ursache für ein großes Maß an allgemeiner Unzufriedenheit und psychischem Unbehagen. Bauman zufolge hat sich die Situation Ende des 20. Jahrhunderts allerdings komplett umgekehrt. Zwar sind auch heute noch die häufigsten Formen der Unzufriedenheit Folge eines Kompromisses, doch dieses Mal ist es die Sicherheit, die auf dem Altar der individuellen Freiheit geopfert wird.

Es versteht sich von selbst, dass der Aufbau von Identität in dieser neuen Situation anders verläuft als früher. Der Wert der individuellen Freiheit hat sich radikal auf Kosten staatlicher und sozialer Strukturen behauptet. Der Rückzug des Staates jedoch hat zu keiner starken Zivilgesellschaft geführt, in der Beziehungen, die auf Anerkennung und Gleichwertigkeit gründen, Identität schaffen und formen. Vielmehr hat dieser Rückzug, ebenso wie im Bereich öffentlicher Dienste, lediglich zu einem Wachstum des Marktes geführt. Zum ersten Mal ist die Antwort auf die Frage „Wer will ich sein, wenn ich erwachsen bin?" zu einer rein persönlichen Angelegenheit geworden. Gestaltung von Identität wird heute de facto durch etwas bestimmt, das ich „strategische Steuerung" nennen möchte: Jedes Individuum wird dazu animiert, seinen Lebensweg strategisch zu planen – und zwar allein seinen eigenen Vorstellungen entsprechend. Es wird ausdrücklich davon abgeraten, sich dauerhaft an Ziele, Organisationen oder Menschen zu binden; das Credo lautet „allein bis an die Spitze". Sich zu entwickeln ist heute ein individuelles Projekt, ein Pfad, der im Alleingang beschritten werden muss.

Formen der Unsicherheit

In der späten Konsumgesellschaft drückt sich eine „voll entwickelte" Individualisierung durch maximierte Kaufkraft aus. Das wichtigste Ziel ist „meine individuelle Freiheit". Wir gratulierten uns dazu, dass wir zentralisierte Formen und Strukturen von Sicherheit aufgegeben haben – in den letzten Jahrzehnten des 20. Jahrhunderts hielten wir das für eine gute Idee. Mittlerweile haben die ökonomische Globalisierung und die Individualisierung jedoch Institutionen der (sozialen) Sicherheit und tragfähige soziale Netzwerke zerstört, was die meisten Menschen eher frei setzte als sie frei zu machen. Gleichzeitig wurde Unsicherheit zum festen Teil des Lebens aller Bürger – so sehr, dass es unmöglich erscheint, dies rückgängig zu machen.

Wie Bauman zeigt, beschreibt das deutsche Wort „Unsicherheit" einen Bedeutungskomplex, für den das Englische mindestens drei Begriffe braucht – *security*, *certainty* und *safety*. Der erste, „(insecure) security", bezieht sich darauf, dass unsere heutige Welt nicht mehr unveränderlich ist. In dieser instabilen Welt kann alles, wofür wir gearbeitet, was wir erworben haben (Eigentum, Fähigkeiten, Wissen), morgen nutz- und wertlos sein. Viele Menschen erleben, dass ihre Arbeit von Robotern und Computern erledigt wird oder dass ihr Arbeitsplatz in einen anderen Teil der Welt ausgelagert wurde. So wird die Arbeit des Angestellten, der unsere Flugbuchungen bearbeitete, heute oft von einem ICT-System in Indien geleistet, und unser stabiles Sozialversicherungssystem wurde durch „flexible Sicherheit" ersetzt.

Beim zweiten Begriff, „(uncertain) certainty", ist das Novum nicht die Notwendigkeit, unter Bedingungen partieller „uncertainty" zu agieren, denn diese Art der Unsicherheit war schon immer Teil des menschlichen Lebens. Das radikal Neue der Gegenwart entsteht hier durch den systematischen Druck, die mühevoll errichteten Strukturen abzubauen, die unser Leben in der zweiten Hälfte des 20. Jahrhunderts absicherten. Zum ersten Mal seit vielen Generationen können Eltern nicht mehr darauf vertrauen, dass ihre Kinder es besser haben werden als sie selbst. Dies ist auch die Kernthese von Judts Buch „Dem Land geht es schlecht" und der Grund dafür, dass es in verschiedenen europäischen Ländern ein derart starkes Echo fand. Während Banker weiterhin Boni erhalten, die so hoch sind, dass sie sie gar nicht ausgeben können, wissen immer mehr Menschen nicht, wie sie mit ihren Renten ein annehmbares Leben führen sollen oder ob ihre Kinder noch in der Lage sein werden, sich ein Haus zu kaufen.

Beim letzten Begriff, den Bauman einführt, „(unsafe) safety", geht es darum, wie wir uns selbst, unser Eigentum, unser Heim und unsere unmittelbare Umgebung vor Gefahren schützen können, denen man sich alleine nicht erwehren kann. In einer eher philosophischen Analyse verweist er hier auf die Entwicklung kollektiver Lösungen, mit denen das individuelle Gefühl existenzieller Unsicherheit beschwichtigt werden soll – nämlich Nation und Familie. Diese beiden Institutionen gaben dem Individuum im 20. Jahrhundert auf verschiedenen Ebenen Sicherheit; sie ermöglichten ihm, von der physischen bis zur existenziellen Ebene, Teil eines Ganzen zu sein, das dem Leben Schutz und Sinn, Brot und Rosen gab. Im 21. Jahrhundert sind hingegen Familie und Nation nicht in der besten Verfassung. Die Macht der nationalen Regierungen verlagert sich zunehmend auf höhere Ebenen, auf denen es wenig oder keine demokratische Kontrolle gibt, und die Familie ist heute kein sicherer und dauerhafter Hafen mehr. Was der Mittelklasse in den westlichen Konsumgesellschaften mit ihren mehr solitär als solidarisch lebenden Mitgliedern bleibt, ist unsere heutige Obsession vom Körper, seiner Fitness und seiner Sicherheit. All unsere Energie, die rund um die Uhr von einer eifrigen Marketingmaschine angetrieben wird, richtet sich auf den augenblicklichen Konsum. Die Sorge um den Körper – wir nennen sie Wellness – steht im Zentrum einer in sich geschlossenen Lebensführung in der Hoffnung, dies werde unserem Dasein ausreichend Sinn geben. Der französische Philosoph Gilles Lipovetsky drückt es in seinem Werk „Narziss oder Die Leere" so aus: „Wir versuchen, uns die ganze Zeit zu beschäftigen, damit die Sinnfrage sich nicht stellen kann" (1983).

Es ist klar, dass ökologische Probleme wie Klimawandel, Wasserknappheit oder die Folgen einer nuklearen Katastrophe stark zu den verschiedenen Formen von Unsicherheit beitragen. In der Tat zeigt die Katastrophe von Fukushima die eben beschriebenen Mechanismen auf schmerzliche Weise. Der Wohlfahrtsstaat und seine industrielle Basis versprachen uns alle möglichen Formen von Sicherheit. Und während soziale Dienstleistungen abgebaut

> Grüne Politik muss Hilfe und Bindung anbieten, eine die Emotionen ansprechende „Story" haben, eine identitätsstiftende Vision, die den Bürgerinnen und Bürgern Sinn und Bedeutung vermittelt.

werden, wachsen die für unser Wohlergehen (billige Energie!) erbauten industriellen Komplexe zu gewaltigen Produktionsstätten von Gefahren und Ängsten. Je mehr die Öffentlichkeit begreift, dass etwas falsch läuft, desto eindringlicher wiederholen die Verantwortlichen, dass „für die öffentliche Gesundheit keine Gefahr besteht". Als habe man nichts aus der Vergangenheit gelernt, wiederholt sich dasselbe Szenario wie beim Rinderwahn in Europa oder bei den Müllverbrennungsanlagen in Belgien wieder und wieder. In der Tat leben wir heute in einer Risikogesellschaft, wie Ulrich Beck es nannte: Gesellschaftliche Auseinandersetzungen drehen sich nicht mehr um die Verteilung (sozialer und materieller) Güter, sondern um Missstände und Risiken.

Unsere Beziehung zu diesen Risiken und Gefahren steht in Zusammenhang mit unserer Wahrnehmung von Zeit. Da unser Körper und unsere Wellness hier und jetzt alles zu sein scheinen, was wir noch haben, ist es schwer, unseren Lebensstil auf Gefahren einzustellen, die sich in der Zukunft ereignen werden. Zudem neigen wir dazu, das Wissen um Gefahren oder Risiken, die dem Anschein nach schwer zu bewältigen sind, zu unterdrücken. Dies erklärt auch zum Teil den relativen Erfolg der Klimaskeptiker. Er beruht darauf, dass sie sich das Paradoxon der Risikogesellschaft zunutze machen. Unsere Gesellschaft, die ohnehin schon voller Unsicherheiten ist, akzeptiert bereitwillig Populisten, die behaupten, dass „alles gar nicht so schlimm" sei. Und weil in ihrer Botschaft ein tiefes Angstgefühl mitschwingt, haben es die rationalen Fakten und Zahlen des Weltklimarats (IPCC) schwer, in unsere Köpfe und Herzen zu dringen.

Die neoliberale Antiutopie

Wie schon im Zusammenhang mit Judt erwähnt, war der soziale Wohlfahrtsstaat die große Erzählung, die sich in europäischen Gesellschaften im 20. Jahrhundert entwickelte. Obgleich manche behaupten, unserer Zeit fehle es an einer „großen Erzählung", ist doch die dominante Ideologie unserer Zeit der Neoliberalismus – die

Utopie (oder ist es eine Antiutopie?), der zufolge Märkte frei von staatlichen Eingriffen automatisch wirtschaftliche Leistung und soziale Wohlfahrt sichern. Folge der neoliberalen Globalisierung, die in den vergangenen Jahrzehnten erfolgte, war, dass der wirtschaftliche Wettbewerb zunahm und man sich über gesellschaftliche und die Umwelt betreffende Regeln hinwegsetzte. Produktivität und Wettbewerb genossen ein übersteigertes Ansehen – und das auf Kosten überkommener gesellschaftlicher Verträge und Gleichgewichte. Die zunehmende soziale Spaltung und Ungleichheit lassen heute an den Segnungen der Globalisierung immer mehr Zweifel aufkommen (Vandaele 2007).

Hier geht es um mehr als um Wortklauberei. Das Leben von Millionen Menschen in Europa hat sich verändert – denken wir nur an die Entlassung gering qualifizierter Arbeitnehmer in Westeuropa. Die Beschäftigungsrate von Menschen, die nur über einen Hauptschulabschluss verfügen, sank von 70 Prozent 1976 auf 33 Prozent im Jahr 1997 (Marx 2007). Fast die Hälfte der Arbeitslosen wäre ohne Unterstützung arm. Als Hauptgrund geben Forscher den Strukturwandel in Verbindung mit der Globalisierung an. In den Vereinigten Staaten sind die Reallöhne der Menschen, die nur über eine einfache Schulbildung verfügen, heute um 30 Prozent niedriger als 1970.

Die zunehmende Unsicherheit des Arbeitsmarkts zeigt sich in mehreren Ländern in unterschiedlichen Formen. In Deutschland wird unter anderem über Niedriglöhne gestritten. Denn immer mehr Menschen in Deutschland erzielen mit ihrer Arbeit kein hinreichendes Einkommen mehr. Es gibt heute Friseusen, die für weniger als fünf Euro (oder sogar 2,50 Euro) brutto pro Stunde arbeiten, und viele Menschen sind in Minijobs beschäftigt. Einzelhandelsketten, Logistikzentren und anderen Dienstleistungsunternehmen kommt dieses System sehr zugute. Was wir für ein „amerikanisches Problem" hielten, nämlich Menschen, die arm bleiben, obwohl sie arbeiten, ist so inzwischen zu einer strukturellen Erscheinung in einer Nation geworden, die den Wohlfahrtsstaat mit erfunden hat.

Auch in Frankreich wird mehr und mehr über die wachsende

Prekarisierung gesprochen. Man versteht darunter das Fehlen von Sicherheiten, die es Individuen und Familien ermöglichen, grundlegende Pflichten zu übernehmen und ihre Grundrechte auszuüben. Die Unsicherheit, die sich so ergibt, kann unterschiedlich groß sein und verschieden starke, manchmal auch dauerhafte Folgen haben (Wresinski 1987).

Eine der wichtigsten Autoren zu diesem Thema ist die Französin Viviane Forrester. In ihrem Bestseller „Der Terror der Ökonomie" legt sie dar, dass wir „das Ende der Beschäftigung, wie wir sie kannten", erleben, weil wir des mit ihr verbundenen Mechanismus, nämlich den Wohlstand zu teilen, verlustig gegangen seien. Hinzu kommt, dass die Regierenden lohnabhängige Beschäftigung nach wie vor als die Norm darstellen, was den Nichtbeschäftigten das Gefühl gibt, wertlos zu sein. Der Neoliberalismus hat ein neues ökonomisches Paradigma eingeführt. Zunehmend stellt er die Verwundbarsten in unserer Gesellschaft vor eine völlig neue Wahl: Armut trotz Arbeit oder Armut als Almosenempfänger des Staats. Mit Deutschland und Frankreich ist diese Liste keineswegs erschöpft, im Gegenteil! Eine ähnliche Debatte findet auch in Ländern wie Italien und Spanien statt, wo immer mehr junge Menschen mit Hochschulabschluss ein Einkommen von gerade mal um die tausend Euro erzielen. Das bedeutet, dass sie finanziell gesehen wahrscheinlich weniger wohlhabend sein werden als ihre Eltern.

Diese Beispiele vom Arbeitsmarkt bedeuten nicht, dass nur die Wirtschaft Unsicherheit erzeugt. Vergleichbare Beispiele lassen sich auch für den Wandel in Wohngebieten, für Migration, die zunehmende Diversität in Städten oder die kulturelle Fragmentierung anführen.

Zwei wichtige Dinge gibt es an dieser Stelle zu bedenken. Erstens haben wir es mit einer existenziellen Unsicherheit zu tun (für die bloßes Wissen keine Antwort darstellt), und zweitens sind alle drei Bedeutungen des Begriffs „Sicherheit" Voraussetzung für Selbstvertrauen und Selbstsicherheit, von denen wiederum die Fähigkeit abhängt, rational zu denken und zu handeln. Fehlen sie, so entsteht Raum für Populisten. Wie die Klimaskeptiker zeigen, ist auch ein umfassender, auf rationalem Wissen basierender Konsens einer sehr großen Gruppe von Wissenschaftlern (IPCC) keine Garantie dafür, dass Populisten auf diesem Gebiet scheitern.

Anders gesagt, in den Worten von Chantal Mouffe in ihrem Buch „Über das Politische": Eine politische „Story" muss die Leidenschaften der Menschen ansprechen, und so gesehen bedeutet Politik auch die Kultivierung gemeinsamer Bande. Wenn diese Sublimierung des Affektiven nicht stattfindet, wenn es stattdessen lediglich negativ von einer übermächtigen Kultur der Angst erregt wird, dann entsteht ein fruchtbarer Nährboden für Populisten, die für sich in Anspruch nehmen, die vereinzelten Menschen zusammenzubringen. Bei diesen gemeinsamen Banden geht es darum, derselben politischen Gemeinschaft anzugehören, in der Menschen (auch agonistisch) über ihre gemeinsame Zukunft diskutieren. Mit der „Kultivierung gemeinsamer Bande" ist hier allerdings kein Verweis auf eine Art Kommunitarismus beabsichtigt, in dem grundlegende Normen nicht hinterfragt werden können.

Im 21. Jahrhundert stehen wir vor der Aufgabe, Freiheit und Sicherheit neu zu definieren und ein neues Gleichgewicht und einen neuen Kompromiss zwischen ihnen zu finden. Sowohl die Freiheit, wie sie heute verstanden wird (der Einzelne als konsumierende Insel; meine Freiheit endet da, wo die deine beginnt), als auch das hohle Konzept der Sicherheit im Sinne des englischen Begriffs „certainty" sind keine Basis für eine Zukunft, die Hoffnung macht.

Die Wiedergewinnung unserer Autonomie

Fassen wir zusammen, wo wir im Augenblick stehen: Dem Projekt des sozialen Wohlfahrtsstaates, das im 20. Jahrhundert viele Gesellschaften beflügelte, fehlt es (derzeit?) an neuen Ideen, mit denen sich die öffentliche Debatte wieder politisieren ließe. Gleichzeitig stellt der Neoliberalismus die Kräfte des Marktes über die Menschen und ihre Bedürfnisse, staatliche Institutionen und Dienstleistungen werden liberalisiert und/oder privatisiert,

Sozialgesetze abgeschafft. Die Menschen merken zudem recht genau, dass ihre nationalen Demokratien an Halt verlieren. Die entscheidende Frage ist also, ob die „grüne" Ideologie zur Quelle einer neuen „Großen Erzählung" werden kann, einer Erzählung, aus der sich ein neues soziales Projekt für die kommenden Jahrzehnte entwickelt. Hat die politische Ökologie ein politisches Programm, eine „Story", die in der Lage ist, auf die enormen Herausforderungen unserer Zeit zu reagieren, und die gegen die verschiedenen Formen von Unsicherheit ankommen kann?

Die Antwort ist ein zögerndes Ja, da man sagen kann, politische Ökologie sei von Anfang an entwickelt worden, um den Menschen mehr Kontrolle über ihre Lebenswelt zu geben. Vordenker der Ökologie wie Ivan Illich und André Gorz haben betont, dass es beim grünen Protest von Anfang an nicht nur um den Schutz der Natur, den Kampf gegen Umweltverschmutzung ging. André Gorz drückte es so aus:

> „Die ökologische Bewegung entstand lange bevor Umweltzerstörung und die Schmälerung der Lebensqualität das Überleben der Menschheit bedrohten. Sie bildete sich ursprünglich aus einem spontanen Protest gegen die Zerstörung der Alltagskultur durch die Wirtschafts- und Verwaltungsapparate. Mit ‚Alltagskultur' meine ich sämtliche Formen intuitiven Wissens, traditionelle Fähigkeiten (in Illichs Definition), Gewohnheiten, Normen und alltägliches Verhalten, durch die Einzelne deuten, verstehen und akzeptieren können, wie sie sich in ihre Umwelt einfügen" (Gorz 1993).

Der Protest hatte seine Wurzeln also in der Sorge um den Schutz der Lebenswelt, um Gemeinwesen und ihre Umwelt sowie um die Autonomie von Menschen und Gruppen:

„Die ‚Verteidigung der Natur' muss ihren Ursprüngen nach
als Verteidigung einer Lebenswelt verstanden werden, die
sich unter anderem dadurch auszeichnet, dass das Ergebnis
eines Tuns den hinter diesem Tun stehenden Absichten
entspricht – oder, anders gesagt, durch die Tatsache, dass
in dieser Welt soziale Individuen die Folgen ihres Tuns
erkennen, verstehen und beherrschen" (ebd.).

Wie wir noch sehen werden, haben sich die sozialen
Bewegungen, die im vergangenen Jahrzehnt als Reaktion auf die
Herausforderungen des Ölfördermaximums (Peak Oil) und des
Klimawandels entstanden, nämlich die Transition Towns, eben
dieses Ziel gesetzt, nämlich die Folgen ihres Tuns zu verstehen und
die Kontrolle über ihre Zukunft (eine prosperierende Zukunft mit
weniger oder keinem Erdöl) zurückzuerlangen.

Die klare Ausrichtung auf einen von der politischen Ökologie
präzise definierten Begriff von Autonomie erlaubt es uns, das
klassische Links-Rechts-Schema zu überwinden. Es geht nicht
bloß um die Frage, was Aufgabe der Regierung, was Aufgabe des
Marktes sein soll. Neben Regierung und Markt gibt es einen dritten
Handlungsbereich, in dem Bürger autonom Kontrolle ausüben
und die Zukunft gestalten können. Ein gutes Beispiel dafür ist der
Bereich der Gemeingüter und der Art, wie lokale oder regionale
Gemeinwesen mit ihnen umgehen. Es ist kein Zufall, dass 2009,
mitten in der Finanzkrise, Elinor Ostrom der Wirtschaftsnobelpreis
für ihre Arbeit zu den Gemeingütern verliehen wurde.

Ein derartiger Ansatz widerspricht der Vorstellung der
Populisten von Demokratie: Sie geben vor, für die Menschen zu
sprechen, doch eben das lässt sich nicht mit einem Verständnis
von Demokratie und Politik unter einen Hut bringen, das selbstän-
digen Initiativen vereinter Bürger Raum lässt und sie unterstützt.
Nicht zufällig suchen heute ökologische Denker im Gefolge
der oben erwähnten Vordenker nach Lösungen und Ansätzen
für neue Wege, auf denen sich Sicherheit schaffen lässt. So hat
zum Beispiel der belgische Philosoph und Ökonom Philippe Van

Parijs neue Vorschläge für ein Grundeinkommen entwickelt, ein Grundeinkommen, das er definiert als „ein von einer politischen Gemeinschaft auf individueller Basis an alle ihre Mitglieder gezahltes Einkommen ohne Prüfung des Vermögens oder den Zwang zu arbeiten" (2000). Dieser Vorschlag ist nicht nur Gegenstand akademischer Debatten, er wird mittlerweile vom Basic Income Earth Network (BIEN, dt.: Weltweites Netzwerk Grundeinkommen) gefördert. In jüngster Zeit haben Wissenschaftler zudem den neuen Gedanken eines „Übergangseinkommens" entwickelt, mit dem jene Menschen unterstützt werden könnten, die sich auf einen nachhaltigen Lebensstil umstellen, der sowohl neue Formen der Produktion als auch eine einfache, frugale Lebensweise einschließt. Dahinter steht die Idee, dass Menschen, die eine Vorstellung davon haben, wie das Leben bei sinkender Wirtschaftsleistung besser werden kann, für unsere Zukunft maßgeblich sein werden (Arnsperger und Warren). Ähnliche Gedanken finden sich auch in dem 2009 erschienenen Buch „Wohlstand ohne Wachstum" des britischen Ökonomen Tim Jackson, das sehr erfolgreich war und in über zehn Sprachen übersetzt wurde. Es lässt sich also ohne Übertreibung sagen, dass „grüne" Ideen, die auf einen Wandel hin zu einer umweltfreundlichen Wirtschaft abzielen – inklusive bestimmter Sicherheiten – in der öffentlichen Debatte an Boden gewinnen. Hierzu zählen auch die überzeugenden Vorschläge und Projekte Europäischer Grüner Parteien, bekannt als Green New Deal, die eindrucksvoll auf die dreifache Krise reagieren, in der wir stecken: die Finanz-, die Wirtschafts- und die Umweltkrise.

Politische Ökologie

Freiheit hat sich in den vergangenen Jahrzehnten zur Freiheit zu konsumieren gewandelt, und ist, in dieser Form, zum wichtigsten Faktor für die Herausbildung von Identität geworden; die neoliberale Globalisierung hat sämtliche Gewissheiten hinweggefegt. Wer vom Staat (der wegen der Finanzkrise hoch verschuldet ist) oder vom Markt (dessen zerstörerisches Wesen eben diese Krise belegt hat) alles erwartet, der baut nach wie vor auf die Ideologien des 20. Jahrhunderts – Sozialdemokratie, Liberalismus und ihre gescheiterte Fusion, den so genannten Dritten Weg.

Zum ersten Mal ist die Antwort auf die Frage „Wer will ich sein, wenn ich erwachsen bin?" zu einer rein persönlichen Angelegenheit geworden.

Es bedarf attraktiver Konzepte, die es Gemeinwesen ermöglichen, sich in Kooperation mit Staat und Markt von der Krise zu erholen und sich für zukünftige Erschütterungen zu wappnen, denn diese werden kommen, ob es uns gefällt oder nicht. Solche Erschütterungen werden angesichts der derzeitigen Lage für noch mehr Angst sorgen und so neuen Nährboden für Populisten schaffen. Eine mögliche Antwort ist das Konzept der Resilienz (d.h. Widerstandsfähigkeit). Dieser Begriff meint die Fähigkeit eines sozio-ökologischen Systems (z.B. die Population eines Flussgebiets), seine Identität und Struktur auch über stürmische Zeiten und schwere Erschütterungen hinweg zu erhalten. Ein widerstandsfähiges System ist somit in der Lage, sich an Veränderungen anzupassen und dabei gesund und lebensfähig zu bleiben und wichtige Funktionen zu erfüllen. Vielleicht ebenso bedeutsam ist, dass ein resilientes System auf Veränderungen nicht nur reagiert, sondern sie selbst gestalten kann. Die Resilience Alliance definiert Resilienz anhand dreier spezifischer Merkmale: das Ausmaß an Veränderung, das ein System durchlaufen kann, ohne seine Kontrolle über Funktion und Struktur einzubüßen; das Maß an Selbst-Organisation des Systems; sowie seine Fähigkeit, Lern- und Anpassungsfähigkeit aufzubauen und zu steigern.

Resilienz beruht auf drei Faktoren: kurze Rückkopplungsschleifen, Diversität und Modularität (Dhont 2011). Der Begriff der kurzen Rückkopplungsschleifen bezieht sich darauf, wie schnell wir mit den Folgen unseres Tuns konfrontiert werden. Dass diesem Aspekt im Falle des Klimawandels große Bedeutung zukommt, ist offensichtlich. Dasselbe gilt aber auch für Umwelteinflüsse durch genetisch veränderte Pflanzen, da diese nicht mit bloßem Auge erkennbar sind, sondern einen DNA-Test im Labor erfordern. Die Bedeutung der Diversität, der Artenvielfalt, wird auf dem Gebiet der Landwirtschaft deutlich: Diversität als das Gegenteil von Monokultur. Ein Bauer, der nur eine Frucht anbaut, wird wesentlich leichter Opfer von Schädlingen oder sich veränderndem Wetter. Wer hingegen verschiedene Früchte anbaut, verringert die Gefahr, durch widrige Umstände die gesamte Ernte zu verlieren. Modularität schließlich verweist auf die Existenz verschiedener Subsysteme, die nicht zu fest miteinander verbunden sind, sondern von denen jedes für sich einen gewissen Grad an Autonomie hat. In Systemen, die intern zu sehr vernetzt sind, kann eine Erschütterung leicht das gesamte System erfassen und es schwer schädigen. Ein System, das hochgradig modular ist, besteht aus weniger stark miteinander verbundenen Komponenten, ist elastischer und puffert besser, was dazu führt, dass Erschütterungen weniger Schaden verursachen (man denke an eine Reihe Dominosteine in der einige Steine fehlen, so dass, fällt ein Stein, nicht auch alle anderen zu Fall kommen). Wenn wir zum Beispiel zum Klimawandel und den häufiger und heftiger werdenden Regenfällen zurückkehren, die er mit sich bringt, lässt sich die Bedeutung der Modularität klar erkennen. Da Tief- und Schwemmland häufig überbaut und Flüsse begradigt wurden, kann starker Regen in sehr kurzer Zeit zu Überflutungen führen. Wenn man heute darauf besteht, Überschwemmungsgebiete zu renaturieren, stellt man damit lediglich den hohen Grad an Modularität wieder her, über den das System ehedem verfügte.

Resilienz gibt uns ein Bezugssystem, mit dessen Hilfe wir mit einer sich verändernden Umwelt umgehen können. Im Wesentlichen müssen drei grundsätzliche Fragen angegangen werden: Erstens, kann das bestehende System die Veränderungen verkraften? Wenn ja, kann das Leben wie gewohnt weitergehen. Ist dies jedoch nicht der Fall – und das gilt für viele ökologische Herausforderungen –, so lautet die zweite Frage: Können wir die Anpassungsfähigkeit unserer Gesellschaft durch neue Organisationsformen stärken? Wenn uns beispielsweise das Öl ausgeht, können wir es einfach durch andere billige Energiequellen ersetzen? Sollte die Antwort auf diese zweite Frage ein Nein sein, müssen wir uns drittens fragen: Wie steht es mit dem Transformationsvermögen, der Fähigkeit, die Gesellschaft für die Zukunft umzugestalten?

Es ist interessant zu beobachten, wie die Resilienz in verschiedenen Teilen der Welt als Zukunftskonzept in die Praxis umgesetzt wird. Während sich asiatische Länder mit der „Reduzierung von Katastrophenrisiken" befassen, hat sie in Westeuropa neuen Gemeinwesen (wie den Transition Towns) Aufschwung gegeben, die sich auf eine Zeit vorbereiten, in der das Erdöl knapp wird. Man kann dies als Beispiele für Ideen und Strukturen sehen, die neue Formen von Sicherheit schaffen.

Resiliente Städte

„Ich rufe die Führer der Welt auf, den Klimawandel ernst zu nehmen und die zunehmenden Katastrophenrisiken zu verringern – und zu den Führern der Welt gehören auch Bürgermeister, die Oberhäupter von Städten und Gemeinden", so UN-Generalsekretär Ban Ki-moon bei der Eröffnung der Konferenz „Building an Alliance of Local Governments for Disaster Risk Reduction" im koreanischen Incheon im August 2009. Da „Städte und Kommunalverwaltungen sich vorbereiten, Risiken reduzieren und widerstandsfähig gegen Katastrophen werden müssen", hat die United Nations International Strategy for Disaster Reduction (UNISDR) 2010/11 die Kampagne „Making Cities Resilient" gestartet. Sie befasst sich mit kommunalen Fragen, mit Herausforderungen in Städten, und sie greift dabei Inhalte früherer ISDR-Kampagnen zu sicheren Schulen und Krankenhäusern sowie zu nachhaltigen Städten auf, die im Rahmen der UN-Habitat World Urban Campaign 2009-2013 entwickelt worden waren. Die Kampagne ruft die Verantwortlichen und kommunale Verwaltungen dazu auf, eine Liste von „zehn Hauptpunkten" umzusetzen, die ihre Städte resilienter machen. Zu diesen zehn Punkten zählen unter anderem Foren für zahlreiche Interessengruppen, eine Risikoanalyse, der Ausbau der Entwässerungssysteme, um die Folgen von Überschwemmungen und Stürme sowie um Gesundheitsrisiken zu senken, sichere Schulen und Krankenhäuser, die Errichtung von Frühwarnsystemen und Übungen zum Katastrophenschutz. Ziel ist, durch kommunale Maßnahmen Katastrophenrisiken zu senken und resiliente, zukunftsfähige Städte und Gemeinden zu schaffen. Im März 2011 nahmen an dieser Kampagne weltweit bereits 616 Städte teil, mehr als die Hälfte davon in Asien.

Transition Towns – Energiewendestädte

Es ist ermutigend zu sehen, wie viel gute Ideen und inspirierende Vorbilder bewegen, was sie in relativ kurzer Zeit bewirken können. Das Konzept der Transition Towns oder Energiewendestädte ist fest mit dem Namen Rob Hopkins verbunden (Transition Sydney 2008). Hopkins war ab 2001 Lehrer am Community College in Kinsale in Irland und beschäftigte sich in seinem Unterricht stark mit den Themen Klimawandel und Peak Oil. 2005 forderte er die Schüler seiner Abschlussklasse auf, Pläne dafür zu entwerfen, wie Kinsale in Zukunft mit der Herausforderung umgehen könne, weniger CO_2 auszustoßen, weniger Erdöl zu verbrauchen. Dieses Projekt mit dem Namen „Energy Descent Action Plan" (etwa: Aktionsplan Energieverknappung) wurde, nach Änderungen durch die Gemeinde und örtliche Behörden, umgesetzt. Noch im selben Jahr zog Hopkins nach Totnes in England, wo er, aufbauend auf die Erfahrungen aus Kinsale, 2006 die erste Transition-Town-Initiative mitgründete. Seitdem haben sich die Dinge rasch entwickelt. Die Initiative in Totnes und das große Echo, auf das sie stieß, führten dazu, dass weltweit ähnliche Initiativen entstanden. In Flandern gibt es beispielsweise an vierzehn Orten Transition-Initiativen, und in mehr als vierzig weiteren Orten suchen Interessierte nach Mitstreitern, um weitere Initiativen zu gründen (Transitienetwerk Vlaanderen 2010).

Das Transitions Network definiert eine Transition-Initiative wie folgt:

„Eine Transition-Initiative (das kann eine Stadt, ein Dorf, eine Universität, eine Insel usw. sein) ist eine von Gemeinwesen selbst entwickelte Antwort auf die Probleme, die durch den Klimawandel, die Erschöpfung fossiler Brennstoffe und, in zunehmendem Maß, durch wirtschaftlichen Niedergang entstehen. Tausende Initiativen in aller Welt arbeiten daran, die folgende, entscheidende Frage zu beantworten: 'Wie können wir im Hinblick auf all die Umstände, die Erhalt und Gedeihen unseres Gemeinwesens beeinflussen, eine möglichst große Resilienz aufbauen (um die Folgen von Peak Oil und wirtschaftlichem Niedergang zu lindern) und die CO2-Emissionen drastisch reduzieren (um die Folgen des Klimawandels zu lindern)?'" (Transition Network 2010)

Für ihre Befürworter ist die Transition-Bewegung ein großes gesellschaftliches Experiment. Sie wissen nicht, ob sie Erfolg haben werden, doch von drei Dingen sind sie überzeugt: Verlässt man sich auf die Regierung, wird zu wenig und das zu spät geschehen; wenn sie alleine handeln, wird zu wenig geschehen; wenn sie hingegen als Gemeinschaft etwas tun, könnte eben noch rechtzeitig gerade noch genug erreicht werden. Transition Towns, Energiewendestädte, beschäftigen sich mit zahlreichen Themen – mit ökologischem Wohnungsbau, mit Methoden, den Energieverbrauch zu senken, und damit, die Abhängigkeit von langen Lieferketten, die ausschließlich mit fossilen Brennstoffe arbeiten, zu verringern. Besonders wichtig sind auch Lebensmittel, weshalb die meisten Transition Towns Projekte zur lokalen oder regionalen Produktion gegründet haben.

Jede Energiewendestadt ist, was Konzept und Umsetzung angeht, einzigartig, da für die Umsetzung der Energiewende die Teilhabe der Gemeinschaft von ausschlaggebender Bedeutung ist. Energiewende-Pläne werden jeweils von der Gemeinde selbst entwickelt und umgesetzt. Der Begriff „Gemeinde" (community) bezieht sich hier sowohl auf die Ortsansässigen als auch auf alle an dem Projekt Beteiligten: örtliche Unternehmen, Institutionen, die Verwaltung. Das Ganze ist ein anregendes Beispiel dafür, wie die Arbeit an neuen Formen von Sicherheit von unten nach oben erfolgen und auf andere Gemeinwesen übertragen werden kann.

Wer tätig und gemeinsam mit anderen seine Gemeinde für die Zukunft fit macht, wird sich nicht für Populisten interessieren, die ungefragt den Anspruch erheben, für einen zu sprechen. Wenn eine grüne, zum Teil auf dem Konzept der Resilienz beruhende Energiewende zu neuen Formen von Sicherheit, zu neuen sozialen Netzwerken führt, wird sich daraus auch eine neue Sicht von Freiheit entwickeln, eine Sicht, die man „Autonomie in Verbundenheit" nennen und die man als Teil eines breiteren Konzepts einer ökologischen Bürgerschaft begreifen kann. Ökologische Bürgerschaft baut darauf auf, dass kein Mensch eine Insel ist, dass jeder Einzelne seine Eigenheit in Bezug zu anderen Einzelnen und zu seiner natürlichen Umwelt entwickelt. Ökologische Bürgerschaft definiert Freiheit sehr weitreichend und denkt die unabdingbare negative Freiheit mit dem Konzept der positiven Freiheit zusammen. Letztere bezieht sich auf die Teilhabe an etwas Gemeinsamem, an etwas, dass die eigene Wirklichkeit tätig gestaltet. Auf eben das zielte Gorz in den Anfangstagen der Politischen Ökologie ab – und genau das ist auch heute noch gültig, und es wird in Zukunft nicht weniger gültig sein.

/

LITERATUR

Arnsperger, C. und A. Warren: (i.E.): The Guaranteed Income as a Tool for the Transition to Frugality.

Bauman, Zygmunt (1997): Postmodernity and its Discontents. New York 1997 (dt.: Das Unbehagen in der Postmoderne. Hamburg 1999).

Bauman, Zygmunt (1999): In Search of Politics. Cambridge 1999 (dt.: Die Krise der Politik. Fluch und Chance einer neuen Öffentlichkeit. Hamburg 2000).

Dhont, Rudy (2010): Veerkracht denken, in: *oikos*, 55,4/2010.

Forrester, Viviane (1996): L'horreur économique. Paris 1996 (dt. : Der Terror der Ökonomie. Wien 1997).

Freud, Sigmund (1930): Das Unbehagen in der Kultur. Wien 1930.

Gorz, André (1993): Expertocracy versus Self-Limitation, in: *New Left Review*, 202, November/Dezember 1993, S. 55-67.

Jackson, Tim (2009): Prosperity Without Growth. London 2009 (dt.: Wohlstand ohne Wachstum, hg. von der Heinrich-Böll-Stiftung, München 2011).

Judt, Tony (2010): Ill Fares the Land: A Treatise On Our Present Discontents. London 2010 (dt.: Dem Land geht es schlecht - Ein Traktat über unsere Unzufriedenheit. München/Wien 2011).

Lipovetsky, Gilles (1983): L'ère du vide. Essais sur l'individualisme contemporain. Paris 1983 (dt.: Narziss oder Die Leere. Hamburg 1995).

Marx, Ive (2007): A New Social Question? On Minimum Income Protection in the Postindustrial Era. Amsterdam 2007.

Mouffe, Chantal (2005): On the Political. London and New York 2005 (dt.: Über das Politische, Frankfurt 2007).

Parijs, Philippe Van (2000): Basic Income: A Guaranteed Income for the 21st Century. Background Paper für den 8. Kongress des Basic Income European Network, Berlin, 5./6.Oktober 2000, unter: www.uclouvain.be/cps/ucl/doc/etes/documents/DOCH_070_(PVP).pdf

Resilience Alliance (2011): Resilience, unter: www.resalliance.org/index.php/resilience

Transition Network (2010): What is a Transition Initiative?, unter: www.transitionnetwork.org/support/what-transition-initiative

Transition Sydney (2008): The History of the Transition Town Movement, unter: www.transitionsydney.org.au/tscontent/history-transition-town-movement

Transitienetwerk Vlaanderen (2010): Initiatieven, unter: www.transitie.be/r/lokaleinitiatieven

UNISDR - Making Cities Resilient: 'My city is getting ready'. Letztes Update: Mai 2011, unter: www.unisdr.org/campaign

Vandaele, John (2007): De stille dood van het neoliberalisme. Antwerpen 2007.

Wresinski, Joseph (1987): Grande pauvreté et précarité économique et sociale. Paris 1987.

Inger Baller (*1989) hat einen Master in Social Sciences an der Universität Amsterdam und arbeitet als studentische Hilfskraft von Prof. Dr. Wouter van der Brug. Ihre Spezialgebiete sind Vergleichende Politik sowie quantitative Forschungsmethoden. Ihre Forschungsinteressen gelten dem politischem Verhalten, den Parteien und politischen Systemen, sowie der multikulturellen Demokratie.

Wouter van der Brug (*1963) ist Professor für Politische Wissenschaften und Leiter des Fachbereichs Politikwissenschaft an der Universität Amsterdam. Er ist außerdem Honorarprofessor für Politische Wissenschaften an der Universität von Kopenhagen. Seine Schwerpunkte sind die vergleichende Forschung auf dem Feld kollektiven politischen Verhaltens, Rechtspopulismus, politische Kommunikation, politisches Vertrauen und politische Anhängerschaft sowie die politischen Parteien. Er ist beteiligt an der Organisation der European Elections Studies.

Daniel Cohn-Bendit (*1945) ist ein europäischer Politiker, aktiv sowohl in Deutschland wie in Frankreich. Er war 1968 einer der Führer der Studentenbewegung in Frankreich und hat seither eine maßgebliche Rolle in der europäischen Linken gespielt. Seit den 1980ern ist er ein entschiedener Verfechter grüner Politik. 1994 wurde er erstmals in das Europäische Parlament gewählt. Er war Mitbegründer der Spinelli-Gruppe für ein föderatives Europa und ist derzeit Ko-Präsident der Gruppierung Die Grünen/Europäische Freie Allianz im Europäischen Parlament.

Edouard Gaudot (*1974) ist Historiker und Politikanalytiker. Er war Mitarbeiter von Professor Bronislaw Geremek am College of Europe in Warschau und später in Brüssel im Europäischen Parlament. Nach einer kurzen Tätigkeit in der Europäischen Kommission in Paris schloss er sich Cohn-Bendit und der Europe Écologie (französische Grüne) an und arbeitete 2009 und 2010 als Wahlkampfberater bei den Europawahlen bzw. Regionalwahlen. Seit 2010 ist er politischer Berater für die Fraktion der Grünen im Europäischen Parlament und Mitglied der Spinelli-Gruppe.

Barbara Hoheneder (*1960) ist Schriftstellerin und Journalistin und hat Politische Wissenschaften, Philosophie und Geschichte studiert. In den 1990ern Jahren war sie Reporterin für die österreichische Tageszeitung *aZ* und für die *Weekly News* und arbeitete als Parlamentarische Assistentin von Johannes Voggenhuber im Europäischen Parlament. In den vergangenen zehn Jahren hat sie als freie Journalistin in Amsterdam gearbeitet. Zur Zeit ist sie stellvertretende Chefredakteurin von *Frontal*, einem unabhängigen österreichischen Magazin für Politik, Wissenschaft und Kultur.

Dirk Holemans (*1965) ist der Koordinator von Oikos, einem Think Tank für sozialökologischen Wandel. Er hat Ingenieurswissenschaften, Philosophie und Business Administration studiert. In den 1990ern forschte und lehrte er an mehreren Universitäten in einer Reihe von Ländern. Anschließend war er für die Grüne Partei Mitglied des flämischen Parlaments, Manager des gesellschaftlich-künstlerischen Projekts Victoria Deluxe in Gent und politischer Berater für nachhaltige Mobilität. In seinen Veröffentlichungen befasst er sich mit einem breiten Spektrum von Themen, darunter Umweltphilosophie, politische Ökologie und Untersuchungen zur Urbanität. Er ist Chefredakteur der Zeitschrift *Oikos*.

Marco Jacquemet (*1958) ist außerordentlicher Professor und Leiter des Fachbereichs Kommunikationsstudien an der University of San Francisco; zur Zeit ist er Inhaber des NEH-Lehrstuhls der Universität (National Endowment for the Humanities). Sein wissenschaftliches Interesse gilt in erster Linie kommunikativen Veränderungen, die durch Migrationsbewegungen verursacht werden, sowie der Sprache der Medien in den Mittelmeerländern. Derzeit arbeitet er an einem Buch, das auf diesen Untersuchungen beruht, „Transidioma: Language and Power in the Age of Globalisation". Zudem engagiert er sich in italienischen Netzwerken für Medienaktivisten.

Sarah L. de Lange (*1981) ist Assistenzprofessorin für Vergleichende Politik am Fachbereich Politikwissenschaft an der Universität Amsterdam. Sie war Jean Monnet Fellow am Robert Schumann Centre for Advanced Research am Europäischen Hochschulinstitut in Florenz und promovierte an der Universität Antwerpen (Belgien). Ihre Forschungstätigkeit gilt speziell Parteien und Parteiensystemen in einer Reihe ost- und westeuropäischer Länder.

Erica Meijers (*1966) ist Chefredakteurin von *De Helling*, der Vierteljahreszeitschrift der Stiftung der niederländischen Partei GroenLinks. Sie hat als Journalistin für Rundfunk, Internet und Printmedien in den Niederlanden, Deutschland, Frankreich und der Schweiz gearbeitet, besonders im Bereich Politik, Religion und Kultur. Sie promovierte an der Theologischen Universität der Niederlande über die Debatte zur Apartheid in der Reformierten Kirche der Niederlande. Sie studierte, lebte und arbeitete in Amsterdam, Straßburg, Berlin und Basel.

Robert Misik (*1966) ist Journalist und Sachbuchautor; er lebt in Wien. Zuletzt erschien von ihm das Buch „Anleitung zur Weltverbesserung". Seine Website: www.misik.at

Merijn Oudenampsen (*1979) ist Soziologe und Politiktheoretiker. Er promoviert zur Zeit über Populismus an der Universität Tilburg, Niederlande. Er war Gastherausgeber der 20. Ausgabe des Kunstmagazins *Open*, unter dem Titel „The Populist Imagination". Er veröffentlicht regelmäßig Beiträge in Büchern, Magazinen und Zeitschriften zu Themen wie Stadtentwicklung, Politik und Philosophie.

Dick Pels (*1948) ist Direktor des Büros De Helling, der Forschungsstiftung der niederländischen Partei GroenLinks. Zuvor war er freier politischer Autor und Professor für Soziologie an der Brunel University in London sowie an den Universitäten Amsterdam und Groningen. Im vergangenen Jahrzehnt hat er eine Reihe von Büchern über das Phänomen des Populismus in den Niederlanden geschrieben, darunter „Pim Fortuyn und die Frage der niederländischen Identität". Sein jüngstes Buch, „Das Volk gibt es nicht: Führerschaft und Populismus in der Mediendemokratie", setzt sich mit den Problemen auseinander, die der moderne Populismus für die repräsentative Demokratie aufwirft.

Olga Pietruchova (*1962) arbeitet als unabhängige Beraterin für Geschlechtergerechtigkeit und Chancengleichheit. Sie ist Autorin oder Mitautorin verschiedener Publikationen zur Geschlechtergerechtigkeit und Chancengleichheit und hat für nationale und internationale Organisationen wie das United Nations Development Program (UNDP) oder Oxfam Gendertrainings und -analysen durchgeführt. Sie ist Vorsitzende der Slowakischen Women's Lobby und Mitglied des Leitungsgremiums der European Women's Lobby in Brüssel.

Soňa Szomolányi (*1946) ist Professorin für Politische Wissenschaften. Von 1997 bis 2007 war sie Leiterin des Fachbereichs für Politische Wissenschaften an der Comenius Universität in Bratislava. Ihre Forschungsinteressen umfassen die politische Soziologie, demokratische Übergangsprozesse und Elitestudien. Sie veröffentlichte zahlreiche Beiträge über die postkommunistische Entwicklung in der Slowakei im Vergleich mit anderen mittel- und osteuropäischen Ländern.

Øyvind Strømmen (*1980) ist Internationaler Sekretär der norwegischen Grünen Partei (Miljøpartiet De Grønne). Er arbeitet als freier Journalist, ist spezialisiert auf religiösen und politischen Extremismus und schreibt regelmäßig über die extreme Rechte in Europa. Er beschäftigt sich schwerpunktmäßig mit grüner Wirtschaftspolitik und der Entwicklung lokaler Gemeinschaften.

Herausgegeben von Bureau de Helling, Green European Foundation, Grüne Bildungswerkstatt und Heinrich-Böll-Stiftung im planetVERLAG
Gedruckt in Österreich, August 2012 (klimaneutral mittels CO2-Kompensation Ref.-Nr. 228336)
ISBN: 978-3-902555-328

Redaktion der Originalausgabe: Erica Meijers, Bureau De Helling
Projektkoordination: Leonore Gewessler (Green European Foundation) und Erica Meijers (Bureau De Helling)
Projektassistenz: Lonneke Bentick
Übersetzungen aus dem Englischen: Jochen Schimmang und Annette Bus
Redaktion: Bernd Rheinberg, Susanne Dittrich (Heinrich-Böll-Stiftung) und Bernd Herrmann
Druck: DigiDruck, Wien
Design: de Ruimte ontwerpers, Mark Schalken und Marlies Peeters
Originalausgabe: Populism in Europe, Green European Foundation, August 2011

Die Inhalte und Meinungen in dieser Veröffentlichung sind allein die der Autorinnen und Autoren. Sie spiegeln nicht zwingend die Ansichten der Herausgeber wider.

EUROPEAN PARLIAMENT

Diese Veröffentlichung wurde mit der finanziellen Unterstützung des Europäischen Parlaments ermöglicht. Das Europäische Parlament trägt keine Verantwortung für den Inhalt dieses Projekts.

Bureau de Helling: http://bureaudehelling.nl
Green European Foundation: www.gef.eu
Grüne Bildungswerkstatt: www.gbw.at

Heinrich-Böll-Stiftung: www.boell.de

planetVERLAG
eine Einrichtung der Grünen Bildungswerkstatt

Verlagssitz und Buchbestellungen:
Rooseveltplatz 4-5, 1090 Wien, Österreich
Tel +43 1 52691 17, Fax +43 1 5269115
E-Mail: planetverlag@gbw.at